中国旅游业普通高等教育"十三五"精品教材

THRDAM

TOURISM HUMAN RESOURCES DEVELOPMENT AND MANAGEMENT

旅游人力资源开发与管理

主　编◎余昌国
副主编◎杨春江　姚　辉

中国旅游出版社

前　言

　　"功以才成，业由才广"，党的十九大指出：人才是实现民族振兴、赢得国际竞争主动的战略资源。党和人民事业要不断发展，就要坚持党管人才原则，加快建设人才强国，以识才的慧眼、爱才的诚意、用才的胆识、容才的雅量、聚才的良方，聚天下英才而用之，努力形成人人渴望成才、人人努力成才、人人皆可成才、人人尽展其才的良好局面，让各类人才的创造活力竞相迸发、聪明才智充分涌流。

　　旅游发展的关键也在人才。本人从事旅游人力资源开发与管理工作多年，逐渐积累了一些素材及心得，并于 2003 年在中国旅游出版社出版了《旅游人力资源开发》一书。书中对人力资源开发的基本知识做了梳理，本是供行业内的专业人士做参考，后因其系统性和稀缺性，被许多旅游高等院校用作专业教材。

　　从 2003 年出版业内第一本针对旅游人力资源的《旅游人力资源开发》到现在，十多年过去了，旅游行业和旅游教育都发生了很大的变化，为了更好地适应新形势下旅游人才发展和旅游高等教育教学的需要，我决定与杨春江、姚辉两位青年学者共同编写升级版的《旅游人力资源开发》，书名定为《旅游人力资源开发与管理》。

　　本书主要呈现以下特点：

　　（1）体例新颖。本书各章设置了学习目标、导入案例、知识链接、延伸阅读等不同专栏，以提高学生学习的兴趣。

　　（2）案例具有典型性。本书所选案例均为旅游业真实案例，便于学生理解、学习。

　　（3）每章章后设置了复习题，便于学生检测所学知识。

　　（4）增加了配套教学资源。本书配有教学 PPT，便于老师授课使用。

　　本书既可作为旅游人力资源从业者的参考书，也可作为普通高等院校旅游专业学生用书。

　　旅游人力资源开发与管理是一门内容多、范围广、观念新、层次高、更新快的课程，鉴于作者水平有限，书中还存在着一定的不足之处，欢迎各行业专家和各界读者给予批评和指正，也希望得到同学们的信息反馈。

余昌国

2018 年 2 月 10 日

于北京

目　录

第 ① 章

人力资源开发与管理概述

 **本章导读**

学习人力资源管理，应先了解人力资源的含义、特征和结构，理解人力资源开发与管理的基本原理，把握人力资源开发与管理的原则和规律，并明确其目标和层次。本章内容是对人力资源开发与管理的总体介绍，使学生对人力资源开发与管理有一个初步的了解，为后续章节具体知识的学习打下良好基础。

 【学习目标】

1. 了解人力资源及其特征；
2. 熟悉人力资源开发与管理的原则和规律；
3. 明确人力资源开发与管理的目标和层次；
4. 掌握人力资源开发与管理的基本原理。

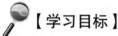 【导入案例】

智联招聘："人"才是赢得胜利的关键

"一个公司要想赢得胜利，归根到底要赢在'人'上。"赵鹏把扭转12年连续亏损局面的成功归因于此。

"公司已经连续亏损了12年，不能继续这样。"智联招聘（以下简称智联）新任CEO赵鹏说。2010年第一季度开始，公司实现扭亏为盈，同比净利润增长超过5000万元，结束了连续亏损12年的历史。截至2010年6月，公司账面上增加了1亿多元。"一

方面是因为我们做了正确的事情，另一方面我们的运气也不错。"

"以前的智联，面临的发展机会不少，自身基因也不错，但是之前'身体状况'欠佳。"基于对公司发展现状的判断，赵鹏紧抓了一项核心：KPI（关键业绩指标）绩效管理。为了解决公司人力资源负消耗过大这个"大拖斗"。新添了销售进程管理和资源配置两个"轮子"，提高了人均贡献率，带领企业走出了高消耗、高增长、高亏损的怪圈。

第一节　人力资源及特征

一、什么是人力资源

人力资源，又称"劳动力资源"或"劳动资源"，广义地说，是指某个范围内的人口总体所具有的劳动能力的总和，是存在于人的自然生命机体中的一种国民经济资源，它是以人口为存在的自然基础。狭义地讲，人力资源是指一个行业的从业人员或一个组织所雇用的人员。例如，旅游人力资源就是指旅游行业所有的从业人员。

人力资源，亦被称为"人力资本"，即包含在人体内的一种生产能力。所以研究人力资源，要把握其数量和质量两个方面。作为劳动力的人的多少，是人力资源数量的体现；而体现劳动者体质和智能两方面统一的劳动者素质，则是人力资源质量的反映。劳动者的体质既是产生和发挥劳动力的生理基础，也是其智能不断提高的生理基础；劳动者的智能既包括文化科学知识、专门的劳动技能和生产经验，还包括其思想觉悟和道德水平等。

人力资源从现实应用的形态看，主要体现为人的体质、智力、知识、技能四个方面。体质，即人们的身体素质，包括力量、速度、耐力、柔韧性、灵敏性等人体运动的身体状况，以及对于一定劳动负荷的承受能力和消除疲劳的能力。智力是人们认识事物、运用知识解决问题的能力，包括观察力、注意力、记忆力、思维力和想象力。知识是人们从事实践活动的各种经验和理论。技能是人们合理化、规范化、系列化和熟练化的一种动作能力。这四者的不同结合，体现了人力资源的丰富性。

【知识链接 1-1】

人力资源、人口资源与人才资源

人口资源是指一个国家或地区所拥有的人口总量，它是一个最基本的底数，一切人力资源、人才资源皆产生于这个最基本的资源中，它主要表现为人口的数量。

人才资源是指一个国家或地区中具有较多科学知识、较强劳动技能，在价值创造过程中起关键或重要作用的那部分人。人才资源是人力资源的一部分，即优

质的人力资源。

应当说这三个概念的本质是有所不同的，人口资源和人才资源的本质是人，而人力资源的本质则是脑力和体力，从本质上来讲，它们之间并没有可比性。就人口资源和人才资源来说，它们关注的重点不同，人口资源更多的是一种数量概念，而人才资源更多的是一种质量概念。但是这三者在数量上却存在一种包含关系。

在数量上，人口资源是最多的，它是人力资源形成的数量基础，人口资源中具备一定脑力和体力的那部分才是人力资源；而人才资源又是人力资源的一部分，是人力资源中质量较高的那部分人，也是数量最少的。在比例上，人才资源是最小的，它是从人力资源中产生的，而人力资源又是从人口资源中产生的。

二、人力资源的特征

人力资源作为人类各类资源中的一个特殊种类，有其自身的特点，主要体现在以下几个方面。

（一）人力资源具有社会性

人力资源与人的自然生理特征相联系，这是它的生物性。但由于人力资源都处于特定的社会和时代之中，它既是人类社会活动的结果，也是构成人类社会活动的前提，因此它又具有社会性特征。在不同的时代或不同的社会，由于发展程度的差异，人力资源的素质是不一样的。人力资源的社会性特征具体表现为两个方面，即从宏观上看，人力资源的形成要依赖社会，其配置要通过社会，其作用更是处于社会经济的分工体系之中；而从微观上看，由于人类劳动都是群体性劳动，所以不同的人分别属于社会之中不同的组织或群体。所以从本质上讲，人力资源是一种社会资源。

（二）人力资源具有能动性

人力资源不同于自然界的其他资源，它具有主观能动性，能够有目的地进行活动，有目的地改造外部物质世界。人力资源的能动性，主要表现在三个方面。

一是自我强化。即通过发展教育、努力学习、锻炼身体等积极行为，使自己获得更高的劳动能力，从而使人力资源得到强化。

二是选择职业。即人可以通过主动地选择职业，来达到与物质等其他资源的有机结合。

三是积极性的发挥。这是人力资源能动性最重要的方面。积极性的发挥，对于能否挖掘人力资源的潜力，具有决定性的作用。所以在人力资源开发过程中，对其能动性调动得如何，直接决定着开发的程度和达到的水平。

（三）人力资源具有再生性

整个资源可分为可再生性资源和不可再生性资源两大类。人力资源属于前者，在开发过程中，不像不可再生性资源（如矿物资源）那样因为使用而减少，相反，还可能会因为使用而提高水平、增强活力。人力资源的可再生性，除了遵循一般的生物学规律之外，还受人类意识的支配和人类活动的影响。正因为人力资源具有可再生性特征，所以对人力资源可以进行二次开发乃至多次开发。

（四）人力资源具有时效性

人力资源的形成、开发、使用都具有时间方面的限制，对人力资源储而不用，才能就会荒废、退化。从个体的角度看，作为生物有机体的人，有其生命的周期；而作为人力资源的人，能从事劳动的自然时间又被限定在生命周期的中间一段，并且能够从事劳动的不同时期（青年、壮年、老年），其劳动能力也有所不同。这也就是说，无论哪类人，都有其才能发挥的最佳期、最佳年龄段。因此，人力资源开发与使用必须及时，把握住关键期，以取得最大效益。

（五）人力资源具有核心性

人力资源是所有资源中的核心资源，是一切资源中最为宝贵的资源，这是因为一切生活活动都是由人的活动引起和控制的过程。在任何生产或劳动过程中，人力资源始终居于主体地位，起着决定性的作用。而一切其他自然资源，只有通过人力资源，才能得到深层次的开发和利用，发挥出更大的效益。

（六）人力资源具有消耗性

人力资源是由一定数量的具有劳动技能的劳动者构成的。劳动者既是生产者，但同时也是消费者，为了维持其本身的存在，它必须消耗一定数量的其他自然资源，如粮食、织物、水、能源等。而且人力资源在消耗方面得到体恤和关心的程度，会直接影响其积极性的发挥。

三、人力资源的结构

人力资源结构是指一个国家或地区的人力资源总体在不同方面的分布或构成。从总体上看，这种结构可分为自然结构、社会结构和经济结构三大方面。具体地说，人力资源的自然结构，包括年龄、性别、种族等方面的结构；人力资源的社会结构，包括教育水平、文化类别、宗教、职业、社会地位与阶层等方面的结构；人力资源的经济结构，包括产业部门、工作分工、地区、城乡、用人单位类别、产权、企业规模等方面的结构。

（一）人力资源的自然结构

人力资源自然结构是以人的自然生理属性进行的人力资源结构配置，主要包括人力资源的年龄结构和性别结构。

1.人力资源的年龄结构

一个社会的人力资源，其总体的年龄界限为男性16~60岁，女性为16~55岁。从与从事社会劳动有关的自然生理特征方面看，人力资源可分为青年、成年、老年三部分。人力资源年龄的一般划分界限，青年为16~25岁，成年为26~50岁（男性人口）或26~45岁（女性人口），老年为50岁或45岁以上。

同一总体内不同年龄的人力资源比例，构成人力资源的年龄结构。人力资源的年龄结构是由人口的年龄构成，特别是适龄劳动人口的年龄构成所决定的。

（1）不同年龄阶段的人力资源。人的青年期处于身体继续发育至成熟的阶段，智力水平在这一阶段也大幅度提高，在这个时期，青年人从学校学习到毕业，走上工作岗位，心理上也渐渐成熟，是他们形成人生观，做出一生中重大抉择的时期。青年人力资源的特点是，他们的劳动能力正在增长，进行职业定向与职业选择，开始进入就业岗位和适应社会劳动。在这个时期，尽管青年人力资源的职业劳动能力并不高，但由于其工作年限比较长、学习能力比较强、适应性比较好、流动比较强，因此具有较大的开发潜力。

人的成年阶段，体质、智力都达到比较稳定的高峰阶段，是一生中的黄金时期。作为成年的人力资源，其劳动能力最强、技术水平最高、生产管理经验也相当丰富，在这个时期的创造发明也最多，正所谓"年富力强"，这一阶段是人力资源效用最高的时期。

人的老年阶段，体质、智力都开始下降，生理上处于衰退期。一般老年人力资源的劳动能力，特别是操作方面的能力已经不如以往，但是其长期积累的各方面知识、经验都比较丰富，具有一定的代偿性。

（2）人力资源年龄结构与经济环境。一般来说，一个社会的人力资源年龄构成状况比较年轻，即青年人力资源的比例大、老年人力资源比例小，有利于社会经济发展。一个社会的人力资源老化，即青年人力资源比例比较小、老年人力资源比例比较大，这个社会就会面临人力资源供不应求的局面，从而影响社会经济的正常发展。但是，如果青年人力资源比例过大，而且在短期内增长得比较快，又可能形成人力资源的总供给量超过社会的需求总量，影响其中一部分人获得劳动岗位。

在正常的社会经济条件下，成年和老年人力资源都是以相对稳定的劳动参与经济活动的，青年人力资源中还有一部分处于就学阶段。就学青年毕业后，需要获得工作岗位，由此就形成以年度为周期的社会人力资源供给高峰。受到人口、教育、经济、社会等因素的影响，不同年份的青年人力资源供给量和参与率有所差异。

在微观经济单位，组织成员的不同年龄结构导致素质背景的不同，因而对于组织的效用可能相差巨大，因为不同年龄特征的人力资源，其知识技能内容的结构、特点、积

累多寡不同，工作特长、思想观念、行为风格等也存在差异，这导致了具有不同年龄结构（即使专业结构、职位结构完全相同）的同类型组织，在经营决策、管理模式、工作风格和员工关系等方面会有很大的差异。

2. 人力资源的性别结构

（1）性别结构的内容。众所周知，男性人口与女性人口在生理方面存在很大的差异，这使他们在从事社会经济活动和对不同职业的适应能力方面，都有很大的不同。一般来说，男性人力资源的劳动能力强、参与率高、适应性强、参与社会劳动的年限长、家务劳动的负担少、流动性强。女性人力资源在上述某些方面可能有一定缺陷，但也有从事医学、教育、服务、语言等工作的优势。因此，人力资源的性别结构不同，必然影响社会人力资源的工作与使用状况。在正常的情况下，人口总体的性别比例和各年龄组的性别比例，特别是劳动年龄组的性别比例，基本上是均衡的。但是，受一些诸如战争、大规模迁移等特殊的影响，可能会发生人口性别比例失调的问题，这必然影响到人力资源的性别结构，影响其供给。例如，苏联在第二次世界大战中损失了2000多万人口，其中大部分是成年男性人口，这使其人力资源供给遭受了几十年的影响。

从微观的角度看，用人单位基于效用和成本等方面的考虑，在对人力资源的使用选择上，会存在性别偏好。

（2）女性人力资源的开发利用。男性在成年以后几乎都要参加社会经济活动，成年女子的从业状况在不同国家、不同时期则各有不同。因此，从人力资源的性别结构考虑，需要进一步加强对女性人力资源的开发和利用，解决好女性就业问题与获得职业后的工作问题。

女性的劳动参与率和就业率取决于很多因素，诸如社会对人力资源需求总量、社会需要的具体劳动岗位、女性的生理特点、女性的受教育程度与技能状况、家庭的收入与消费情况、家务劳动及其社会化程度、男性人力资源的供给量，以及社会风俗习惯和政治因素等。教育在扩大女性就业方面起着至关重要的作用。协调工作与家庭的关系，也成为现代管理学中对于员工的管理及组织职业生涯规划的重要内容。

（二）人力资源的社会结构

1. 人力资源的教育结构

人力资源的状态和效能具有重大的差异。从总体上看，人力资源在体质方面的差异不会过大，其质量结构的差异主要在于智力方面，一般体现在劳动力人口特别是经济活动人口的受教育水平上。一般来说，人力资源教育结构是由以文化程度划分的文盲、小学程度、初中程度、高中程度（中专程度）、大专程度、大学本科及以上程度各个等级劳动力人口构成的。

此外，不同职业技能等级的比例，也是人力资源教育结构的一个延伸和具体化，不同的社会经济状况、生产力发展水平，需要有不同的人力资源质量相适应。

一般来说，经济越发达，需要的高教育水平人力资源数量越多、比例越大。但是，又不能脱离现实的生产水平，简单地认为高教育水平人力资源数量越多越好、比例越大越好。因为超越了社会经济客观需要的过多的高教育水平人力资源，不能充分发挥其作用，其中的一部分不得不从事教育水平要求较低的社会劳动，这就会降低高教育水平人力资源的效用，浪费一部分高质量人力资源，并且浪费社会与个人的教育投资，这是违反经济原则的。例如，"博士失业"现象就是人力资源严重浪费的一个例证。

由于高质量人力资源不同类别之间的替代性较差，合理的人力资源教育不仅要求不同等级的人力资源保持一种适宜的比例，而且要求各个等级人力资源内部从事不同类型职业劳动的人力资源比例也保持协调。否则，此高彼低，就可能造成人力资源结构性失业的浪费。

在中国大力发展高等教育，迅速步入"高等教育大众化"的今天，处理好高等教育的科学布局和合理增长问题，具有极其重要的经济和社会意义。

2. 人力资源的职业结构

职业是人们所从事工作的种类。职业有着不同的门类，一个社会、一个组织中不同职业的并存，构成人力资源的职业结构。

（1）职业的社会分类结构。职业因其不同的劳动内容、不同的劳动方法、不同的劳动对象和不同的劳动条件及环境而存在着很大差异，因而就有了职业的分类，也有了人们的社会职业评价和对职业的不同选择。古代的职业结构包括"士、农、工、商"四大阶层，人们所说的"三教九流""三百六十行"也是对职业结构的形象概括。

从社会的角度看，职业分类是根据工作内容、工作方法、工作对象和工作环境的特点而划分的。按照国际劳工组织标准，职业分为八个大类，在八大类下面还分为若干层次和不同种类。这种职业结构反映了人们的社会选择，也反映了一定的经济、社会、文化发展状况。我国参考国际标准编制了《中华人民共和国职业大典》，将职业分为大类、中类、小类三个层次，下属还有细类（即工种）。其八个大类是：①国家机关，党群组织，企业、事业单位负责人；②专业技术人员；③办事人员和有关人员；④商业、服务业人员；⑤农、林、牧、渔、水利业生产人员；⑥生产、运输设备操作人员及有关人员；⑦军人；⑧不便分类的其他从业人员。

这八类职业可以进一步归结为体力劳动和脑力劳动两大类别，人类社会的发展是一个脑力劳动性职业比重不断加大的过程，在脑力劳动者中，教授、工程技术人员、律师、医生、高层行政管理人员等高层次职业者增长更快些。在体力劳动者中，生产性人员逐渐减少，服务性人员比重有所增加，一些简单、繁重的工种被淘汰，体力劳动中的技术性、含有脑力性成分的职业在增加，并出现了大批工人技师型的工作，而"蓝领"的颜色也正在"变浅"。上述职业结构的变动，反映了人类劳动方式的进步。

（2）职业的社会阶层结构。从社会地位和社会关系的角度，可以分为以下六个阶层：①专门职业人员、政府官员、高层经理阶层；②雇主、一般经理与管理人员；③白领人员；④熟练工人，即技术性较强的工人与领班；⑤半熟练工人，即一般从事无技术工作，尤其是重体力劳动和脏、差环境工作的人员；⑥家庭服务与个人服务人员。这些职业阶层的人们，有着不同的资源与权利、不同的经济收入、不同的社会声望，也有着不同的生活方式和不同的职业生涯。

（三）人力资源的经济结构

1. 人力资源的产业结构

人力资源的产业结构，是指人力资源在国民经济各个产业和部门中的分布，它是国民经济发展状况的重要反映，也是人力资源使用状态的最主要方面。其第一个层次是三大产业的结构，第二个层次是包括 16 个部门大类的结构，再往下还可以分为更细的结构，如工业可以分为"采掘业""制造业"和"电力煤气及水生产供应业"三大门类，其中的制造业又可以分为食品、烟草、纺织、服装、石油化工、医药、机械、电子及通信产品、仪器仪表等行业。

产业结构的变迁是一种历史趋势，在经济社会迅速发展的情况下各国的产业结构都有着明显的变动，这决定了经济社会发展的大格局，也决定了各国人力资源开发与管理的基本面貌。自觉地进行产业结构的调整，是开发与管理好人力资源的最基本任务之一。

（1）第一产业人力资源结构变动。产业结构变迁的一般规律，首先是由第一产业（广义农业）流向第二产业和第三产业，然后由第一产业、第二产业流向第三产业。农业劳动生产率的大幅度提高，是第一产业人力资源向第二、第三产业转移的前提。农业劳动生产率提高后，可以节约从事农业生产的人力资源，这就使在农业就业的人员相对比例下降。随着农业生产率的进一步提高，农业的绝对就业人数也开始减少。从发达国家走过的历程看，人力资源在第一产业就业的比例一般是以每年 0.5% 的速度减少的。农业生产率的提高，光靠在单位土地上的"精耕细作"是不够的，应该有大量资金集约在农业部门，通过机械化耕作大幅度提高种植业劳动生产率，从而释放出大批农业过剩人力资源。农业剩余人力资源向非农业部门的迁移还必须具备另一个条件，这就是非农业部门劳动岗位（即人力资源需求量）的增加。农业人力资源过多、过急地流向非农业，对一国经济的发展往往起消极的甚至是破坏性作用。

第一产业人力资源向第二产业、第三产业结构转移的途径主要有两种。第一种是脱离农村，向大中型城市（特别是工业城市）流动，这是世界上大多数国家的道路。从国际的角度看，这种转移类型的优点是能够迅速集中人力资源，为工业发展提供条件；其缺点是容易造成农业生产缺乏劳动力，以及对城市造成一定的压力，从而产生一定的不良后果。不少发达国家和发展中国家都意识到了这个问题。另一种是在农村就地消化或者转移到小城镇。"就地消化"的劳动力，可以从事农产品综合加工、产业机械修造；

利用农村的经济资源进行工副业生产、发展农村服务业和文化教育事业，等等。"小城镇"的道路，可以在不影响农业经济效益和占用土地的情况下，大量集约从农业转移出来的劳动力，集约一定的资金，又不对城市就业造成冲击，是中国第一产业人力资源的主要渠道。

（2）第二产业人力资源结构变动。人力资源在第二产业就业的比例是与工业部门的迅速发展相联系的，一般经过相当长时间的增长，达到40%~50%的高水平后又有所下降。这是因为，随着工业部门有机构成的提高、先进技术的应用和传统工业部门的淘汰等，第二产业劳动生产率大幅度提高，物质产品数量巨大，而在其部门就业的人力资源数量有所减少。这样，第二产业总就业的比重开始逐步下降。进一步来看，第二产业内部人力资源结构也在发生着变动，这与第二产业中的"夕阳产业"和"朝阳产业"的更替密切相关。

（3）第三产业人力资源结构变动。从世界各国的发展规律看，第三产业人力资源的比重一直呈上升趋势。第一产业、第二产业劳动生产率的提高，使人力资源具备了向第三产业转移的可能。在经济发达国家，第三产业就业的比重已经达到50%以上，多的甚至高达70%以上。一般来说，第三产业就业比重高，是一个国家经济发达的表现。这是因为，流通与消费事业发展，科学、文教和卫生事业发展，服务性部门增加，人们社会活动增加和政府管理职能加强等，都是第一产业、第二产业部门物质生产发展带来的结果和要求。

2. 人力资源的地区结构

人力资源的地区结构，即人力资源在不同地区的分布，可以从自然地理区划、经济区划、行政区划不同方面区分，它是地区生产力配置的基础。人力资源的地区结构，基本上取决于人口的地区分布。研究人力资源的总况及其年龄结构、性别结构等，都要以人力资源的一定的地区分布为基础；实现年龄、性别结构的合理化，也都离不开人力资源的合理分布。

为了达到人力资源合理分布的目标，需要基于各地区经济发展的短期和长期需求与人力资源在总量方面和地区分布的变动，对人力资源进行合理配置。此外，还应该考虑人口与人力资源在总量方面和地区间分布的变动，对人力资源进行合理配置。开发中西部是我国的战略性举措。长期以来，我国存在着东南地区人力资源密集、人才富集，而西部地区人力资源稀少、人才匮乏并外流的局面，改革开放以来，由于利益、政策等因素，人才由西向东流动的趋势进一步加强。为了实现西部大开发战略性目标，国家对中西部的投资正在大量增加，优化中西部的人力资源和人才资源的配置就成为我国重要而紧迫的任务。

3. 人力资源的城乡结构

人力资源的城乡结构也是人力资源结构的一个重要方面。人力资源城乡结构是由人口的城乡分布所决定的，并且受到城乡间人口流动的影响。它反映了一个社会经济发展的总体水平，反映了其农业和非农业部门的发展状况。

农村以从事农业经济活动为主,城镇以从事非农业,即工业、服务业为主。城市、农村的劳动力供给是满足城市、农村经济活动所需要的条件;人口和人力资源在城乡间的流动,则是调节人力资源在城乡分布的途径。人力资源城乡结构的变化,以农村劳动力进入城市为主要流向。农村劳动力流入城市,要符合城市经济发展的需要,也要以农业劳动生产率提高为前提。否则,过多的农村劳动力流入城市,会造成对城市就业的压力,加剧城市的失业和潜在失业状况,同时也可能使农业劳动力不足。对于城乡经济的发展和人力资源的合理利用,都是不利的。

以上是人力资源结构的不同方面,这些方面不是孤立的,而是交织在一起的。研究人力资源的结构问题时,往往把它们结合起来研究,并有一定的侧重点。人力资源结构的不同,反映了人力资源总体及内部的不同性质与状态,构成社会对人力资源管理的一个基础。

第二节　人力资源开发与管理的基本原理

一、同素异构原理

事物的成分因在空间关系上的变化而引起不同结果,发生质的变化。在人力资源开发过程中,组织构成是一个非常重要的内容。例如,在群体成员的组合上,同样数量和素质的一群人,由于排列组合不同,产生不同的效应;在生产过程中,同样数量和素质的劳动力,因组合方式不同,其劳动效率也不同,这就是所谓的同素异构原理。因为传统的金字塔结构具有传递信息慢、缺乏灵活性、难以适应外界快速变化的需求等不足,所以需要进行变革。当前变革的趋势是:压缩层次、拓宽跨度。组织结构由金字塔向扁平化、网络化发展,可以增强组织的适应性和灵活性,有效发挥组织人力资源的积极性、创造性和主动性。

二、能级对应原理

能级指人的能力大小分级,不同行业或不同岗位从业人员能级的标准是一样的。能级对应是指在人力资源开发中,要根据人的能力的大小安排工作、岗位和职位,使人尽其才,才尽其用。

能级对应原理包含下列主要内容:(1)人与人之间具有能级差异,这种差异是可以测评的。(2)管理的能级必须分序列、按层次设置,不同的级次有不同的规范与标准。(3)人的能级与管理级次相互对应的程度标志着社会的进步与人才使用的合理程度。(4)不同的管理能级应表现为不同的责任、权利与利益。(5)人的能级具有动态性、可变性与开放性。(6)人的能级必须与其所处的管理级次动态对应。

能级对应原理揭示了人力资源能级结构必须是一个稳定的结构。这种结构应是上小下大，呈正三角形，即能级越高，人越少，能级越低，人越多。

三、要素有用原理

任何要素都是有用的，人力资源个体之间尽管有差异，有时甚至是非常大的差异，但必须承认人人有其才，即每个人都有他的"闪光点"，都有他突出的地方。比如，有的人研究开发能力很强，有的人组织协调能力很强，还有的人表达能力和自我展示的能力强，当然也有的人对社会经济发展变化适应的能力很强。这种差异要求人力资源开发工作者要有深刻的认识，对人不可求全责备，而是在人力资源配置过程中要注意合理地搭配组合人才，充分发挥每个人的长处和优势，做到人岗相适、人事相宜，而不是只采用淘汰的办法，使人人都有不安全感。

四、互补增值原理

由于人力资源系统每个个体的多样性、差异性，因此在人力资源整体中具有能力、性格等多方面互补性，通过互补可以发挥个体优势，并形成整体功能优化。

一是知识互补。不同的知识结构的人思维方式不同，他们互为补充，很容易引起思想火花的碰撞，从而获得最佳方案。

二是气质互补。在气质方面应刚柔相济，比如，一个组织中既要有踏踏实实的"管家型人才"，也要有敢闯敢冲的"将军型人才"和出谋划策的"协调型人才"。

三是能力互补。即一个组织中应集中各种能力的人才，既有善于经营管理的，也有善于公关协调的，还有善于搞市场营销的和做行政人事的等。

四是性别互补。既发挥女性细心、耐心的优势，又展示男性粗犷、坚强的一面，各展其优，各挥所长。

五是年龄互补。一个组织中，既要有经验丰富、决策稳定的老年人，也要有精力充沛、反应敏捷的中年人，还要有勇于开拓、善于创新的青年人。不同年龄段的人相互补充，组织效率会更高。

五、动态适应原理

现代社会是动态的社会，物质在动，信息在动，人力资源也在不断地流动。对个人来说，有主动择业的权利；对于组织来说，则可以对人的工作进行适时的纵向或横向调整；对于国家来说，可以通过制定政策引导人才合理流动。人才流动是绝对的，人才在流动中寻找适合自己的位置，组织则在流动中寻找适合组织要求和发展的人才。人才流动分个体流动和结构性流动（即由产业结构调整造成的人才流动）。所以人力资源开发要正确地认识流动，保持一种动态性开发的态势，促进人才在流动中得到优化配置。

六、系统动力原理

在人力资源开发过程中，通过物质的、精神的或其他方面的鼓励和表扬，可以激发人的工作热情，从而提高工作绩效。

一是物质动力。物质动力是指人类对基本物质需求和物质享受的追求性。在人力资源开发中，物质利益包括工资、奖金、保险、住房、医疗等，这是人类生存的基础。

二是精神动力。人除了物质需求外，还有精神方面的追求。人力资源开发中的"精神"是指包括友爱、表扬、奖励、晋升、信任、尊重等的各种非物质性激励。这是激励人们的一种内在动力。

三是信息动力。信息动力是指一切美好的给人以期望或给人们感情满足的各种信息。现代社会是一种信息社会。信息在人们的生活中变得越来越重要。人们越来越渴望对信息的吸收，因此信息尽管不是直接加于人身上的，但它却以间接的方式对人的工作效率产生影响。

七、竞争强化原理

竞争已成为社会经济发展的一种普遍规律，竞争无处不在，优胜劣汰、适者生存是自然法则。人力资源开发中的竞争强化原理是指通过各种有组织的非对抗性的良性竞争，培养和激发人们的进取心、毅力和创造精神，使他们全面施展自己的才能，达到服务社会、促进经济发展的目的。通过运用不同系统、不同层次的竞争，我们可以选拔战略性人才和各类优秀的管理型人才，也可以发现技术性人才和创造型、开拓型人才。但需要注意的是，无论竞争在哪个层次，采取哪种形式，都要强调竞争的公开性、公平性、合法性和参与性，这样竞争才能促进人力资源的有效开发。

八、反馈控制原理

在人力资源开发过程中，各个环节、各个要素或各个变量形成前后相连、首尾相顾、因果相关的反馈环。其中任何一个环节或要素的变化，都会引起其他环节或要素发生变化，并最终又使该环节或要素进一步变化，从而形成反馈回路和反馈控制运动，这就是人力资源开发的反馈控制系统。由此，在人力资源开发中要注意把握各个环节或各个要素之间的关系，通过抓住关键环节或主要影响因素，提高工作效率。

九、弹性冗余原理

弹性冗余原理是指对人力资源的开发必须留有余地，保持弹性，不能超负荷或带病运行。"弹性"通常都有一个"弹性度"，超过了某个度，弹性就会丧失。人力资源也一样，人们的劳动强度、劳动时间、劳动定额等都有一定的"度"，超过这个"度"进行开发，只会使人身心疲惫，精神萎靡不振，造成人力资源的巨大损失。因此，人力资源开发要在充分发挥和调动人力资源的能力、动力和潜力的基础上，主张松紧合理、张弛有度、劳逸结合，使人们更有效地开展工作。

十、文化凝聚原理

组织文化是一种建立在组织成员信仰之上的共同的价值观。组织文化对于组织的人力资源具有重要的凝聚功能和约束功能。现代人力资源开发与组织文化建设息息相关，现在许多大型组织管理都已经发展到一种文化管理的阶段。因此人力资源开发要重视文化的作用和功能，通过塑造高尚的组织文化，树立良好的组织形象等，吸引人力资源，开发人力资源，建立组织与个人、个人与个人之间的忠诚关系，提高组织效率。

【知识链接 1-2】

人力资源管理与传统的劳动人事管理的主要区别

现代的人力资源管理与传统的人事管理相比较，发生了很大变化，其主要区别如下：

（1）在管理内容上。传统的人事管理以事为中心，主要工作是管理档案、人员调配、职务职称变动、工资调整等具体的事务性工作；而现代人力资源管理则以人为中心，将人作为一种重要资源加以开发、利用和管理，重点是开发人的潜能、激发人的活力，使员工能积极、主动、创造性地工作。

（2）在管理形式上。传统的人事管理属于静态管理，也就是说，当一名员工进入一个单位，经过人事部门必要的培训后，安排到一个岗位，员工完全是被动性地工作、自然发展；而现代人力资源管理属于动态管理，强调整体开发，也就是说，对员工不仅安排工作，还要根据组织目标和个人状况，为其做好职业生涯设计，不断培训，不断进行横向及纵向的岗位或职位调整，充分发挥个人才能，量才使用，人尽其才。

（3）在管理方式上。传统的人事管理主要采取制度控制和物质刺激手段；现代人力资源管理采取人性化管理，考虑人的情感、自尊与价值，以人为本，多激励少惩罚，多表扬少批评，多授权少命令，发挥每个人的特长，体现每个人的价值。

（4）在管理策略上。传统的人事管理侧重于近期或当前人事工作，就事论事，只顾眼前，缺乏长远目标，属于战术性管理；现代人力资源管理不仅注重近期或当前具体事宜的解决，更注重人力资源的整体开发、预测与规划，根据组织的长远目标，制定人力资源的开发战略措施，属于战术性与战略性相结合的管理。

（5）在管理技术上。传统的人事管理照章办事，机械呆板；而现代人力资源管理追求科学性和艺术性，不断采用新的技术和方法，完善考核系统、测评系统

等科学现代人力资源管理手段。

（6）在管理体制上。传统的人事管理多为被动反应型，按部就班，强调按领导意图办事；现代人力资源管理多为主动开发型，根据组织的现状、未来，有计划、有目标地开展工作。

（7）在管理手段上。传统的人事管理手段单一，以人工为主，日常的信息检索、报表制作、统计分析多为人工进行，很难保证及时、准确，并浪费人力、物力和财力；现代人力资源管理的软件系统、信息检索、报表制作、核算、测评、招聘等均由计算机自动生成结果，及时准确地提供决策依据。

（8）在管理层次上。传统的人事管理部门往往只是上级的执行部门，很少参与决策；现代人力资源管理部门则处于决策层，直接参与单位的计划与决策，为单位最重要的高层决策部门之一。

第三节　人力资源开发与管理的原则和规律

一、什么是人力资源开发与管理

人力资源开发理论最早产生于 20 世纪 50 年代，随着西方人本管理思想的出现，行为科学研究的不断深入，以及人力资本理论和人力资源学说的形成，人力资源开发这一概念才逐渐为人们所接受。20 世纪 80 年代中期，人力资源开发理论开始传入我国，随后国内关于人力资源开发的研究逐渐增多，并逐步得到重视和发展，也取得了一些具有中国特色的研究成果。对于什么是人力资源开发，目前具有代表性的定义主要有：

（1）人力资源开发是指社会人从胎儿开始的教育，到成年后的使用、调配、管理，直到老年退休后的发挥余热等全部过程。其重点在组织一切力量，有效地对全社会进行智力开发。

（2）人力资源开发是指通过系统的规划、培养、教育、训练等手段，提高人对于自然界开发利用能力的过程。这里的能力包括生存能力、劳动能力、智力、体力等。

（3）人力资源开发是指为了使劳动力得到充分利用，通过教育培训，促进就业和有效利用劳动力的人事管理活动及政策。

（4）人力资源开发是指培植人的知识、技能、经营管理水平和价值观念的过程，并使其经济、社会、政治各方面不断获得发展和得到最充分的发挥。也就是说，它是一个提高人的素质、挖掘人的潜力的过程。

从以上定义可以看出，对于人力资源开发的认识，有两种视角：一种是社会视角，即通过培养、配置、管理、规划等手段，着眼于提高整体劳动力的素质，发挥人力资源的综合效益；另一种是个人视角，即通过教育、培训等手段，充分挖掘个人潜能，提高个人适应社会、改造自然的能力。所以说，人力资源开发的含义是非常广泛的，既有宏观的成分，也有微观的成分，其目的是使个体和社会都得到发展和提升。

二、人力资源开发与管理的原则

为搞好人力资源开发，提高人力资源开发的效果，人力资源开发与管理必须贯彻和遵循以下几个基本原则。

（一）战略原则

受多方面因素的影响，人力资源开发的效果有时可能并不能"立竿见影"，一些开发项目的效果可能要到若干年后甚至几代人以后才能体现出来。因此对于人力资源开发，不论是国家领导还是单位领导都要树立战略眼光，不能斤斤计较，只顾眼前利益，而要从国家或组织的长远发展来考虑，加大投资力度，促进可持续发展。

（二）主动参与原则

由于人具有主观能动性，对外界给予的东西有接受、选择的权利和意识，因此人力资源开发需要人自身的主动参与才能达到较好的效果。如果被开发者没有积极性和热情，那么再好的开发项目也难以取得实效。所以人力资源开发要求加强主体与客体的沟通，争取形成共识，以提高主动性和参与意识。

（三）理论联系实际原则

人力资源开发特别是企业人力资源开发，要紧紧围绕企业生产经营活动这一中心，提高针对性、实用性，要讲求实际，突出实效、学以致用，不搞形式，不走过场。对于国家、行业或部门的宏观人力资源开发来说，也要结合国家、行业或部门的发展目标和发展状况，有计划、有步骤地实施，避免超越发展阶段的盲目冒进。

（四）因人开发原则

人力资源开发的客体是个人，但由于每个人的成长环境、性格、受教育程度、身体状况等方面的差异，因此每个人对开发的要求都是不一样的。所以人力资源开发要充分考虑个体的差异，采取适于其发展的方式方法，使其个体素质和水平得到最大限度地提升，优势得到最有效的发挥，从而为促进社会发展或组织发展做出应有的贡献。

（五）注重投入产出原则

人力资源开发特别是企业人力资源开发不仅要考虑投入或产出多少，更重要的是要考虑投资收益问题——效益原则。总的来说，产出应该高于投入，这是人类生存和社会发展的一个基本原则。当然，也要考虑人力资源开发产出的综合性特征，因为产出既包

括目前的，也包括长远的；既包括经济的，也包括社会的；既包括有形的，也包括无形的等。

（六）全面提高和重点开发相结合原则

全面提高是指人力资源开发要着眼于整个人力资源素质的提高，即促进全人类的进步，只有全面提高，才有全面发展。而重点开发是指由于在不同的发展阶段，社会对人才的需求是有差异的，对于重点人才或紧缺人才要加快培养，加快开发。比如，现阶段我们对于高科技人才或高级管理人才的要求就很高，于是国家或企业就要将它作为人力资源开发的重点。

三、人力资源开发与管理的规律

人力资源开发作为一种特殊的资源开发形式，有其自身的规律，主要表现在以下四个方面。

（一）物力资源开发的水平取决于人力资源开发的水平

人类为了生存和发展，必须开发物力资源，但对物力资源开发利用的水平、层次、程度，则取决于人类对于自身开发的水准。如同样是水，农业社会用于灌溉，工业社会用于发电，信息社会则可能用于替代极其宝贵的石油资源，显然其价值是不一样的。因此随着人类聪明才智和创造能力的提高，其对物力资源开发的程度会越发深入。教育经济学家有一项重要的研究成果就反映了这个事实，即一个具有小学文化程度的劳动者，较之于文盲劳动生产率可提高43%；一个具有中学文化程度的劳动者，劳动生产率可提高108%，而一个具有大专文化程度的劳动者，劳动生产率则可提高300%。可见，文化程度越高，劳动生产率就越高。

（二）人力资源的价值随着开发程度的加深而不断提升

人力资源是一种可再生性资源，它可以进行持续的多次开发。而每开发一次，随着其知识水平和各种能力的不断提高，它的价值也就越来越得到体现。比如，一个已经参加工作的人，特别是高层领导，每参加一次培训，他的知识就会得到拓展，能力就会得到提升，其对于单位来说就显得越来越重要。而对于他个人来说，自我价值实现感就会越来越强。如果是自我开发、培养性开发、使用性开发、政策性开发同时实施，这种效果就会体现得更加充分。

（三）人力资源开发活动是永无止境的

人类社会只要存在的一天，人力资源开发活动就会进行一天，而且随着社会的发展和进步，人力资源开发将会越来越受到重视和关注。因此，人力资源开发就其进程而言，是永无止境的。有研究认为，人的大脑有100亿~140亿个神经元。每个神经元就相当于一个记忆软件,如果能加以充分利用,那么普通人一生可接受的信息就相当于 50 个美国国会图书馆的藏书。但现实的情况是,即使是最伟大的科学家,其大脑资源也只开发利用了 20%,而另外 80% 基本上还处于沉睡状态。因此,我们说人力资源开发永无止境,实质上是说人的大脑开发永远没有止境,即人的潜能是无限的。

(四)人力资源开发的水平部分取决于开发者自身的水平

诺贝尔奖获得者、美国著名经济学家舒尔茨研究提出:企业物力投资 3.5 倍,企业利润将增加 3.5 倍;而人力投资 3.5 倍,利润则将增加 17.5 倍,可见人力资源开发对于企业经营和发展的重要性。但人力资源开发水平如何,主要取决于开发者自身的水平。从学校教学质量主要取决于教师水平,企业人力资源利用效果主要取决于领导和人力资源部门的安排等,可以看出这个基本的规律。

【知识链接 1-3】

联想集团的人力资源开发和管理经验

联想集团是我国 IT 业的一面旗帜,从 1984 年创业时的 11 个人、20 万元资金起步,到 2012 年已位列全球 500 强第 370 位,成为一家极富创新性的国际化科技公司。联想何以在短短 28 年时间内取得如此成就,我们不妨走入联想内部,去看看联想的人力资源管理。

1. 观念的转变:从"蜡烛"到"蓄电池"

和每一个企业的成长历程相类似,联想也经历了初创、成长到成熟几个阶段。在企业成长过程中,随着企业规模扩大,企业领导层越来越认识到人的作用。1995 年,集团"人事部"改名为"人力资源部",这种改变不仅是名称的变化,更是一种观念的更新。

时任联想集团人力资源负责人的蒋北麒先生说:"过去的人才管理把人视作蜡烛,不停地燃烧直至告别社会舞台。而现在,把人才看作资源,人好比蓄电池,可以不断地充电、放电。现在的管理强调人和岗位适配,强调人才的二次开发。对人才的管理不仅是让他为企业创造财富,同时也要让他寻找到最适合的岗位,最大限度地发挥自身潜能,体现个人价值,有利于自我成长。"

2. 在赛马中识别好马

联想为那些肯努力、肯上进并肯为之奋斗的年轻人提供了很多机会。当时,联想集团管理层的平均年龄只有 31.5 岁。联想电脑公司的总经理杨元庆、联想科技发展公司总经理郭为、联想科技园区的总经理陈国栋……都是没有超过 35 岁的年轻人,他们各自掌握着几亿元,甚至几十亿元营业额的决策权。从 1990 年起,联想就开始大量提拔和使用年轻人,几乎每年都有数十名年轻人受到提拔和重用。

联想对管理者提出的口号是：你不会授权，你将不会被授权；你不会提拔人，你将不被提拔。从制度上保证年轻人的脱颖而出。

联想起用年轻人采取的策略是"在赛马中识别好马"。这包括三个方面的含义：要有"赛场"，即为人才提供合适的岗位；要有"跑道"划分，不能乱哄哄挤作一团，必须引导他们有秩序地竞争；要制定比赛规则，即建立一套较为科学的绩效考核和奖励评估系统。

3. 善于学习者善于进步

联想创始人之一、公司副总裁李勤总结自己时说过一句话：办公司是小学毕业教中学。其含义是：办企业对他是一项全新的挑战，需要学习的知识太多。联想注重向世界知名的大公司请教。在人力资源管理上，IBM、HP等都是他们的老师，和这些公司的人力资源部保持着密切的关系。同时，他们与国际上一些知名的顾问咨询公司合作，引入先进的管理方法与观念。他们和CRG咨询公司合作，参照该公司的"国际职位评估体系"在联想集团开展了岗位评估，统一工薪项目，推行"适才适岗、适岗适酬"的管理方针。蒋北麒经理介绍说："适才适岗，要求首先对岗位进行分析评估，岗位职责明确并有量化考核指标；其次对员工的技能素质、心理素质和潜质等进行分析。同时，还必须有一套机制来保证适才适岗。通过建立企业内劳动力市场，通过轮岗制度，来实现人和岗位的最佳配置。"

资料来源：中大网校.

第四节　人力资源开发与管理的目标和层次

一、人力资源开发与管理的目标

人力资源对于社会的贡献取决于两个方面的因素：一是其智力；二是其活力。一个人的智力再高，如果缺少活力，甚至没有活力，其贡献也会很小，甚至为零，还可能因为犯罪或做出其他有损于社会的事情，使其贡献为负数。相反，如果只有活力，而智力水平不高，其对于社会的贡献也不会太大。因此，人力资源开发的目标应包括以下两个方面，二者缺一不可。

一是提高智力。即通过培训、教育等使人的智力得到有效提高，从而具备从事工作所要求的各种知识和技能等。二是激发活力。即通过采取各种有效措施调动人的工作积极性、主动性和创造性，使人敬业、乐业，全身心地投入到工作当中，从而提高工作效率。

人力资源管理还能够改善员工的工作生活质量，提高生产效率和帮助企业获得竞争优势。一是改善工作生活质量。工作生活质量关注人们工作的真实原因，是员工产生的心理和生理健康的感觉。工作生活质量会影响员工的出勤率和离职率等，一般包括劳动报酬、人际沟通、工作的安全性、员工的工作时间、工作紧张程度、参与决策程度、工作民主性、利润分享、退休金计划、福利改善计划和优化工作环境等。二是提高生产率。人力资源管理可以通过组织设计与工作设计、提高员工的工作积极性、招聘胜任的员工和激励员工等方式提高生产率。三是获取竞争优势。竞争优势是组织必须获得和维持某种对其竞争者的优势。人力资源管理实践至少会在如下16个方面帮助企业获取竞争优势：就业安全感、招聘时的正确挑选、高工资、绩效薪酬、股权计划、信息分享、参与和授权、自主团队和工作再设计、培训和技能开发、工作扩大化、平等主义、缩小工资差异、内部晋升、长期雇用、对管理实践的测量、价值观。

二、人力资源开发与管理的层次

人力资源开发的层次理论认为，现代人力资源开发不是一次开发，而是一种多个层次的连续开发，主要包括以下四个层次（见表1-1）。

表1-1　人力资源开发的层次

开发层次	开发性质	开发主体	开发客体	开发目的	开发手段
1	自我开发	有志青年	自身	自我实践	确立志向并为之努力
2	培养性开发	教师	学生	人成其才	传授知识和技能，提高素质
3	使用性开发	单位	职工	人尽其才	合理使用，职业生涯设计
4	政策性开发	行政部门和单位	相关人员	人才辈出	制定政策和措施，变革体制

第一个层次是"自我开发"。即个人有一种自我觉悟的意识，能主动给自己确立成材的目标，促使自己的知识、能力等得到提高。这是更深层次开发的基础。

第二个层次是"培养性开发"。即人们所说的教育与培训，通过教师及时地将各种知识和技能传授给学生，使学生得以快速成长，更好地适应社会发展和工作变革的要求。

第三个层次是"使用性开发"。使用也是一种开发，因为从终身教育的观点来看，个人从学校获得的知识不过只占其一生所用知识的10%，而另外90%的知识都靠其在工作中再学习。所以，对于任何一个人来说，应该清醒地认识到：领导使用我就是开发我，不使用便是不开发。在领导使用的过程中，要有意识地加强学习，提升自我。

第四个层次是"政策性开发"。即政府行政部门或有关单位通过制定各种政策和措施来促进人才培养、人才流动或调动职工的工作积极性，从而使优秀人才脱颖而出，达到人才辈出的目的和要求。

以上四个层次相互联系，涵盖面越来越广，影响范围越来越大。因此，从这个方面

来看，人力资源开发是一个实实在在的系统工程，需要每个人、每个单位、每个部门等的共同努力和密切合作。

【复习思考题】

1. 人力资源的概念是什么？
2. 人力资源有哪些特征？
3. 简述人力资源开发与管理的原则。
4. 人力资源开发与管理分为哪几个层次？

【案例分析】

"海底捞"真正意义的人力资源管理

1994年，当时还在四川拖拉机厂做电焊工的张勇，利用业余时间在四川简阳的一条马路边支起了四张桌子，开始了自己的麻辣烫生意。没有一点经验的他只能用无微不至的服务感动顾客，虽然当时他的麻辣烫口味还谈不上多么"美味"，但顾客却总是一次又一次地光临这个叫"海底捞"的小摊。

2010年，海底捞已经成为拥有超过50家连锁店的餐饮企业，让顾客无可挑剔的服务已经成为海底捞的独门秘诀，而这一切，也正是海底捞董事长兼总经理张勇的成功秘诀。

在未来的发展中，对于海底捞能否继续用"服务"复制以往的传奇，张勇似乎并不担心，因为他知道，和其他企业用制度化措施来强迫员工为顾客提供服务不同，海底捞的每位员工是真心实意地在为顾客服务，而这份真诚，则是源于张勇将员工当作家人般地对待。

家是怎么样的？怎么才能让员工把海底捞当成家？张勇为此做了很多努力。海底捞一员工曾向外界介绍："我们的员工宿舍都是正规住宅，有空调暖气，还能上网，距离我们工作的地方也就步行20分钟。"不仅如此，他还介绍，公司还雇用专人负责打扫宿舍卫生。

张勇为了让员工没有后顾之忧，还在四川简阳建立了海底捞寄宿学校，专门为员工解决子女的教育问题。除此之外，张勇还想到了员工的父母，每月公司会给干部、优秀员工在故乡的父母寄一部分奖金。

正是这些措施，使得海底捞拥有了一个相对稳定的员工团队。服务性行业的流动性非常大，但是海底捞员工主动提出离开的却很少。许多餐馆到海底捞来挖人，从店长、大堂经理、领班甚至到普通服务员都未有所动。

"海底捞"做到了真正意义的人力资源管理，从内到外以心换心，达到了人力资源管理的真正目的"员工与企业的双赢，共同迈向成功！"值得现在的很多企业深思……

讨论题：

1. 海底捞在员工管理中有哪些值得借鉴的地方？

2. 结合案例分析，如何发挥员工的主观能动性，激发员工的工作热情？

3. 结合案例分析，在员工管理中如何体现"以人为本"的管理思想。

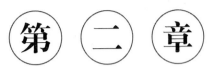

第二章

人力资源战略与规划

人力资源战略是组织内人力资源工作的方向性指引，人力资源战略的制定应该考虑企业的经营战略、发展战略、文化战略等内容，并对其形成支撑。人力资源规划用以指导组织内人力资源的各项具体工作，首先需要使用科学的方法对人力资源的供给与需求进行预测，在分析供给与预测的差距的基础上，制定本组织下一阶段的人力资源规划。

【学习目标】

1. 了解制定人力资源规划的工作程序；
2. 树立人力资源战略与企业战略配合的意识；
3. 掌握基本人力资源预测的方法，以及人力资源供给失衡的应对技术。

【导入案例】

奇虎360学院：企业战略发展的坚强后盾

奇虎360学院作为奇虎360公司人才培养的"黄埔军校"，经历了不断摸索、逐渐成熟的发展过程。对此，奇虎360学院院长郑爱军回忆说："追根溯源，360学院的成立源于组织发展的需要。在奇虎360的发展历程中，经历的第一个阶段，就是'野蛮生长'阶段，该阶段组织人数从2000人增加到4000人，从4000人又发展到6000人，随着人员数量的快速增长，更多复杂的问题也接踵而至：一是大量技术人员转为管理人员，管理能力的欠缺不能满足组织高速发展的需要；二是公司吸纳了大量新人，使组织的企业文化被稀释。"

正是在这种情况下，旨在"创造价值，传播文化"的360学院应需而生。"创造价值"是指学院要紧贴企业战略，为360公司的业绩创造价值。而"传播文化"则是指要力求实现组织文化的统一性。

从组织架构上来看，360学院经历了两个阶段：第一个阶段是以能力为基准进行组织划分，共划分出领导力组、通用能力组、专业能力组及文化组四个部分。从2014年开始，360学院进入第二个阶段，此阶段按照职能进行分组，分为培训发展业务伙伴组和后台组。其中，前者的职责是承担业务部门关于人才培养方面的所有需求，包括各种能力的培养，培训规划、培训体系的建立，培训制度的制定，培训项目的实施，培训记录的归档，企业文化在部门内的推广，以及团队士气的提升和内部流程及绩效的改善；而后台组的工作主要以新员工培养为主，还负责新员工培训的职业规划、数据收集，以及组织文化的推广与E-Learning平台的维护。

为了让学院在成长的道路上走得更加顺畅，我们引进了ISO 10015培训质量管理体系，在该体系的有效规范下，建立了契合企业发展需求的人才培养模式。

资料来源：中国人力资源开发网 [EB/OL]. http://www.chinahrd.net/blog/375/895299/374302.html.

第一节　人力资源战略与规划概述

人力资源开发与管理战略，简称人力资源战略，是对于一个国家或地区人力资源状况及其发展，进行总体上的规划和调节。人力资源战略不仅是经济、社会发展总体战略的重要组成部分，而且是制约经济、社会发展的一项极其重要的基础性战略。人们常说，"人口众多、经济落后"是我国的基本国情，实际上，人口过剩必然导致人力资源过剩，经济落后反映了人力资源的经济效能差，两者实质上都构成了人力资源问题。我国现在对人力资源已经相当重视，这说明我国已经认识到人力资源是造就经济发展的动力和维系社会稳定、促进社会安定的因素。任何一个国家要搞好经济社会发展，都必然致力于搞好人力资源问题。因为，人力资源不仅是经济发展的资源和动力，更是社会发展的目标和目的。当今世界进入知识经济时代，各国都把人力资源问题作为战略性问题来考虑，制定和实施有关的人力资源政策，实行各种相关的经济政策、社会政策和技术政策，以谋求人力资源的大力开发与合理利用。

一、企业经营战略概述

企业的人力资源战略派生和从属于企业的经营战略，要制定有效的人力资源战略，就必须明确企业的经营战略，以及明确人力资源在其中的位置与作用。

（一）企业经营战略的概念

"战略"一词，源于希腊语"Strategies"，意为军事首领、地方行政长官，在军事学

中是与战术一词相对而言的。一般来说，战略是指对于任何一个组织都具有全局性或决定性的谋划。

把"战略"一词引入经营学领域，产生"企业经营战略"的直接原因是，进入20世纪60年代以后，社会经济生活发生了深刻的变革：世界经济形势动荡不安，新技术革命浪潮的冲击，国际竞争日趋激化，社会价值观急剧转变。在这种大的背景下，无论什么样的企业要想在环境条件激烈变化的情况下继续生存下去，必须正确地认识和分析相应的经营环境，把握经营的方向和长期的发展趋势，并与短期的形势波动情况区别开来。为此，企业一方面需要按照既定的长期方向，明确经营目标和经营方式，增强市场应变能力；另一方面需要采取灵活的策略，适应短期条件的变化，解决当前或局部出现的问题。由此可看出，企业经营战略是企业为了求得长远的发展，在对企业内部条件和外部环境进境进行有效的分析的基础上，根据企业的总体目标所确定的企业在一定时间内对发展的总体设想和谋划，包括战略指导思想、战略目标、战略重点和战略步骤等。

（二）企业经营战略的层次

企业经营战略一般分为三个层次：总体战略、事业战略和职能战略。

总体战略主要用在多元化的企业里，是企业的长远发展方向，用以决定企业所要经营的产品或服务范畴，以及企业资源的分配和整合。总体战略为长期战略或宏观战略，其内容通常较为概括，成效也难以评价。事业战略主要整合事业单位的功能，使各事业单位在配合总体战略的同时，亦能发挥独特的竞争优势。在多元化的企业中，相关的事业单位可能被组合成一个战略性的事业单位，在共用专才之余，更可达成共识，以便进行工作规划。在单一产品的企业里，事业战略即等于总体战略。事业战略一般是中期性的，即3~5年的规划。职能战略主要用以整合各职能单位内的活动，使其发挥最大的效力，以协助事业战略达成企业的总体目标。职能战略是短期性的，一般是指1年内的计划，而内容是具体而清晰的。

（三）企业经营战略的类型

企业经营战略多种多样，千差万别，这里主要分析与人力资源战略有密切关系的企业基本竞争战略、企业发展战略和企业文化战略。

（1）企业基本竞争战略。为获得竞争优势，企业可以根据自己的情况采取以下三大基本竞争战略中的一种，即成本领先战略、产品差别化战略和市场焦点战略。

（2）企业发展战略。企业的发展战略主要包括成长战略、维持战略、收缩战略和重组战略。

（3）企业文化战略。企业文化主要指一个企业长期形成的并为全体员工认同的价值信念和行为规范。每一个企业都会有意或无意地形成自己特有的文化，它来源于企业经营管理者的思想观念，企业的历史传统、工作习惯、社会环境和组织结构，等等。

二、人力资源战略

人力资源战略确定一个企业将如何进行人员管理以实现企业目标。与其他战略一样，人力资源战略是为管理变化而制订的一种方向性的行动计划，是使人力资源管理与企业经营战略保持一致的手段。它提供了一种通过人力资源管理获得和保持竞争优势的企业行动思路，即在变化的环境中将重点放在对人的管理上。

通过人力资源战略，管理人员与人力资源职能人员一起确定和解决与人相关的企业问题。这一过程的作用在于，帮助管理人员确定对本组织的竞争力与成功最为重要的问题，帮助管理人员建立重点次序，以及确定如何实施人员管理的愿景。而且，人力资源战略是一种黏合剂，能将所有的人力资源活动连在一起并使人员了解它们的意义。具体来说，人力资源战略有以下作用：（1）界定实现企业目标的机遇与障碍。（2）促使对问题产生新思路，引导和教育参与者并提供比较广阔的视野。（3）检测管理过程投入程度，开创一种将资源分配给具体计划和活动的过程。（4）培育一种紧迫感和积极行动精神。（5）建立一种针对今后两三年重点问题的长期行动方针。（6）提出企业管理与管理人员开发的战略要点。

人力资源战略属于职能战略，用以支持企业总体战略和事业战略，所以必须与企业经营战略配合，才能发挥最大效用。

（一）人力资源生产战略

1. 应对人力资源结构老化

据预测，到 21 世纪 30 年代，我国老年人口占总人口的比重将达到 27% 的高水平。随着我国老龄化的发展，我国人力资源年龄结构也有老化趋势，即 50 岁以上年龄的人力资源比重将相应加大。对于这一影响比较大的问题，要通过提高人力资源的产出率、实行技术替代劳动等方针，来弥补人力资源年龄结构老化的影响。特别要注意加快青少年人力资源的开发，并大力发展针对中老年人力资源的继续教育事业。

2. 大力提高人力资源质量

（1）抓住人力投资重点。要在以下几方面加大人力投资：第一，大力进行对企业家、科技人员、管理人员等人才资源的教育培训及再教育事业，以适应经济社会不断发展的需要。第二，配合我国的经济社会发展战略和各种产业发展政策、区域发展政策，调动各方面力量，开发现有人力资源潜力，减少人力资源浪费，改善人力资源质量结构。第三，大力增加农村人力资本投资，以大幅度提高农村人力资源的综合素质，促进农村现代化的进程和保证未来转移进入城市的人力资源的素质。

（2）努力搞好国民教育。要进一步增加教育经费投入，不断提高其在财政支出中的占比；要尽快达到在全国城乡普及九年制义务教育的目标，实现基础教育的全面覆盖；要根据社会需要，搞好对高等专业教育培养方向的引导；要大力提高教育质量，使新一代人力资源具有知识经济时代的高素质。

为此，要强化教师的选拔、培训和国际交流，以大大提高师资水平；要改善课程的设置，强调教材、教学方法、教学内容的时代性；要进一步放宽政策，大力发展社会多种力量办学；大力推进高等教育体制的改革，大力提高高等教育质量，解决好专业招生体制与市场用人需求之间的矛盾；要采取多种措施，解决好大学生就业问题。

（3）进一步强化职业技术教育。要进一步强化职业技术教育培训，力求达到职业技术教育培训的优质化和实用化，使职业技术教育在人力资源开发与管理方面发挥更大的作用。职业技术教育的发展，要坚持以市场为导向，注重针对性和时效性。在我国经济迅速发展的情况下，要特别注重做好对企业转岗人员和进城务工人员的职业技能培训。

（4）进一步强化就业后的继续教育。为了进一步增强人力资源的效能，必须大力加强在岗人力资源的继续教育，使人力资源个体们都能够普遍接受终身教育。从社会的角度看，"工作—学习循环"是极为必要的，这不仅能够使人力资源不致因技术的迅速发展而落伍，而且使人力资源的知识不断更新、技能不断增强、综合素质不断提高。

（二）人力资源就业战略

1. 发展经济和开拓就业岗位

从一定意义上讲，失业问题的存在是社会就业岗位短缺的反映，开拓就业岗位是解决就业问题的根本。大力发展经济，大力培育经济增长点和就业增长点，大力开拓新的就业岗位，不仅是稳定我国就业局面的根本，也是进一步实现长期充分就业的根本。

2. 多方面挖掘就业需求

按照经济学原理，为人的就业提供岗位的人力资源需求来自于社会消费。充分调动消费需求，鼓励社会创业，从而调动就业岗位需求，这是解决就业问题的重点。我国近年来进行了促进消费的多方面努力，诸如降低利率、消费信贷、假日经济、高校扩招等，取得了一定的成效。但是，目前我国城乡居民存款依然在攀升，数额高达10多万亿元，这意味着我国的消费需求和就业岗位需求仍然大有潜力。

要面向正在迅速成长的中国经济，面向庞大的国内市场，有预见地开发就业岗位，并将其纳入宏观经济政策中。我国农村的市场潜力巨大、所引致的人力资源就业岗位需求巨大。

3. 鼓励非正规就业和灵活就业

市场经济的特点是多样化。从就业的角度看，非正规就业主要依靠劳动者自身的努力创造大量的就业岗位，这不仅是制度化就业的补充，而且是一种自动缓解失业压力、稳定就业局面的力量。按照国际劳工组织近年的观点，在非正规就业中，"独立服务者"占据主体地位的是家庭帮手、街头小贩、清洁工等。独立服务者也被称为"随意劳动者"，其特点是职业的性质不断变化、女性比例大、具有季节性、技能水平低。

4. 实行就业扶助

政府作为公众集体利益的代表，有着消除社会痛苦、对弱者进行扶助的责任。为此，应当解决以下几个方面的问题。

（1）大力抓好失业贫困人员的解困和再就业扶助工作。我国已经在一定程度上实行了生活救助和就业扶助，但这种救助和扶助在不同地区、部门和单位还有相当的差异，必须下更大的力气加以解决。

（2）扶助低文化、低技能层次的女性就业。在市场经济讲求效率、用人单位具有自主权的情况下，可以采取强化技能培训、加强就业指导、创造适合岗位和在必要条件下实行类似残疾人的按比例就业的政策。

（3）对于无技能的青年失业者给予以技能培训为中心的就业扶助。

（4）对于中老年失业者，要给予必要的生活保障和有针对性地提供就业岗位。

（5）继续搞好和进一步深化残疾人就业扶助的各项工作。

（6）建立对于失业人员的社会工作制度，以减少失业者所遭受的社会痛苦，并达到维持社会稳定的效果。

此外，要解决好我国的中长期就业问题，需要在未来经济社会进一步发展和转型、格局发生大变化的情况下，基于新的国情、新的目标、新的战略和新的理念，进行多方面的政策优化、政策深化、政策调整和政策创新。

【知识链接 2-1】

酒店人力资源战略与计划

战略性的人力资源管理对于酒店及其管理者来说一直是一个挑战。我们首先要弄清人力资源战略的含义——它通常是指一年到五年的规划，包括酒店人力资源的整体政策和具体事宜。制定酒店的人力资源战略通常从五大方面来进行考虑。这五大方面包括：（1）决策方面。即酒店的人力资源政策如何更好地为酒店整体战略进行服务，决策过程如何更科学地发现、提出、被论证及制定实施。当然很重要的一个环节是酒店选择什么样的绩效评估体系，因为它不仅关乎员工利益，而且将影响酒店的资源分配。（2）领导艺术方面。作为企业领导者，必须清醒地认识本酒店人力资源的现状和发展程度，清醒地认知劳动关系的环境和发展走势，才不会使酒店在人力资源管理上与正确的方向背道而驰。（3）组织发展方面。主要指人力资源部门的工作战略，包括员工的招聘、薪酬和福利等，不能在未来人力资源市场上提供诱人的报酬和福利待遇，将丧失招聘竞争力，而这足以影响酒店战略目标的实施。（4）培训计划。培训是一个系统过程，无论是员工还是管理层，它的定位应着眼于发展，应该视作酒店的一个长期投资的过程，同时是战略计划的重要组成部分。（5）激励方面。对于酒店来说，问题在于关键性或重要人才的流失率一直居高不下，而员工流失率低的酒店大多都有正规的留住核心员工的战略，以帮助酒店降低成本和保证服务质量。这些关于降低流失率的制度的制定同样仍是一个酒店资源分配的计划，它的侧重点应该在人力资源战略中得以细化。

酒店人力资源战略的制定过程按照 PDCA 循环的精神，可以分为六个步骤：

1. 制订职务编制计划

根据酒店发展规划，结合职务分析报告的内容，来制订职务编制计划。制订职务编制计划的目的是描述未来的组织职能规模和模式。但通常若非进行大的结构调整这一部分可以裁减。

2. 制订人员配置计划

人员配置计划要求不仅明确酒店的人员编制，对于酒店人力资源的永续发展也提出要求，例如，员工的职位晋升和空缺预计及补缺方法等。实际上，预测人员需求是整个人力资源规划中最困难和最重要的部分。因为它要求以富有创造性、高度参与的方法处理未来经营和技术上的不确定性问题。

3. 制订培训计划

培训计划中包括了培训政策、培训需求、培训内容、培训形式、培训考核等内容。培训是一个持续的过程，但是培训又不断面临着新的问题。

4. 制订人力资源管理政策调整计划

计划中明确计划期内的人力资源政策的调整原因、调整步骤和调整范围等。其中包括招聘政策、绩效考评政策、薪酬与福利政策、激励政策、职业生涯规划政策、员工管理政策等。

5. 编写人力资源部费用预算

其中主要包括工资总盘扩大比率、招聘费用、培训费用和福利费用等的预算。

6. 风险预测及对策

在计划期内人力资源可能遇到哪些风险，如招聘困难、员工薪酬不具吸引力等，应进行战略预测，以及这些问题如何应对。

人力资源计划编写完毕后，应先积极地与各部门经理进行沟通，根据沟通的结果进行修改，最后提交酒店决策层审议通过，重要的不仅仅是结果，更重要的是战略和计划制订的思想同化过程。

总之，人力资源战略和计划将帮助酒店规划好人力资源的发展，破除人力资源管理的盲目性，为酒店的永续发展提供巨大的支持。

资料来源：职业餐饮网〔EB/OL〕. http://www.canyin168.com/glyy/pmgl/rlpm/200704/6099.html.

三、人力资源规划

（一）人力资源规划的含义

人力资源规划是将企业经营战略和目标转化成人力需求，以企业整体的超前和量化的角度分析和制定人力资源管理的一些具体目标。任何成功的组织都是十分珍惜和爱护人力资源的，人力资源规划就是充分利用人力资源预测未来的组织任务和环境对组织的要求，检测其内部人力资源供给满足这些需求的程度，确定供求之间的差距，制订人力资源需求计划，用以指导人力资源的招聘、培训、开发晋升和调动，确保企业对人力资源在数量和质量上的需求的活动。企业所要做的规划是多种多样的，既要做公司的战略规划，包括明确宗旨建立目标、评价优劣势、确立结构、制定战略和制订方案等，也要做战术规划和经营规划，同时更要做人力资源规划。人力资源规划与公司的其他规划是并列平行的，但在某种意义上讲人力资源规划具有更加重要的意义，因为人是企业中活的资源，也是最宝贵、最重要的资源，特别是在市场经济的条件下和竞争更加激烈的环境下更是如此。

（二）人力资源规划的战略性决定

在进行人力资源规划之前，管理者必须首先做出以下战略性决定。

（1）预警式或反应式规划。管理者要决定是采取预警式的人力资源规划还是反应式的人力资源规划。预警式的人力资源规划即仔细预测未来的人力需要，并有系统地事先满足这些需要；反应式的人力资源规划指有需要时才做出反应行为。

（2）狭窄的或广泛的规划。管理者要决定是采取焦点较狭窄的规划还是较广泛的规划。

（3）非正式的或正式的规划。管理者要决定采取非正式的人力资源规则或是正式的规划，非正式的规划多是由管理者在脑中或口头上做构思；正式规划则有文件和数据作支持。一个电子化的人力资源管理信息系统可以帮助企业做正式的人力资源规划。

（4）与企业的战略性规划方案的松散结合或完全整合。人力资源规划方案可以和企业的总体战略性规划方案松散结合，也可以是完全地整合影响企业总体战略规划和人力资源规划，包括企业高级管理层和人力资源管理者的理念、企业的性质和成长阶段等。

（5）灵活性或不具灵活性规划。企业通过规划去降低不明朗的因素，人力资源规划是其中一环。人力资源规划可以是富有灵活性，能预测和应付多项变数的；也可以是因某个特定情况而设计，应变能力较低的。

（三）人力资源规划的程序

人力资源规划通常要遵循以下程序：

1. 收集人力资源规划所需的信息

人力资源规划所需的信息主要有企业内部信息和外部信息。企业内部信息包括企业的组织结构、企业战略目标、企业价值观、现行人力资源政策、现有员工等。

2. 预测人员需要

从逻辑上讲，人力资源的需要明显是产量、销售量、税收等的函数，但对不同的企业，每一因素的影响并不相同，改善技术、改进工作方式、改进管理等非商业因素都将增加效率。

3. 清查和记录内部人力资源情况

首先，应确认全体员工的合格性，对不合格的要进行培训和调整。对现有员工一定

尽力做到人尽其才、才尽其用。其次，对人员空缺的职位，在清查了部门员工后，就可明了哪些可从组织内部填充，哪些需要从外部招聘。

4. 确定招聘需要

在比较了企业的劳动力需要和劳动力市场的供给量以后，如果表明可供的人力资源短缺时，企业就必须加强人力资源的招聘。在招聘中，可从内部劳动力市场和外部劳动力市场入手。

5. 与其他规划协调

人力资源规划必须与企业中的其他规划相协调。其他规划往往制约着人力资源规划，同时，人力资源规划的目的也是为其他规划服务。

6. 评估人力资源规划

对人力资源规划进行评估时，首先要客观、公正和准确；其次要进行成本—效益分析，以及审核规划的有效性，因为经济上没有效益的规划是失败的；最后要注意在评估时征求部门经理和基层管理人员的意见，因为他们是规划的直接受益者。

第二节　人力资源预测

一、人力资源需求预测

人力资源需求预测和产品或服务需求预测同等重要，错误的预测会造成巨额的成本浪费。预测的内容包括要达到企业目标所需的员工数目和类别，预测的方法多种多样。在进行预测时，要考虑三个重要因素，即企业的目标和战略、生产力或效率的变化、工作设计或结构的改变。很多时候，因为所要考虑的因素比较复杂，进行预测时就不得不用代替法或者放弃部分的预测工作，因而所得出的结果往往不是绝对正确的结果。正因为如此，人力资源需求预测是一门艺术多于科学的技术。企业必须根据本身的情况选择合适的方法。

人力资源需求预测的方法一般可分为两大类：主观判断法与定量分析预测法。

（一）主观判断法

这是一种较为简单、常用的方法。此方法是由有经验的专家或管理人员进行直觉判断并做出预测，其精度取决于预测者的个人经验和判断力。主观判断法又包括经验推断法和德尔菲法两种。

1. 经验推断法

经验推断法是先推断企业产品或服务的需求，然后就产品或服务的特性，所需技术、行政支援等，将需求转化为工作量预算，再按数量比率转为人力需求。经验推断法较适用于短期预测，长期预测因较复杂，较宜采用定量分析预测法。

经验估测法可分为"自上而下"和"自下而上"两种方法。"自上而下"是指由领导层和管理层拟订出本组织和本部门的用人计划，然后传达到每个部门执行。"自下而上"是指基层管理部门根据本部门工作要求和员工需求状况，层层向上级提出申请或建议。两种方法应结合使用，即先由公共组织上层制定指导性建议，再由各下级部门根据指导性建议提出具体用人需求，这样就能确定组织总的用人需求。这种方法的优点是方法简单易行，且实施成本较低。缺点是主观性较强，估测结果相对粗糙，准确性较差。

2. 德尔菲法

德尔菲法又名专家会议预测法、团体预测法、专家打分法，是20世纪40年代末在美国兰德公司的"思想库"中发展出来的一种主观预测方法。德尔菲法分多轮进行，第一轮要求专家以书面形式提出各自对企业人力资源需求的预测结果。通过这种方法得出的是专家们对某一问题的看法达成一致的结果。

德尔菲的特点是：（1）吸取众多专家的意见，避免了个人预测的片面性。（2）采取匿名的、"背靠背"的方式进行，避免了从众的行为。（3）采取多轮预测的方式，准确性较高。

采用德尔菲法的步骤：（1）整理相关的背景资料并设计调查的问卷，明确列出需要专家们回答的问题。（2）将背景资料和问卷发给专家，由专家对这些问题进行判断和预测，并说明自己的理由。（3）由中间人回收问卷，统计汇总专家们预测的结果和意见，将这些结果和意见反馈给专家们，进行第二轮预测。（4）再由中间人回收问卷，将第二轮预测的结果和意见进行统计汇总，接着进行下一轮预测。（5）经过多轮预测之后，当专家们的意见基本一致时就可以结束调查，将预测的结果用文字或图形加以表述。

采用德尔菲法时需要注意的几个问题：（1）专家人数一般不少于30人，问卷的回收率应不低于60%，以保证调查的权威性和广泛性。（2）提高问卷质量，问题应该符合预测的目的并且表达明确，保证专家都从同一个角度去理解问题，避免造成误解和歧义。（3）要给专家提供充分的资料和信息，使他们能够进行判断和预测；同时结果不要求十分精确，专家们只要给出粗略的数字即可。（4）要取得参与专家们的支持，确保他们能够认真进行每一次预测，同时也要向公司高层说明预测的意义和作用，取得高层的支持。

（二）定量分析预测法

定量分析预测法是利用数学和统计学的方法进行分析预测，常用的较为简便的方法有以下几种。

1. 工作负荷法

工作负荷法是指按照历史数据，先算出某一特定的工作者每单位时间的每人的工作负荷，再根据未来的生产目标计算出需要完成的总工作量，然后根据前一标准折算出所需的人力资源数。

例如，某企业共有各种客户1200个，这些客户可分为三类，其中第一类客户有200个，每年需进行24次访问；第二类客户有400个，每年需进行18次访问；第三类客户

有 600 个，每年需进行 12 次访问。如果每位推销人员每年的平均访问次数为 300 次，该企业共需推销人员多少名？根据公式：$S = (200 \times 24 + 400 \times 18 + 600 \times 12)/300 = 64$（名），即该企业需要 64 推销人员。

2. 趋势预测法

趋势预测法是利用企业的历史资料，根据某些因素的变化趋势，预测相应的某段时期人力资源的需求。趋势预测法在使用时一般都要假设其他的一切因素都保持不变或者变化的幅度保持一致，往往忽略了循环波动、季节波动和随机波动等因素。一般常用的方法如下：

（1）散点图分析法。该方法首先收集企业在过去几年内人员数量的数据，并根据这些数据做出散点图，把企业经济活动中某种变量与人数间的关系和变化趋势表示出来，如果两者之间存在相关关系，则可以根据企业未来业务活动量的估计值来预测相关的人员需求量，同时，可以用数学方法对其进行修正，使其成为一条平滑的曲线，从该曲线可以估计出未来的变化趋势。

（2）幂函数预测模型。该模型主要考虑人员变动与时间之间的关系，其具体公式为：$R(t) = atb$，式中 $R(t)$ 为 t 年的员工人数，a、b 为模型参数。a、b 的值由员工人数历史数据确定，用非线性最小二乘法拟合幂函数曲线模型算出。

3. 统计预测法

统计预测法是指根据过去的情况和资料建立数学模型，并由此对未来的趋势做出预测的一种定量的预测方法。

（1）比例趋势预测法。这种方法通过研究历史统计资料中的各种比例关系，例如，部门管理人员与该部门工人之间的比例关系，员工数量与机器设备数量的比率，考虑未来情况的变动，估计预测期内的比例关系，进而预测未来各类员工的需要量。这种方法简单易行，关键在于历史资料的准确性和对未来情况变动的估计。

（2）回归预测法。就是找出那些与人力资源需求密切相关的因素，并依据过去的相关资料确定出它们之间的数量关系，建立回归方程；然后根据历史数据，计算出方程系数，确定回归方程；这时，只要得到了相关因素的数值，就可以对人力资源的需求量做出预测。回归分析方法有一元回归分析和多元回归分析两种。

二、人力资源供给预测

当企业预测了人力资源需求后，就要决定这些需求有无供给，以及在何时、何地要获得供给。在进行人力资源供给分析时，管理者必须考虑内在劳动力市场和外在劳动力市场两项因素。一般来说，管理者会先分析已有的劳动力供给，倘若内在市场未能有足够的供给，就需分析外在劳动力市场。有时，管理者也会因为希望改变企业文化或需要引进某些专业人才而决定向外招聘。人力资源供给预测分为外部人力资源供给预测和内部人力资源供给预测。

（一）外部人力资源供给预测

招聘和录用新员工对企业是必不可少的，无论是由于生产规模的扩大，劳动力的自然减员，还是管理者因为希望改变企业文化，或需要引进某些专业人才，都必须在外部劳动力市场招聘，因而企业须进行外部人力资源的供给预测分析。分析外部劳动力市场，主要在于了解企业外部人力资源状况所提供的机会和造成的威胁。对于组织外部人力资源供给预测，以下因素需予以考虑：

（1）本地区内人口总量与人力资源率。它们决定了该地区可提供的人力资源总量。当地人口数量越大，人力资源率越高，则人力资源供给就越充裕。

（2）本地区人力资源的总体构成。它决定了在年龄、性别、教育、技能、经验等层次与类别上可提供的人力资源的数量与质量。

（3）本地区的经济发展水平。它决定了对外地劳动力的吸引能力。当地经济水平越发达，对外地劳动力的吸引力就越大，则当地的劳动力供给也就越充分。

（4）本地区的教育水平。特别是政府与组织对培训和再教育的投入，它直接影响人力资源的供给的质量。

（5）某地区同一行业劳动力的平均价格、与外地相比较的相对价格、当地的物价指数等都会影响劳动力的供给。

（6）本地区劳动力的择业心态与模式、本地区劳动力的工作价值观等也将影响人力资源的供给。

（7）本地区的地理位置对外地人口的吸引力。一般说来，沿海地带对非本地劳动力的吸引力较大。

（8）本地区外来劳动力的数量与质量。它对本地区劳动供给同样有很大影响。

（9）本地区同行业对劳动力的需求也会影响本地区对本组织人力资源的需求。

（10）另外还有许多本地区外的因素对当地人力资源供给有影响。如全国人力资源的增长趋势、全国对各类人员的需求与供给（包括失业状况）、国家教育状况、国家劳动法规等。

（二）内部人力资源供给预测

分析内部劳动力市场，主要是了解企业内部人力资源的优劣势，除分析现状外，也要预测未来的状况。分析内部劳动力市场可以从企业的人员编制表开始，这些图表所提供的信息包括企业的不同职位、在任者、现有空缺，甚至是未来可能出现的空缺。此外，技能库也能提供重要的员工资料，技能库是通过技能审核辑录而成，一般包括的资料有：员工职位、年龄、经验、工作经历、技能、学历、职责、评估中心结果、所掌握的语言、持有牌照和证书、强项和弱项、职业设计和工作意愿、工作地域意愿、下属、工作项目和特派职务、训练课程及研讨进修等。

（三）人力资源供给预测方法

人力资源供给预测方法中常用的有人员替代法、技能清单法和马尔可夫分析法。

1. 人员替代法

人员替代法是通过一张人员替代图来预测组织内的人力资源供给，如图 2-1 所示。

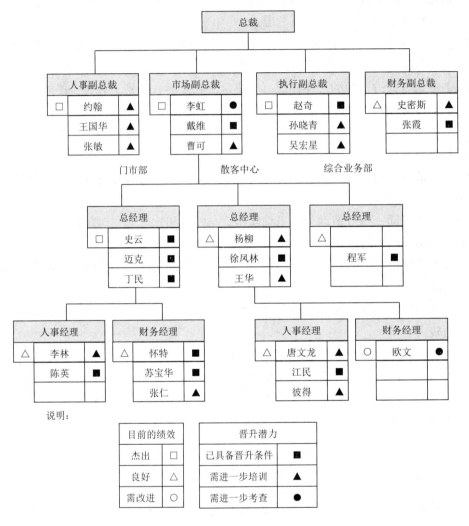

图 2-1　某旅游公司的人员替代

2. 技能清单法

技能清单是用来反映公共部门人员姓名、特定特征和技能的一张清单。这张清单所包括的员工工作能力特征有：（1）个人情况，如年龄、性别、婚姻状况等。（2）工作技能，包括教育经历、工作经历、培训情况等。（3）特殊资格，如特殊成就。（4）个人薪酬和工作历史，包括现在和过去的薪酬、加薪日期、承担的各种工作。（5）组织和部门数据，如福利计划数据、退休信息和资历等。（6）个人能力，包括在心理或其他测试中的测试成绩、健康信息等。（7）个人的特殊偏爱，包括地理位置、工作类型，等等。

技能清单是对工作人员竞争力的清晰反映，可用来帮助人力资源规划人员确定现有人员调换工作岗位的可能性大小，以及决定哪些人员可填补留下的人员空缺。技能清单提供了一种迅速和准确地估计组织内可利用技能的工具，除了帮助做出晋升和调动决策外，这种信息通常对做其他决定也是必要的，如表 2-1 所示。

表 2-1　某旅行社人员技能清单

姓名:		部门:		科室:	婚姻状况:		填表日期:	
到职日期:		出生年月:		工作地点:			工作职称:	
教育背景	类 别	学科种类		毕业日期	学校		主修科目或专业	
	高中							
	大学							
	硕士							
	博士							
训练背景	训练主题			训练科目		训练时间		
技能	技能种类				证书			
志向	你是否愿意承担其他的工作?					是	否	
	你是否愿意调至其他部门工作?					是	否	
	你是否愿意接受工作轮调以丰富自身工作经验?					是	否	
	如果可能，你愿意承担哪种工作?							
你认为自己需要接受何种训练?				改善目前的技能和绩效:				
				提高晋升所需要的经验和能力:				

3. 马尔可夫分析法

马尔可夫分析法是一种统计方法，其方法的基本思想是：找出过去人力资源变动的规律，用以推测未来人力变动的趋势。马尔可夫分析法适用于外在环境变化不大的情况，如果外在环境变化较大，这种方法则难以用过去的经验情况预测未来。马尔可夫分析法的分析过程通常是分几个时期来收集数据，然后得出平均值，利用这些数据代表每一种职位的人员变动频率，就可以推测出人员的变动情况。

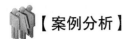【案例分析】

华天会计师事务所的人力资源供给预测

华天会计师事务所由于公司业务日益繁忙，常造成公司事务工作应接不暇，解决该公司出现的这种问题的有效办法是要实施人力资源的供给预测技术。根据对该公司材料的深入分析，可采用马尔可夫模型这一供给预测方法对该事务所的人力资源状况进行预测。

1. 编制人员变动概率矩阵表

根据公司提供的内部资料，公司的各职位人员如下表所示。

各职位人员表

职位	代号	人数
合伙人	P	40
经理	M	80
高级会计师	S	120
会计员	A	160

制作一个人员变动概率矩阵表，表中的每一个元素表示从一个时期到另一个时期（如从某一年到下一年）在两个工作之间调动的雇员数量的历年平均比例（以小数表示），如下表所示。（注：一般以3~5年为周期来估计年平均百分比。周期越长，根据过去人员变动所推测的未来人员变动就越准确。）

2005—2009 年人员变动概率矩阵表

职位 年度	合伙人P	经理M		高级会计师S			会计员A	
	离职	升为合伙人	离职	升为经理	降为会计员	离职	升为高级会计师	离职
2005	0.20	0.08	0.13	0.07	0.05	0.11	0.12	0.11
2006	0.23	0.07	0.27	0.05	0.08	0.12	0.15	0.29
2007	0.17	0.13	0.20	0.08	0.03	0.10	0.17	0.20
2008	0.21	0.12	0.21	0.03	0.07	0.09	0.13	0.19
2009	0.19	0.10	0.19	0.02	0.02	0.08	0.18	0.21
平均	0.20	0.10	0.20	0.05	0.05	0.10	0.15	0.20

2. 编制人员变动矩阵表

将上面的表做成一个人员变动矩阵表，其具体过程是将华天会计师事务所各个阶层员工流动的概率与各职位人数分别相乘即可预测出下一期人员可能调动的情况，如下表所示。

人员变动矩阵表

职位		人数	员工变动的概率				
			P	M	S	A	离职
合伙人	P	40	0.80				0.20
经理	M	80	0.10	0.70			0.20
高级会计师	S	120		0.05	0.80	0.05	0.10
会计员	A	160			0.15	0.65	0.20

如上表所示，在任何一年里，平均80%的合伙人仍在该组织内，而有20%离职。在任何一年里，平均65%的会计员留在原岗位工作，15%提升为高级会计师，20%离职。这些历史数据代表了每一种工作中人员变动的概率。

3. 预测未来的人员变动（供给量）情况

将计划初期每一种工作的人员数量与每一种工作的人员变动概率相乘，然后纵向相加，即得出组织内部未来劳动力的净供给量。

员工变动人数预测

职位		初期人员数量	员工变动的预测				
			P	M	S	A	离职
合伙人	P	40	32				8
经理	M	80	8	56			16
高级会计师	S	120		6	96	6	12
会计员	A	160			24	104	32
预计的人员供给量			40	62	120	110	68

4. 预测

（1）如上表所示，会计员离职人数最多，离职率也最高，这说明这一职位在将来会出现短缺的现象，据此公司可采取以下具体的对策：①查明公司会计员离职率高的原因，采取有效的措施尽快降低离职率。②加大对公司会计员的培训力度，使他们尽快地晋升为会计师。③采取多种方式，广开人员补充的渠道，吸引更多的专业人才补充岗位空缺。

（2）"预计的人员供给量"为：下一年将有同样数目的合伙人40人，以及同样数目的高级会计师120人，这说明合伙人与高级经理的供求较稳定；但经理人数将减少18

人，会计员将减少50人，这说明经理与会计员的供给小于需求，需要招聘。

（3）这些人员变动的数据与正常的人员扩大、缩减或维持不变的计划相结合，就可以用来决策怎样使预计的劳动力供给与需求匹配。要做到这一点，可以到外面直接招聘会计员与高薪聘请经理；或到外面招聘更多的会计员和高级会计师，把更多的高级会计师提升为经理；再或者采取与总的组织计划相一致的其他策略，如此就可解决华天会计师事务所出现的问题。

（四）人力损耗的估算

预测人力资源的内部供给时，不仅要分析现有人员数量和结构，还要考虑未来规划期内可能的人员变动情况，尤其是要对人力损耗水平做出合理估计，否则就无法获得科学的预测结果。

这里的人力损耗是指人力资源的有形损耗，即企业内部的员工由于退休、离职、工伤等原因离开企业的现象。事实上，人力损耗对企业来说是无法避免的，所以在进行人力资源的供给分析时，必须考虑这一因素。此外，过高的人力损耗指标往往意味着企业在某些方面存在问题，因此对导致人力损耗的原因进行分析将有助于企业改善管理、留住人才。判断未来一段时间的人力损耗水平可以借助以下方法和工具。

1.人力损耗曲线

人力损耗曲线是表示任职时间长短与离职关系的一条曲线（见图2-2）。在最初一段时间内，人力损耗会比较多，随着时间的消逝，损耗的人数会急剧增加，主要是由于员工未能适应新的工作环境、企业政策、工作要求及人际关系等，故离职率较高，甚至达到一个高峰。但过一段时间，离职率开始递减，原因是新员工过了适应期，进入胜任阶段，员工不会主动轻易离职。

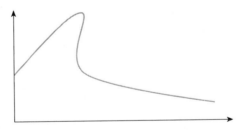

图2-2　人力损耗曲线

2.离职率

离职分为主动离职和被动离职。主动离职是指员工出于自身的意愿主动离开公司的行为，主要指员工的辞职或"跳槽"行为。被动离职是指企业对员工的解雇行为。离职是导致人力损耗的主要原因，也是分析人力损耗时应重点考察的部分。离职率的计算可以使用如下方法：

$$离职率＝离职人数／累计在册人数×100\%$$

例如，某旅游公司上半年的人员流动情况如下表所示，请问该公司上半年的离职率是多少？

	1月份	2月份	3月份	4月份	5月份	6月份
期初	50	18	33	47	55	52
录用	3	35	20	13	0	3
离职	35	20	6	5	3	1
期末	18	33	47	55	52	54

利用公式，求得该公司上半年离职率＝ 70÷（50+74）×100%=56%

第三节　人力资源规划的编制

对人力资源需求和人力资源供给进行分析后，企业便可着手制订一系列相互整合的人力资源规划的方案，以平衡人力资源的供给与需求。

一、平衡人力资源供求的措施

（一）供不应求的情况

供不应求时，企业所需要的劳动力质量和数量无法得到满足时，企业可考虑下列做法：

第一，改变员工使用率，如培训、团队运用等，以改变人力资源需求。

第二，使用不同类别的员工来达到企业的目标，例如，聘用少数熟练的员工或聘用技巧不足的员工，并立即予以培训。

第三，改变企业目标，因为企业目标需要足够的人力资源去实现。

（二）供过于求的情况

当内在劳动力市场供过于求，即出现冗员时，企业可考虑下列做法：

第一，计算不同时段出现人力过剩问题的成本。

第二，考虑不同的减员方法和减员成本。

第三，改变员工使用率，计算出重新培训、重新调配等的成本。

第四，改变企业目标，例如，企业是否可以开发新市场或进行业务多元化。

威斯康辛：产学联手 解决旅游人力资源短缺

2014年，美国威斯康辛州的旅游业创收185亿美元，为该州提供了近20万就业岗位。今年春季，希博伊根市内的蓝色港湾度假村、水疗和会议中心、埃克哈特湖的奥斯托夫度假村及科勒公司共同与附近的雷克兰德学院合作，培训旅游业人才。

在此次合作中，学生所在的学院继续提供酒店服务管理课程。与此同时，酒店为学生提供基层或实习岗位，从入学到毕业，他们将有相当于两年的工作经验，对学生而言这一收益远远不止于薪酬。

这是一个共赢的项目：用人单位可直接从学院招兵买马；雷克兰德学院能吸纳更多生源；雇员也可能够利用经验获得更好的工作机会。

【知识链接2-2】

我国酒店业人力资源发展遇到的瓶颈

酒店管理中高级人才的后援乏力、酒店职业经理人的不健全成长也导致了中国酒店业专业人才的缺失，限制了酒店业的进一步发展，酒店的管理水平和国际水平相差较大，其中处于核心位置的人力资源管理也存在一些问题。

1. 人力资源需求与供给不相适应

近年来，酒店从业人员总数在逐年增加，但同酒店业的高速发展相比，人才总供给仍然远远低于总需求，同快速发展的旅游市场极不适应。吉林省旅游局的统计数据显示，"十五"期间，吉林省酒店业人才需求量年均约为8万人，随着酒店业的持续快速发展，到"十一五"期间，酒店业人才需求量年均增加到10万人，而目前吉林省旅游教育部门每年提供的旅游方面的人才远远不能满足酒店业发展对人才的需求。

2. 人力资源结构不合理

目前，中国酒店业人力资源结构不合理主要表现在：

（1）层次结构不合理。酒店管理人员综合素质不高，缺乏既具有管理决策能力又具有较高理论水平的中高层管理人才，高级人才严重短缺，高星级酒店尤其如此。

（2）专业结构不合理。现阶段国内许多酒店的领导是从服务一线提拔起来的，他们有丰富的经验，管理小型酒店比较适宜，但他们中的一些人专业知识面狭窄、视野不开阔、思路不清、缺乏创新，这对酒店管理水平、服务水平、创新能力的提高都是非常不利的，制约了酒店的专业化管理。

（3）能力结构不合理。在酒店的专业化职业中，如总经理和部门经理，他们的能力结构应该是不同的，总经理需要有决策的能力，是研究、思考和决定酒店大政方针的，是对酒店发展重大问题进行决策的；部门经理需要的是管理协调的能力，是安排、落实和执行酒店重大决策的，是对酒店各方面进行协调与管理的。但现在，酒店的人力资源能力结构不合理，职位与能力严重不匹配。

（4）学历偏低。酒店是劳动密集型的服务行业，人才学历构成是金字塔式的：以中等学历人才为基础，以高职学历人才为中坚，以本科及以上学历的人才为顶端。由于社会偏见，有的人即使加入了酒店行业，由于酒店服务工作参与程度低、自我能力发挥受到抑制，所以酒店员工流失率较高，队伍不稳定，致使酒店员工特别是酒店高层管理人员学历层次偏低。

3. 缺乏一批高级管理人才和紧缺专业人才

酒店业的发展不仅需要稳定的员工队伍，而且需要一批优秀的高级管理人才及现代管理所需要的专门人才。国内酒店业这样的人才匮乏，如缺乏高级职业经理人、市场营销、战略管理、人力资源管理、小语种外语人才等常规人才；严重缺乏会展策划、会议管理、资本运作、度假管理、电子商务等专门人才。

4. 缺乏科学有效的人才激励机制和企业文化

相比较于外方管理的酒店，不少自营酒店缺乏科学、完善、系统的人才激励机制，缺乏人性化的管理环境和制度环境，不能给员工提供自我能力发挥的空间，员工的社会价值得不到充分展现，挫伤了工作积极性和创造性。大学生具备高学历、高素质，但缺少工作经验，几乎所有的酒店都认为大学生应该从基层做起。而作为一名具备以上能力的大学生，就业后与高中及以下学历的员工起薪一样，这在一定程度上打击了大学生的工作热情，动摇了其从事该行业的信心，最终导致人才的大量流失。另外，许多酒店不能有效地与员工建立沟通渠道，忽视了员工的精神需求和心理环境，员工普遍缺乏归属感。这样的酒店文化和环境，必然导致人才流失和人才短缺。

5. 酒店业的人才流动频繁

酒店员工流动分为行业内流动和跨行业流动两种。酒店行业内人力资源的合理流动有利于行业内劳动力的调剂，充分发挥现有人力资源的优势。而跨行业流动对于酒店乃至整个酒店行业而言都是一种损失。据调查，跨行业流动的对象主要集中于酒店中一线操作服务型员工，这些员工初来酒店时，大部分没有上岗工作的经验，酒店必须投入大量的人力、物力将其培养为熟练员工，但是这部分员工的经济待遇在酒店中较低，而劳动强度又较大，因此他们的跨行业流动较频繁。频繁的流动，使酒店人力资源投资成本的一部分就转化为沉没成本，减少了酒店的投资收益，同时还严重削弱了酒店对人力资源投资的积极性，长此以往就会形成一种恶性循环，不利于整个酒店业的发展。

二、人力资源规划方案的制订

人力资源规划方案的内容可以集中在员工招聘和甄选上，也可以较全面地包括未来工作设计、员工招聘训练、发展、递补规划、报酬、离职、退休、减员、绩效评估等。

（一）确定人力资源规划方案的目标

人力资源规划方案的目标包括生产力或效率的提高、内部人员的精简、外在人员的招聘、替代人员的训练安排。管理者在确立人力资源规划方案的目标时，应就企业的总体目标和战略及人力资源提供分析和预测结果，为上述四个目标安排优先次序。

（二）确定人力资源规划方案的战略

这阶段主要是对达到目标的途径和做法进行规划。例如，想达到增加5%的生产效率，企业可以改变资本和人力结合比例、进行工作重组、训练员工和加强激励等。管理者在做出选择时，要先确定有哪些重要变量因素，这方面不但需要理论观念的引导，也需要经验的配合。选择方案后，评估工作随即展开。初期评估主要是考虑外在因素（如法律法规）的限制，以剔除明显的不良方案，其次是进行成本效益分析，了解方案的可行性和影响等。

（三）人力资源工作计划的定案

方案形成后，管理者需要制定具体的经营目标和计划。每项人力资源活动都应有特定的目标，以便决定经营政策计划和活动。具体的经营目标、政策和活动都应该通过回馈过程与整体人力资源规划方案整合。倘若在人力资源规划方案下无法设计出具体的经营目标、政策和活动，则方案可能需要修改。

（四）人力资源规划方案的预算编制

不少管理者都同意企业最宝贵的资源是"人才"，却无法为他们的人力资源算出一个价值。自20世纪60年代末以来，为人力资源计算价值逐渐成为一个热门课题。早期计算人力资源价值的方法是采取传统的会计方法，用成本（即招聘、训练、发展等的实际费用）去计算企业对员工所做的投资，从而计算出员工的资产值。另外一种方法是以每个员工的人力资源支出（即将所有人力资源活动的成本除以这些活动所服务的员工总数）去计算人力资源资产值。知识经济时代所提倡的一种趋势则是以知识资本即个别员工的知识和这些知识与企业的知识的关系作为计算人力价值的基础。

三、人力资源规划的控制和评估

控制和评估的目的在于检查规划的成效，一个安全的评估系统应包括下列元素：一套可行性高又有弹性的评估标准；一套比较标准和可达到实际成果的方法；偏差的原因和矫正方式。人力资源规划的评估内容应包括：实际劳动力市场与预测的比较分析；有无调整原先预测的必要；工作计划预算与实际活动成本。

四、旅游人力资源规划的层次

旅游人力资源规划按照规划的用途分为战略层人力资源规划、战术层人力资源规划和作业层人力资源规划。

战略层人力资源规划是与旅游企业长期战略相适应的人力资源规划，根据企业未来的战略目标可以预测的未来的企业经营的内外部环境来预测和规划未来企业对人力资源的需求，评估企业内部人力资源的远期状况，协调适用于未来人力资源的需求和供给。在一定程度上，战略层人力资源规划体现了组织的战略目标和基本政策，是对战术层人力资源规划的执行指导。

战术层人力资源规划是将战略层规划中的目标和政策转变为确定的行动步骤和具体的可以考核和量化的阶段目标。主要是对旅游企业人力资源需求与供给量的预测，包括企业现有员工的数量、素质，所需员工的数量，内外部供给情况等方面的预测。企业战术层人力资源规划是在战略层规划的指导下制定的，战术层规划是战略层规划实现的具体思路和方式，以更加具体和量化地制定人力资源规划目标，服务现在的人力资源需求和反馈战略目标的执行情况。

作业层人力资源规划是对战术层人力资源规划的具体的实际操作，包括员工审核、招聘、提升与调动、组织变革、培训与发展、工资与福利、劳工关系等操作的具体行动方案，是落实一个个具体事务目标的实际操作，因此，对细节要求最高。

 【复习思考题】

1. 企业经营战略的含义是什么？可以分为哪几个层次？包括哪些类型？

2. 什么是人力资源规划？

3. 组织的人力资源供给与需求不平衡的情况有哪些？请说明在每种情形下如何制定人力资源规划。

 【案例分析】

戴尔：配合低成本战略的人力资源管理措施

21世纪初的几年对整个计算机行业的打击很大，为了维持刚刚获得全球头号个人电脑制造商地位，戴尔公司在2001年第一季度把每台电脑的平均价格降低了300美元左右，公司的利润也随之从21%降至18%。戴尔公司的毛利率虽然低于它的主要竞争对手IBM和惠普，但净利润却大大高于二者，最主要的原因是直接面对客户的戴尔模式节约了大量成本。

计算机行业失去了往日欣欣向荣的景象，电脑价格大幅度下跌。对于一贯凭借低成本取得成功的戴尔来说，要想继续保持领先，只能尽可能地再压缩成本。为了配合低成本领先战略，所有部门都应该为之做点什么，人力资源部门也不例外。

与其他公司一样，戴尔公司压缩人力成本的第一个举措就是裁员。2001年上半年，公司决定要裁掉4000名工人。但辞退雇员是一件非常麻烦的事情，涉及诸多细节，这几乎是每个人力资源部门都感到头疼的事儿。戴尔公司人力资源部专门制定了一套确定哪些人应该离开公司的制度，并有效地处理了这次解雇过程中层出不穷的细节问题。被解雇的工人较早地拿到了两个月的薪资、年度奖金及离职金，生活得到了保障。并且这些被辞退的工人还得到了重新谋职咨询和相应福利，以帮助他们尽早找到新工作。通过妥善安排，戴尔公司顺利地精减人员，节约了一大笔人力成本。

作为一家IT企业，戴尔公司充分利用内联网，用先进的手段管理大多数人力资源工作。在公司的内联网上有一个管理者工具箱，其中包含了30种自动网络应用程序，这些工具帮助管理者能够方便而有效地承担部分人力资源管理工作，而这些工作过去必须由人力资源部门承担，并且成本相当高。雇员也可以利用内联网查询人力资源信息、监控各类明细单等，过去要到人力资源部才能办到的事，现在只需轻轻一点鼠标即可完成。有效地利用公司内联网，用电子技术管理人力资源，简化了人力资源部门大量繁杂的工作，大大降低了管理成本。

传统的人力资源部门根据工作内容划分成几块，如招聘、培训、薪酬、考核等，每块都有相应人员负责，不但要处理具体的工作，还要根据公司战略做出相应决策。戴尔公司摒弃旧的组织结构，将人力资源管理部门划分成人力资源"运营"部门和人力资源"管理"部门。人力资源"运营"部门主要负责福利、薪酬、劳资关系等具体工作，直接与雇员接触，很少与其他部门的负责人打交道。这些工作虽然繁多琐碎，但属于日常事务性工作，可以借助例行程序、制度、方法完成，戴尔公司通过集中的呼叫中心来协调这类人力资源管理职能。人力资源"管理"部门主要负责招聘、培训等工作，从事这些工作的专员要向事业部的副总裁和人力资源副总裁汇报，并且要以顾问的身份参加事业部的会议，为事业部制定专门的人力资源战略，并且从人力资源角度来帮助事业部实现战略。这种划分方式，可以让人力资源"运营"部门有效地处理大量日常事务，又可以让人力资源"管理"部门为事业部提供有效的专业支持。重新划分工作，不但效率得到了提高，而且精减了专门从事人力资源工作的人员。

资料来源：宋联可，杨东涛. 高效人力资源管理案例——MBA提升捷径［M］. 北京：中国经济出版社，2009.

讨论题：

1. 戴尔采取的是低成本人力资源战略，你认为该人力资源战略对公司整体的低成本战略的贡献是否显著？请说明原因。

2. 为了配合低成本战略，人力资源部门还可以采取哪些有效措施压缩成本？

3.戴尔凭借直销模式成为行业领袖，人力资源战略是否可以借鉴这个模式进行改革？你对此有何看法？

4.人力资源部门如果以降低成本为导向，可能会引起哪些问题？你是否有解决这些问题的对策？

5.请根据戴尔的低成本战略，设计一个五年人力资源规划。

6.戴尔文化非常重视客户，很明显，重视客户胜于重视雇员。你认为戴尔应该"重视客户胜于重视雇员"还是"重视雇员胜于重视客户"？请陈述你的观点（可采用辩论的形式讨论）。

旅游人力资源现状

　　旅游企业人力资源管理者要了解旅游人力资源的现状，内化旅游职业道德与规范，掌握旅游教育与培训的相关知识，知晓未来发展方向。上述知识点，对从业人员提升自身素养和能力，对业界管理者招聘优秀旅游人才、培养和提升员工态度和技术至关重要。

【学习目标】

　　1. 了解旅游业人力资源现状，知道旅游职业道德的基本原则和要求，掌握旅游教育与培训的相关内容；

　　2. 掌握道德、职业道德和旅游职业道德的关系，知晓旅游人力资源发展的趋势；

　　3. 把握旅游企业人力资源开发与管理的现状、特点与存在的问题。

【导入案例】

人才数量质量与行业需求有差距

　　海南成为被国家旅游局确定的首个全域旅游创建省，助推海南国际旅游岛战略的实施。全域旅游格局下，需要充足和优秀的人才作为支撑。海南省作为旅游资源大省，却显露出人才资源培养、开发和留存的不足。

　　海南第一所专门类旅游学校海口旅游职业学校创办于 1993 年，之后陆续建立了海南大学旅游学院、海南省旅游学校、海南热带海洋学院等旅游院校，特别是海南被确定为国际旅游岛后，旅游专业和培训机构发展迅猛。截至 2015 年，6 所本科院校、9 所高职院校和 44 所中职学校都开设了旅游专业。以占主体地位的中职为例，2015 年在校生数达 1.7 万人。

虽然海南省旅游教育已形成一定的规模和水平，但数量和质量远远满足不了全域旅游发展的需要。根据《海南省旅游人才发展状况调研报告》预测：到 2020 年，海南旅游人才队伍总量至少需要 47.7 万人，其中旅游行政管理人才 500 人、经营管理人才 8.11 万人、专业技术人员 7.63 万人、服务技能人才 31.92 万人，人才需求缺口超过 20 万人。随着全域旅游的提出，由点及面的全程、全景、全员旅游新格局已经形成，人才需求总量只会增加不会下降。

海南旅游资源世界一流，但与发达国家和地区相比显得后劲不足，瓶颈在人才。大体上旅游业急需六类人才：国际视野的职业经理人、旅游规划人才、旅游理论研究人才、双师型教育人才、市场营销策划人才、应用型技能人才。海南旅游专业毕业生以中专生为主，大学生对职业的认同感低，就业率低，巩固率更低，旅游行业人才尤其是高端人才极度匮乏，企业求贤若渴。

资料来源：《中国教育报》.

第一节　旅游人力资源现状与发展

"十二五"期间，我国旅游业全面融入国家战略体系，成为国民经济战略性支柱产业。2015 年旅游业对国民经济综合贡献度达到 10.8%，社会就业综合贡献度为 10.2%，实现直接就业 2798 万人，解决了大量人口就业和贫困人口脱贫问题。进入"十三五"期间我国旅游业必将进一步发展，随着消费大众化、需求品质化、竞争国际化、发展全域化和产业现代化，以及旅游创业就业计划的实施，实现年均递增 100 万人的"十三五"目标，旅游业对人才需求的数量、范围和层次必将有更高的要求。旅游业将依托国家重点人才工程，培养一批具有国际影响的研究院所和智库，兼容地方重点人才支持计划，大力发展现代旅游职业教育，加强旅游相关学科的发展和深入基础研究与国际合作，保障未来旅游业迅猛发展的人才供给。

一、国际、国内旅游人力资源概况

从全球范围看，2015 年有 720 万个新就业岗位来自旅游业，全球在职人口中，每 11 人就有 1 人从事旅游业，旅游业在职总人数超过 2.84 亿，为全球 GDP 做出的贡献超过 7.2 万亿美元，约占全球总 GDP 的 10%。2015 年全球旅游业产生了 1.07 亿个直接就业岗位，占就业岗位总数的 3.6%，到 2026 年将产生 1.358 亿个就业岗位。

从中国范围来看，旅游业已进入国家战略层面，综合性产业地位日益凸显，迈向了多方位、多层面、多维度的大旅游产业发展崭新时代。现在我国已初步建立起一支与旅

游业发展相适应的、门类齐全、规模宏大、结构较为合理的旅游人力资源队伍。2015年，中国旅游业直接和间接就业人数约为7911万人，占全国就业总人数的10.2%，比2012年的6189万人增加了1800万人，人力资源规模明显扩大。以旅行社为例，截至2015年年底，全国旅行社总数为27621家（按2015年第四季度旅行社数量计算），同比增长3.64%。全国旅行社直接从业人员334030人，其中大专以上学历244112人，其中签订劳动合同的导游人数111903人。

随着我国市场经济体制逐步完善，旅游人力资源作为一种资源要素不可避免地受到市场的支配，在我国旅游业发展中起到越来越重要的作用。在市场无形之手的引导下，一方面吸引了越来越多的高素质人才转入旅游相关产业，增加旅游人力资源总量中人才的比例；另一方面，旅游相关管理部门、配置产业也加强了对人力资源管理和开发的重视，致力于培养更多、更优秀的旅游业者。相关数据显示，截至2015年，全国大专及以上旅游人才达到347万人，中高级专业技术／技能人才比重也明显提高。

初步建立了旅游人力资源开发机制。旅游业人力资源现有渠道较为规范，每年毕业的旅游专业的大中专毕业生，有效保证了从业人员的数量和素质。大多数星级饭店、大型旅行社和重点景区先后建立了较为正规的培训体系，促进员工素质提高和企业文化建设。另外，这些企业一般也具有一套比较完整的人力资源管理制度和规章，对有效吸引人才、留住人才、激励人才、发展人才能够发挥积极效用。

二、我国旅游人力资源存在的问题

经过30多年的发展，我国旅游人力资源数量在增长、质量在提高、结构在优化的同时，也存在一些不容忽视的问题。这些问题主要包括：旅游人才培养与企业需要存在差距；初级旅游业者比例过高，高级人才缺乏；旅游人力资源供给不足；旅游从业人员流失严重等。

（一）人力资源尤其是中高层管理人员供给不足

近年来，我国经济一直保持着高速发展的趋势，人们的生活水平有了极大的改善，旅游意识增加，新的节假日制度，更促进了旅游业的发展。经济和旅游业的增长速度相比，旅游人力资源的供给没有与经济的快速发展同步，专业教育和培训水平明显滞后，由于缺乏系统的培养，中高层管理人员更是不能满足当前需求。从总体上说，旅游行业缺乏既懂外语又熟悉业务、具有创新能力的综合素质较高的中高级复合型管理人才和各类专业技术人员，如高素质的职业经理人、营销人才、度假村管理人才、人力资源管理人才。会展旅游、旅游商品开发与保护等紧缺人才更是远远不能满足旅游业的发展需要。旅游人力资源开发分布不均衡。重点景区景点、大的宾馆酒店人才资源比重高，小的景区景点、宾馆饭店，特别是民宿旅游人才较为短缺。

（二）旅游从业人员的大量流失

大量资料表明，旅游行业的人才流失率远远高于其他行业。与此同时，来自各大高校就业指导中心的数据显示，有相当一部分旅游专业大学生不愿从事本专业对口的工作。人力资源的合理流动可以给旅游企业注入新鲜血液，但流动过大一方面会增加旅游企业的培训成本，员工思想不稳定，管理难度增大；另一方面易泄露企业大量的商业秘密，如财务经营状况、战略规划、市场竞争策略等，情节严重时会造成原有稳定销售市场的丧失。因此，如何保留优秀的员工，特别是稳定在企业内起中流砥柱作用的中、高层经营管理人才是当前旅游业人力资源开发与管理亟待解决的难题。

（三）旅游人力资源开发的意识淡薄

虽然旅游人力资源开发越来越受到重视，许多部门在这方面也做了不少工作，但是长期以来，许多相关部门的领导者、管理者并没有把对旅游人力资源的开发提高到应有的高度。如在人力资源开发上缺乏配合，教育、文化、宗教、城建等部门同旅游部门缺乏人力资源开发上应有的默契。从培训对象看，大多集中在低层次人员，普遍存在重业务技能和专业知识培训，轻职业道德培训。大企业自行培训较多，小企业不重视自行培训。人才培养和引进力度不够大，缺乏必要的人才培育基地，人才的再教育也没有引起足够的重视，人力资源整体素质有待提高。由于受地域、经济等方面的制约，人才引进缺乏有效办法，难以引进高学历的有识之才。用人单位的政策和管理机制不够健全。全民旅游人力资源开发的意识不强，缺乏对旅游人力资源开发的积极性，也不利于旅游人力资源素质的总体提高。

（四）旅游人力资源开发的专业化程度不高

人力资源开发有其自身的发展规律和专业要求，人力资源开发水平高不高、效果好不好，与开发工作者的专业素质密切相关。目前，从整体上看，我国旅游人力资源开发工作者的专业水平和工作要求尚有一定的差距，主要体现在以下三个方面：一是作为人力资源开发主力军的旅游院校，大部分都没有建立起一支"双师型"（即同时拥有教师资格证书和职业技能证书）的教师队伍，多数旅游专业师资既缺乏较高的理论修炼又缺乏行业实践的磨炼，在教育教学过程中理论和实际相脱节的现象较为严重，使得不少旅游院校培养的学生对于实践和旅游业的适应性较差。二是多数旅游企事业单位对人力资源部从业人员的配置主要是基于人事管理的角度考虑的，使得从事人力资源开发的人员对员工培训规律、员工有效激励、职业生涯设计、人力资源配置等现代人力资源开发的内容缺乏足够的认识和深入的研究，导致其单位的人力资源开发仍未走出传统的人事管理模式，使得其单位人员培训和人力开发虽然投入了不少时间、财力和物力，但由于开发体系不够完善，开发手段比较落后，开发内容缺乏前瞻性，因此开发效果并不显著。三是有些旅游行政管理部门负责人力资源开发的人员对人力资源现状和人力资源开发政

策的研究不够深入，缺乏创新的动力和机制，导致一些地区的旅游人力资源开发工作一直停留在原有的路子上，认证考试针对性不强，培训内容多年不变，难以适应行业发展的新要求。

（五）尚未形成有效的市场机制，未发挥整体效益

人力资源开发是关系到整个旅游行业发展的关键因素，涉及行业的各个部门和组织，需要各级旅游行政管理部门、行业协会、旅游院校和培训中心、旅游企事业单位的共同努力和密切协作。但目前的状况是未能形成旅游人力资源开发的整体格局和合力，各自为战和"单打一"的现象比较多，如有的院校和行业结合不够紧密，不深入研究行业人力资源需求状况，对行业人力需求把握不准，致使旅游专业的课程设置和教学计划与行业实际要求相比出现较大偏差，毕业生难以迅速适应行业发展需要；教育培训和管理相脱节使得人力资源开发和教育培训方面的有关政策在管理中得不到及时贯彻落实，同时存在行业协会和其他部门重复开发、培训单位之间相互诋毁、企业只重挖人不重育人等问题。这些都极大地影响了我国旅游人力资源开发的整体效果，使得开发效益大大降低。

【知识链接 3-1】

中国旅游业近几年重要战略有哪些

515 战略：紧紧围绕"文明、有序、安全、便利、富民强国"五大目标，开展十大行动、52 项具体举措，推进旅游业转型升级、提质增效，加快旅游业现代化、信息化、国际化进程。

"旅游 +"战略：充分发挥旅游业的拉动力、融合能力及催化、集成作用，为相关产业和领域发展提供旅游平台，插上"旅游"翅膀，形成新业态，提升其发展水平和综合价值。"旅游 +"具有天然的开放性、动态性，"+"的对象、内容、方式都在不断拓展、丰富，"+"的速度越来越快。经济社会越进步发展，"旅游 +"就越丰富多彩。

全域旅游战略：在一定区域内，以旅游业为优势产业，通过对区域内经济社会资源尤其是旅游资源、相关产业、生态环境、公共服务、体制机制、政策法规、文明素质等进行全方位、系统化的优化提升，实现区域资源有机整合、产业融合发展、社会共建共享，以旅游业带动和促进当地经济社会协调发展的一种新的区域协调发展理念。

"一带一路"旅游合作战略：是国家主席习近平于 2013 年 9 月和 10 月先后提出共建丝绸之路经济带和 21 世纪海上丝绸之路（简称"一带一路"）的理念和倡议，"一带一路"是沿途国家共同繁荣之有益路径，是中国梦与世界梦的有机结合。

资料来源：《中国旅游发展报告 2016》.

第二节　旅游教育与培训

一、旅游院校教育现状

2015 年全国开设旅游管理类本科和高职高专专业的高校分别为 583 所和 1075 所，较 2014 年均有所增加；中职院校 789 所，较 2014 年减少了 15.4%。在院校教育方面，旅游人才的培养呈现多层次的特征，从中职和技校教育一直到博士教育，大体可分为五个层次。由于统计口径在 2013 年做了调整，因此我们仅对 2013—2015 年的可比数据进行分析（见表 3-1）。

表 3-1　2013—2015 年我国各层次教育旅游专业学生数量（单位：人）

	2013年	2014年	2015年
博士招生	200	167	257
博士毕业	200	115	201
博士在校生	800	579	947
硕士招生	1600	1569	1619
硕士毕业	1300	1317	1298
硕士在校生	4300	4742	4029
本科招生	52100	53383	55611
本科毕业	42200	45353	46888
本科在校生	194200	201161	209986
高职高专招生	119500	110835	110935
中职招生	117000	123000	93000
中职毕业	104400	108800	88000
中职在校生	277200	318700	226000

数据来源：各年全国旅游教育培训统计.

在博士教育这一最高层次上，2014 年招生、毕业和在校生人数与前两年相比是最低的，2015 年有了较大幅度的上升，提升幅度分别是 53.9%、74.8% 和 63.6%。可见，2015 年旅游管理相关专业的最高层次教育有了大幅度的提升。

在硕士教育这一较高层次上，近三年在招生和毕业人数上基本变化不大，大体维持在 1300~1600 人；在校生数量 2014 年最高，为 4742 人，2015 年最低，为 4029 人，较前一年下降 15.03%。

在大学本科教育这一层次上，近三年的招生、毕业和在校数量均稳步上升。招生人数方面，2014年和2015年分别较前一年上升2.46%和4.17%；毕业人数方面，2014年和2015年分别较前一年上升7.47%和3.38%；在校生方面，2014年和2015年分别较前一年上升3.58%和4.39%。

在高职高专这一高级应用型人才教育层次上，招生人数呈现下降的趋势，从2013年的近12万人，下降到2015年的近11万人。在中职这一技术应用型人才教育层次上，招生、毕业和在校生都呈现较大幅度的下降。其中，2015年较2013年，招生人数下降20.51%，毕业人数下降15.71%，在校生人数下降18.47%。高职高专的详细招生明细如表3-2所示。

表3-2 2013—2015年高职高专教育招生情况

统计项目		2015年	2014年	2013年
旅游管理类专业招生总量（人）		110935	110835	119500
旅游管理	院校（所）	779	788	—
	招生数（人）	48043	46083	50000
涉外旅游	院校（所）	108	145	—
	招生数（人）	3492	3996	5100
导游	院校（所）	102	107	—
	招生数（人）	3889	3434	—
旅行社经营管理	院校（所）	29	38	—
	招生数（人）	808	892	1400
景区开发与管理	院校（所）	45	48	—
	招生数（人）	996	1056	1200
酒店管理	院校（所）	644	641	—
	招生数（人）	43306	45275	50000
会展策划与管理	院校（所）	177	177	—
	招生数（人）	8090	8109	7900
历史文化旅游	院校（所）	5	5	—
	招生数（人）	83	71	—
旅游服务与管理	院校（所）	22	17	—
	招生数（人）	944	896	—
休闲服务管理	院校（所）	38	34	—
	招生数（人）	1190	755	—
休闲旅游	院校（所）	3	2	—
	招生数（人）	19	141	—

续表

统计项目		2015年	2014年	2013年
英语导游	院校（所）	3	3	–
	招生数（人）	21	25	–
邮轮服务管理	院校（所）	2	2	–
	招生数（人）	54	102	–

数据来源：各年全国旅游教育培训统计.

总的来看，在旅游教育方面，博士生的数量呈现逐渐增加的趋势，硕士和本科教育基本稳定，中职和高职教育学生人数呈现较明显的下降趋势。我国旅游院校教育主要具有以下几个特点：

（一）旅游院校教育整体快速发展，结构层次日趋合理

中国旅游院校教育整体保持快速发展的趋势，据统计，2015年年初全国高等旅游院校总数为2307所，在校学生为79.7万人。随着旅游院校教育规模的不断扩展和旅游人才市场需求的日趋多元化、多样化，我国旅游院校教育层次结构总体趋于合理，目前涵盖了博士生、硕士生、本科生、高职高专和中等职业教育五个层次。2013—2015年博士、硕士、本科、高职高专、中职的招生比例分别为：1∶8∶261∶598∶585、1∶9∶320∶664∶737、1∶6∶216∶432∶362，高、中、低各教育层次由少到多形成了一种较为合理的"金字塔"形结构。

（二）地区分布广泛，数量差异较大

现全国31个省、自治区、直辖市都有开设旅游专业的院校，旅游院校的区域分布和各地旅游业发展的状况基本吻合，即旅游热点地区的旅游院校规模大、数量多，旅游"温""冷"地区的旅游院校规模小、数量少。江苏、浙江、安徽、河南、广东、重庆、云南等的旅游院校超过100所；但西藏、青海和宁夏的旅游院校则不足10所。尽管各地都有旅游院校，但地区差异仍然比较大，各地区的院校数量和在校生人数详见表3-3。

表3-3　2015年全国旅游院校地区分布情况

	旅游院校数（所）		旅游院校学生数（人）	
	高等院校	中等职业学校	高等院校	中等职业学校
总计	1122	933	435213	318105
北京	39	22	12270	3834
天津	17	2	7428	2629
河北	45	13	13108	3010
山西	18	17	11210	5011

续表

	旅游院校数（所）		旅游院校学生数（人）	
	高等院校	中等职业学校	高等院校	中等职业学校
内蒙古	27	6	8266	1074
辽宁	40	27	12729	4389
吉林	17	8	4878	556
黑龙江	36	15	12400	2498
上海	22	18	11115	4514
江苏	113	128	14603	46046
浙江	35	69	25808	31853
安徽	39	66	13471	25390
福建	45	27	15859	4048
江西	34	9	8531	2099
山东	56	32	32705	10173
河南	68	32	27006	9704
湖北	54	16	25222	5757
湖南	47	28	17737	7466
广东	71	83	47497	30372
广西	21	17	14120	11494
海南	15	5	13682	14851
四川	51	40	19020	22283
重庆	86	92	23512	31392
贵州	29	18	11574	8820
云南	35	121	7784	17900
西藏	3	0	638	685
陕西	22	7	8783	6102
甘肃	10	9	4676	1901
青海	5	2	2208	413
宁夏	4	1	2388	1726
新疆	18	3	4985	115

注：* 高等院校指旅游高等院校及开设旅游系（专业）的普通高等院校和成人高等院校。** 中等职业学校指旅游中等专业学校、旅游职业高中及开设旅游专业的其他中等专业学校、职业高中和技校。数据来源于2015年国家旅游局统计数据。

（三）办学形式日趋多元化

随着我国旅游业在国民经济、社会发展中的地位和作用日益增强，国家经济结构与产业结构的调整及旅游需求量的急剧增长，旅游院校的办学形式已经出现多元化的发展趋势，主要表现在：一是投资主体的多元化，除政府投资外，一些有实力的企业、民办学校及私有业主，甚至国外的资本开始关注并投资旅游院校教育。二是办学模式的多元化，企业或研究部门办学、校校结合、校企结合、国际合作不断增多等。三是培养目标的多元化，既有培养管理型人才、研究型人才的，也有培养服务型、操作型人才的。社会各界办旅游教育的积极性很高，促进了旅游院校的多元化发展。

（四）专业开设不断细化

尽管我国旅游教育起步较晚，但是通过全行业广大教育工作者的共同努力，旅游专业确立了其应有的地位。国家旅游局与教育部及各旅游院校一起，通过制定专业目录、教学标准、教学大纲、教学计划，编写教材、课题研究、师资培训等方式加强旅游专业建设，对促进其规范化发展取得了很好的效果。目前本科招生的旅游管理类专业主要包括旅游管理、酒店管理、会展经济与管理、旅游管理与服务教育、旅游管理类专业 5 个专业。高职高专招生的旅游管理类专业主要包括旅游管理、酒店管理、会展策划与管理、休闲服务与管理、景区开发与管理、旅行社经营与管理等 7 个专业[①]。

二、旅游培训现状

我国已经建立了由国家旅游局、地方旅游部门、培训单位和旅游企业构成的比较完整的培训体系，并且在逐步完善，不同的部门在旅游培训中发挥着各自的职能作用。国家旅游局抓高层、抓宏观，地方旅游部门抓中层、抓中观，旅游企业抓基层、抓微观，三个层次相互补充、相互促进、共同提高。近五年的培训总量保持在 420 万~480 万人次，具有明显的上升趋势，其中适应性培训占比最大，约为 74%，资格类培训所占比例最少，约为 9%，技术等级类培训呈逐年下降趋势。详细数据和按照培训目的进行分类的比例如表 3-4 和图 3-1 所示。

表 3-4　2011—2015 全国旅游从业人员培训情况（单位：万人）

	2011年	2012年	2013年	2014年	2015年
培训总量	435.65	446.84	427.3	462.13	475.4
资格类培训	-	-	41.1	52.94	39.2
技术等级类培训	-	-	66	57.3	50.5
适应性培训	-	-	320.3	318.53	351.8

---

① 数据来源于 2015 年全国旅游教育统计.

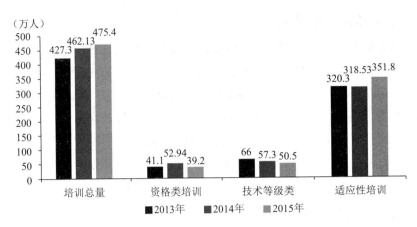

图 3-1　2013—2015 年全国旅游从业人员培训数量和比例

从培训对象的部门分布来看，主要包括旅游饭店、旅行社、旅游景区、旅游车船公司和旅游行政管理人员培训五类。其中占比例最高的是旅游饭店员工的培训，超过培训总量的 50%，其次依次为旅行社、旅游景区、旅游车船公司和旅游行政管理人员培训（见表 3-5、图 3-2）。

表 3-5　2011—2015 全国旅游各行业培训情况（单位：万人）

	2011年	2012年	2013年	2014年	2015年
旅游饭店	271.29	268.29	248	282.58	272.3
旅行社	79.66	88.69	91.9	96.18	91.2
旅游景区	63.13	65.25	58.1	63.83	58
旅游车船公司	10.45	11.12	10.6	11.52	12.2
旅游行政管理人员	4.11	5.41	6.7	8.02	7.7

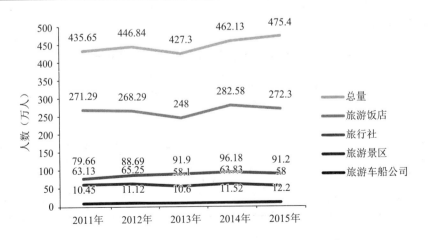

图 3-2　2011—2015 年各旅游行业培训趋势和比例

【知识链接 3-2】

国家旅游局、教育部关于加快发展现代旅游职业教育的指导意见（要点）

近年来，我国旅游职业教育快速发展，培养了大批技术技能人才和管理服务人才，为提高旅游从业人员素质、推动旅游经济发展和促进旅游就业做出了重要贡献。但同时也要看到，当前旅游职业教育与旅游业发展要求还有一定差距，专业布局和结构不尽合理，校企合作不够深入，国际化水平不高，办学保障有待加强，质量有待提高。加快发展现代旅游职业教育对于提升旅游产业发展质量，提高旅游服务水平，更好地发挥旅游产业在扩内需、稳增长、增就业、减贫困、惠民生中的独特作用，实现将旅游业建设成为国民经济的战略性支柱产业和人民群众更加满意的现代服务业两大战略目标等都具有十分重要的意义。为贯彻落实《国务院关于加快发展现代职业教育的决定》（国发〔2014〕19 号）、《国务院关于促进旅游业改革发展的若干意见》（国发〔2014〕31 号）、《国务院办公厅关于进一步促进旅游投资和消费的若干意见》（国办发〔2015〕62 号）和旅游业"515 战略"要求，加快发展现代旅游职业教育，现提出以下意见：

1. 指导思想

贯彻落实党中央、国务院的决策部署，服务"四个全面"战略布局，以服务旅游业发展为宗旨，以促进旅游就业创业为导向，按照政府推动、市场引导，服务需求、就业导向，产教融合、特色办学的原则，加强统筹指导，深化体制机制改革，加快构建现代旅游职业教育体系，深化产教融合、校企合作，培养适应旅游产业发展需求的高素质技术技能和管理服务人才。

2. 目标任务

加强对旅游职业教育改革发展的统筹指导和综合保障，大力改善旅游人才观念，优化旅游职业教育育人环境，强化行业企业的支持和参与度，加快建立适应旅游产业发展需求、产教深度融合、中职高职有机衔接、布局结构更加合理、行业培训更加完善的现代旅游职业教育体系，显著提升旅游专业学生和行业从业人员的人文素养、职业道德、职业技能和可持续发展能力。

3. 主要举措

优化专业结构、丰富办学类型、完善专业课程体系、加强实践性教学、深化校企合作、加强"双师型"教师培养、提升国际化水平、开展创新创业教育、加强行业培训。

4. 保障措施

加强组织领导、强化行业指导、落实企业责任。

第三节　旅游职业道德

一、道德、职业道德与旅游职业道德

（一）道德

道德是指生活在一定历史条件下，人们对实践活动过程中必然产生和形成的人际关系、利益分配、法律制度和思想行为等进行价值判断、追求、选择、实现的总和，是调整人与人之间、人与社会之间关系的行为规范的总和。它是一个多要素、多层次、多结构的复杂而庞大的系统，覆盖社会生活的各个领域、各个层次、各个环节。由一定的社会经济关系所决定，依靠社会舆论的力量，使之成为人们一定的信念、习惯，并对人的行为产生作用。同时道德还具有阶级性、全人类性和历史继承性等特征，具有调节功能、认识功能、教育功能、评价功能、平衡功能等，并对社会的发展有重要影响，如促进经济基础的巩固、对其他社会意识形态的影响、促进或阻碍生产力的发展、维护社会生活正常秩序等。

（二）职业道德

职业道德就是同人们的职业活动紧密联系的符合职业特点所要求的道德准则、道德情操与道德品质的总和。它既是对本职人员在职业活动中的行为标准和要求，同时又是职业对社会所承担的道德责任与义务。每种职业都担负着一种特定的职业责任和职业义务。由于各种职业的职业责任和义务不同，从而形成各自特定的职业道德的具体规范。由于各种职业道德的要求都较为具体、细致，因此其表达形式多种多样。

职业道德是社会道德体系的重要组成部分，它既具有社会道德的一般作用，又具有自身的特殊作用。它一方面可以调节从业人员内部的关系，即运用职业道德规范约束职业内部人员的行为，促进职业内部人员的团结与合作。如职业道德规范要求各行各业的从业人员，都要团结、互助、爱岗、敬业，齐心协力地为发展本行业、本职业服务。另一方面，它又可以调节从业人员和服务对象之间的关系。如医生怎样对病人负责，教师怎样对学生负责，导游怎样对游客负责，等等。从业人员职业道德水平高是产品质量和服务质量的有效保证，有助于维护和提高本行业的信誉。

（三）旅游职业道德

旅游职业道德是职业道德的一个组成部分，是以新中国旅游业的发展为客观基础，同时批判地继承历史上各种职业道德的优良传统而形成和发展起来的，它是旅游从业人员在旅游职业活动中应该遵循的各种道德关系、准则和行为规范，具有先进的代表性、崇高的目的性、广泛的适应性、高度的自觉性、较强的实践性等特征。旅游职业道德的社会作用主要体现在五个方面：（1）提高旅游从业人员的综合素质。（2）改善旅游业的经营管理，提高旅游业的经济效益和社会效益。（3）改善旅游服务态度，提高旅游服务质量。（4）促进旅游精神文明建设的向前发展和推动良好社会风气的形成。（5）抵制精神污染，反对和纠正旅游行业的不正之风。

 【案例分析】

找游客

景区导游小王带领游客在景区游玩，李太太告诉小王李先生不知去向，由于景区较大，且出口较多。小王的做法是从游客中选2名去和自己一起寻找，其他游客原地等待，临近景区关门时，李先生还没有找到。小王让其他游客回饭店，自己去报案。顿时游客怨声载道，小王觉得很委屈。

讨论：你觉得小王违背了哪些职业规范？他应该怎么做？

二、旅游职业道德的基本原则和要求

（一）旅游职业道德的基本原则

旅游职业道德的基本原则，是指旅游从业人员在进行旅游职业活动时应该遵守的最根本的行为准则，它是主导旅游职业道德的一切规范，是衡量旅游工作者的最高道德准则。如图3-3所示，主要表现在组织观念、严于忠守、团队精神、勤俭意识和大局观念五个方面。

图3-3　旅游职业道德基本原则

1. 组织观念

每个人都生活在社会的各种组织之中，每个组织都有严格的纪律来约束其成员的行为，使成员行动协调一致。因此，从职业道德的角度来看，严格的组织观念是一个基本的要求，这也是做好一切旅游服务与管理工作的根本保证。由于旅游业是一个综合性的产业，涉及行、游、住、食、购、娱等多个要素。所以，旅游职业工作具有复杂性和多样性等特征，同时旅游工作对象也千差万别，各个岗位的要求也不一样，这都要求旅游从业人员要树立良好的组织观念，严格按照旅游组织的要求进行工作，自觉遵守规章制度和员工守则，尤其是要形成严于忠守的工作作风和自觉的服务意识。

2. 严于忠守

严于忠守，是指员工要认真遵守工作纪律和管理制度，一丝不苟、严谨认真地按照旅游行业岗位规范的要求履行职业职责，保证工作质量，确保旅游者的人身和财产安全。服从意识则是组织纪律在员工头脑中的反映，是指员工一旦进入旅游工作环境或旅游工作岗位，便就自然而然地产生一种自觉遵守组织纪律和自觉接受任务安排的想法并能产生积极的行为。

3. 团队精神

团队精神是集体主义精神的重要体现，其内涵是：同事之间、上下级之间、部门或班组之间，要相互理解、相互支持、顾全大局、紧密合作，共同实现优质服务。由于旅游服务是一种综合性的服务，因此服务的质量如何取决于各个部门和各个人员之间的有效配合，一个环节解决不好，就可能导致整个服务形象的损毁，旅游行业常说的"100-1=0"反映的就是这个道理。所以旅游从业人员要有强烈的团队精神和合作意识，这是一种职业道德的基本要求。各个旅游组织的成员要善于进行换位思考，讲究沟通技巧，相互理解和支持；同时也要有强烈的补位意识和责任意识，甘于奉献，宽以待人。如果是一个部门，特别要注意摒弃本位主义和短视行为，发扬全体一盘棋的协作精神。

4. 勤俭意识

勤俭节约是中华民族的传统美德，具有几千年的发展历史。在现代社会中，尽管经济水平大幅度提高，人民生活水平大为改善，但勤俭美德的传统不能丢，这既是一种职业道德的要求，也是经济可持续发展的要求。

勤俭意识最重要的要求是每个旅游从业人员都要有爱护公共财物、保护旅游资源的优良品质，因为这是全体旅游者共同利益的物质基础。爱护公共财物、保护旅游资源要求：一要增强工作责任心，细心维护旅游过程的各种设施设备，不破坏资源与环境。二要养成勤俭节约的好习惯，树立绿色意识、资源意识和环保意识。

5. 大局观念

大局观念要求每一个旅游从业人员都要以大局为重，把国家利益和集体利益置于个人利益之上，个人利益必须服从服务于国家利益、集体利益，在保证国家利益、集体利益的基础之上，把国家利益、集体利益和个人利益有机地结合起来。

大局观念还要求旅游工作者在职业活动中要反对个人主义、自由主义、本位主义、小团体主义和宗派主义等。要处理好局部利益和整体利益、眼前利益和长远利益的关系，发扬集体主义精神，并自觉抵制拜金主义、利己主义等腐朽思想。

 **【案例分析】**

一问三不知的讲解员

小王是杭州岳王庙景区的讲解员，一天一位教师问道："岳飞是南宋抗金名将为什么岳王殿却建在北宋？"小王一时语塞。"松鹤图为什么是372只仙鹤，这有什么讲究吗？"小王说："对不起，我也不清楚，应该没什么讲究吧。""在正殿墙上写着精忠报国，为何在碑廊处是尽忠报国？"小王支支吾吾道："这2个字没什么区别，走了，走了。"

讨论：这位讲解员错在哪里？怎样才是合格的讲解员？

（二）旅游职业道德的基本要求

1. 热爱旅游业

热爱旅游业，是旅游职业道德最基本的道德准则。它要求旅游从业人员要明确工作的目的和意义，要"干一行，爱一行"，忠实地履行自己的职责。热爱旅游业作为一项职业道德的基本要求，具体内容包括以下三个方面：

（1）正确认识旅游业的性质和任务。旅游业是一项综合性的、充满活力的朝阳产业，它可以促进经济、社会、文化等全面发展，具有"创收和回笼货币、吸纳就业、刺激消费、推动脱贫致富、保护生态环境、提高人民生活质量、修身养性和启发智慧"等多种综合功能。旅游同时还是一个对外交流的窗口。是一种"民间外交"，它对提升国家国际形象，促进各国人民的友谊等都具有重大意义。只有对旅游业有清晰全面的了解，才能热爱旅游业。

（2）培养敬业、乐业的道德情感。热爱旅游业除了认识方面的要求，也有情感方面的要求。因为只有在思想情感上发生了深刻的变化，达到了"以从事旅游工作为荣、做好本职工作为乐"的道德境界，才算得上是真正热爱旅游业。"敬业"要求旅游从业人员敬重自己所从事的旅游业，有职业荣誉感。"乐业"要求旅游从业人员以主人翁的姿态，投身旅游业，乐于为广大旅游者服务，以做好本职工作作为自己最大的快乐，有职业幸福感。

（3）形成勤业、创业的道德行为。对于旅游业有了认识和情感，还要落实到行动上，并形成行为习惯。"勤业"要求旅游从业人员在工作过程中要刻苦学习、勤于思考、兢兢业业、尽职尽责，在创业实践中要养成良好的行为习惯，为旅游业大发展添砖加瓦。"创业"要求旅游从业人员发扬开拓进取、不断提高的精神，在职业工作中加强创新，积极参与，从而推动旅游业的持续、健康发展。

2. 全心全意为旅游者服务

全心全意为旅游者服务，这既是旅游职业的需要，也是旅游从业人员精神境界的集中体现。全心全意为旅游者服务要做到以下三个方面：

（1）热心为旅游者服务。旅游者是旅游业的工作对象，因此，热心为旅游者服务，关心和爱护每一位旅游者，在旅游过程中尽可能满足他们的合理需求，是旅游从业人员热爱旅游业和做好本职工作的具体体现。

（2）加强职业责任心和道德义务感。职业责任心是个人对实现职业责任所持的态度；道德义务感是个人对履行某种道德要求的高尚情感。旅游工作很多都是小事，但对旅游者来说可能都是"大事"，因此，全心全意为旅游者服务就要求旅游从业人员加强职业责任心和道德义务感，首先做到认识到位。

（3）改善服务态度，提高服务质量。旅游工作多数情况下是一种人与人间的"面对面"工作，由于是对人的工作，因此服务态度就至关重要，在很多情况下直接影响对旅游工作质量的评价，所以作为旅游从业人员，一定要转变观念，以良好的态度服务旅游者。服务态度涉及心理状态、面部表情、形体动作、语言表达和服饰打扮等各个方面。

3. 发扬爱国主义精神

由于旅游行业是一个涉外窗口的行业，会和各个国家的人员打交道，因此旅游从业人员一定要树立强烈的政治意识和爱国主义精神，多了解我国悠久的历史、传统文化、基本国情与各种政策制度等。发扬爱国主义精神，要求旅游从业人员做到：（1）坚持祖国利益高于个人的一切。（2）自觉维护国家的独立、完整、统一和尊严。（3）自觉维护祖国各族人民的安定团结。（4）自觉为祖国的繁荣昌盛奋发进取。（5）有民族自尊心和自信心。（6）尊重、关心和支持来自其他各个国家和地区的客人。

（三）旅游职业道德规范

旅游职业道德规范是旅游职业道德基本原则的具体化，是指旅游行业每位从业人员在职业活动中必须遵守的行为准则，也是人们评价和判断每位旅游从业人员职业道德的行为标准。

根据社会主义职业道德基本规范和旅游行业职业特点的客观要求，旅游行业从业人员在职业活动中应遵循以下职业道德规范：

1. 爱国爱企、敬业爱岗

这是旅游职业道德体系中最重要最基本的规范，反映了人与国家、人与企业、人与岗位的职业要求，也是从事不同行业的人都应该共同遵守的。要求旅游从业人员热爱国家、热爱企业、热爱工作、尽职尽责、忠于职守。

2. 热情服务、宾客至上、文明礼貌、举止大方、讲究卫生、谦虚谨慎

热情服务是指旅游从业人员在工作过程中尊重客人，主动、热情、耐心、周到地关心客人并为他们排忧解难的态度和行为。宾客至上就是把客人的利益放在首位，始终如一地为客人着想，努力满足他们在消费过程中正当、合理的各种需求。做到文明礼貌服务，就要仪表整洁、举止大方、语言亲切。举止大方就是不卑不亢、落落大方、态度和蔼、举止端庄、以礼待人，服务的动作幅度不宜过大，动作要轻，坐立、行走都要有正确的姿势。讲究卫生要求从业人员要严格遵守有关卫生方面的法律、法规，为客人的身体健康提供最大限度的保障，讲究环境卫生、食品卫生及个人卫生。谦虚是谦逊虚心、平等待人、尊重他人；谨慎是作风严谨细致，工作一丝不苟、精益求精，慎重小心。

3. 诚实守信、公私分明

诚实守信是指旅游从业人员忠诚老实，不说谎话，不弄虚作假，遵守许下的诺言，言行一致、表里如一，做到"言必信，行必果"。公私分明是指旅游从业人员正确处理和摆正公和私的利益关系，以国家利益、集体利益为重，不贪图个人利益，不为了个人利益损害集体、国家利益。

诚实守信、公私分明是旅游行业经营原则的具体体现，是树立企业形象的基础，是创造品牌的灵魂，是旅游从业人员应有的思想品质和行为准则，是高尚情操在职业活动中的重要体现。

4. 团结协作、顾全大局

团结协作是指旅游业内部全体从业人员相互之间的团结友爱，各个工作环节和服务部门之间协同奋斗。顾全大局是旅游从业人员的一切言论和行为都要从国家、企业的大局出发，要识大体、顾大局，保证大局不受损害。

团结协作、顾全大局是生产社会化的客观要求，是建立新型人际关系的需要，是提高旅游服务质量的重要保证。

5. 自尊自强、一视同仁、不卑不亢

自尊自强是指既不骄傲自大、盲目排外、居高临下、盛气凌人，也不自卑自贱，盲目崇洋媚外。要谦虚豁达，树立民族自尊心和自信心，绝不做有损人格和国格的事情，要处处维护祖国的尊严。一视同仁是指旅游从业人员在职业活动中对客人不分厚薄，一样看待、同等对待。它要求从业人员不论客人的国籍、种族、身份、贫富等都能友好地相待，一样地尊重他们的人格、习惯及宗教信仰等，满足他们正当的服务需求。不卑不亢指从业人员在工作中要维护自己的人格、国格，坚持自己的信念，要谦虚谨慎，但不要妄自菲薄，为客服务，但不低三下四，热爱祖国，但不妄自尊大，学习先进，但不盲目崇洋。强调不卑不亢，就是要反对民族自卑感。

6. 好学向上

社会经济和旅游业都处在不断的变化和发展之中，这种发展要求从业人员不断地提高自身的素质和专业水平，这是个人发展的要求，也是职业道德规范的要求。"好学向上"要求旅游从业人员积极进取，努力钻研业务，不断提高职业技能，以便更好地服务于旅游者。学习有三种方式：一是通过书本和资料学习；二是向周围的老师、同事和领导学习；三是向旅游业发达国家学习，吸收先进经验。

第四节　旅游企业人力资源开发与管理

人力资源管理已成为企业获取市场竞争优势的关键要素，这一点不容置疑。而对于接待业企业来说，人力资源管理更是重中之重。鉴于旅游服务产品的特殊性，一线员工的能力、素质、态度和技术等直接影响着服务的全过程，影响着顾客对服务过程的体验和质量的评价。不仅如此，旅游企业整条服务供应链的配合、协同和流畅，都依赖于各个环节员工的服务，以及员工之间的紧密配合。可以毫不夸张地说，人力资源管理水平和基于人力资源管理体系的高绩效工作系统是旅游企业获得成功的重要途径。

旅游企业对人力资源管理职能的研究起步较晚，在20世纪80年代以前，人力资源管理还不受管理层的重视，人力资源管理部门也处于从属和次要地位。1971年，英国劳动关系委员会发现很多饭店企业没有劳资关系或人事政策。一些学者的调查也发现，饭店和餐饮业较为忽视人力资源管理职能。直到20世纪80年代，人力资源管理才逐步得到旅游企业的重视。

一、旅游企业人力资源管理现状及特点

随着旅游业的发展，我国旅游企业的规模不断扩大，实力不断增强，不仅初步拥有了一支能适应企业经营和发展要求的人力资源队伍，而且人力资源的整体素质也在逐步提高。同时，企业人力资源部门的地位逐年上升，人力资源开发的政策、措施、运作等也逐步走向规范和完善，人力资源优势成为企业一个重要的竞争优势。但是，旅游企业的人力资源管理仍面临着员工流动加快、人力资本提高、高级人才缺乏等问题，这些问题亟待解决。

（一）旅游企业人员成本较高

旅游业劳动力构成密集，人员成本占企业总成本的比例较高。以酒店业为例，中国旅游饭店业协会公布的2015年饭店经营统计数据显示，年度平均人工成本率达到了31.33%。随着我国城镇化进程中人们生活成本的不断增加，旅游企业将面对更为强烈的涨薪压力。可以预期，旅游企业人员成本还将继续保持较高的比例。2015年饭店员工平均月薪为2660元，较2014年上涨156元。表3-6展示了2015年旅游行业不同职位的薪酬状况。

表 3-6　分行业、分职务的旅游职业经理人年收入状况　（单位：%）

		5万元	5万~10万元	11万~20万元	20万~50万元	50万元以上
行业	旅行社	46.19	37.61	12.53	3.11	0.56
	在线旅游商（OTA）	32.00	41.14	18.86	6.29	1.71
	旅游饭店	33.00	41.13	19.34	5.76	0.89
	旅游景区（点）	43.11	40.24	13.28	2.97	0.40
	旅游休闲度假区	39.13	39.13	17.16	4.35	0.24
职务	总经理	39.17	38.11	15.90	5.08	1.73
	副总经理	33.75	40.25	18.24	7.18	0.57
	部门经理（正）	38.79	40.56	17.06	3.41	0.19
	部门经理（副）	40.99	47.08	10.89	1.04	0
	企业分支机构负责人	66.46	28.11	16.43	0.80	0

数据来源：根据国家旅游局人事司数据统计分析得到.

一般来说，旅游企业人员成本由三部分构成：支付给员工的薪酬福利和附加、员工培训费用、员工管理费用，如图 3-4 所示。在薪酬方面，随着新劳动法的实施，企业人员成本与雇用员工数量成正比，即雇用的固定员工数量越多，人员成本也越高。在培训方面，现在越来越多的旅游企业重视员工培训，作为对劳资双方都有利的投资，这方面的费用投入呈持续增加的趋势。在管理方面，固定员工数量越多，旅游企业付出的规章制度的落实和监督检查、员工后勤生活保障和管理人员费用等都会增加。因此，控制人员成本也应该从上述三个方面着手解决。

支付过程的自动化也是减少旅游企业人员成本的一条途径。Pho Cus Wright 的调查显示，全球有 40% 的旅行社仍通过人工完成支付、对账和退款等工作，每年造成整个行业 115 亿美元的人工成本消耗。年均销售额在 100 万~500 万美元的旅行社，每周承担的人工耗费大约为 200 美元；年均销售额在 1 亿美元的旅行社，每周人工耗费大约为 5000 美元。

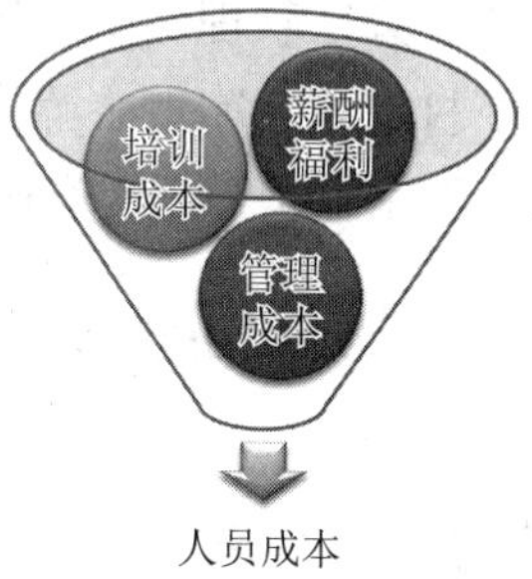

图 3-4　旅游业的主要人员成本构成

（二）人力资源供大于求与供不应求的矛盾现象

我国旅游资源丰富，旅游经济持续快速增长，带动了大量的人员就业。然而，旅游业属劳动密集型行业，对人员的需要具有多层次性的特征。特别是在较低层次的饭店、景区和旅行社中，由于就业门槛较低，一线从业人员往往由当地居民和农民工组成，专业知识、素养、服务技能等都相对较低。观光旅游业中的劳动力有很大一部

分是从事基本且技能要求低的工作，如清洁工和服务员。在部分旅游行业中，员工不需要提前具备从业经验或资格，可以在工作中训练，可招募的范围很广，供给量充足。

根据 WTTC（世界旅游业理事会）会员企业调查，超过半数的观光旅游业公司报告说他们招聘较熟练的专业人员非常困难（如工程师、厨师、会计等）。万宝盛华人才短缺现象调查反映了整体经济人才失衡的情况，该调查涵盖了来自 42 个国家的 37000 名雇主。雇主列举了 2014 年在所有经济领域最难雇用到人才的 10 种工作，如图 3-5 所示。人才短缺对英国从事观光旅游业的企业的主要影响是增加了其他工作人员的工作量，并为实现客户服务目标造成了困难。技能缺乏也使许多旅游机构难以达到质量标准。经营成本的增加和业务或订单的失去也是旅游机构经常提到的技能短缺造成的负面影响。

图 3-5　10 种难招募的人才降序排列

我国是人口大国，但绝非人才强国，在低层次服务人员上呈现供过于求的情况，但在旅游高层次人才上却呈现供不应求的现象。我国旅游人才的短缺不仅表现在"量"上，也表现在"质"上。旅游业涵盖行、游、住、食、购、娱等多种要素，因此需要通晓多专业领域的复合型人才。目前我国的旅游业正处于转型升级中，一方面，传统观光旅游要提升品质，需要大量的从事人力资源管理与开发、市场营销、旅游娱乐管理、旅游规划、旅游景区管理、旅游物业管理等高素质管理人才。另一方面，休闲度假旅游迅速崛起，乡村旅游、冰雪旅游、温泉旅游、邮轮旅游、会展旅游等新兴业态快速发展，电子商务、网络营销等旅游商业模式创新加快，这些新的旅游业态呼唤着新的旅游专业人才。

（三）旅游企业员工年龄的普遍年轻化

传统观念常常认为旅游服务从业人员是"吃青春饭的"，这种观点虽然片面，却也突出了旅游业员工年龄普遍较低的特点。"互联网+"和大众创业背景下，旅游企业员工年龄构成依然以年轻员工为主，主要有四方面原因：其一，传统旅游业对一线员工的形象、气质、精力、体质等要求较高，从业者一般较为年轻。其二，随着休闲、旅游成为生活的时尚消费，旅游行业吸引了越来越多的青年人加入这一时尚行业。其三，旅游是大众创业、万众创新最活跃的领域之一。旅游业具有明显的关联消费特征，每一个环节都蕴含着极大的细分机会，每一次再细分都意味着全新的创新创业空间。旅游需求的多样性和市场细分的多元性决定了旅游创业门槛往往低于其他行业，使旅游业成为最适合创业的领域之一，吸引了大批年轻人投身到旅游创业之中。其四，旅游业的信息化平台和在线旅游企业的快速崛起，也需要大批懂技术、有创意、敢拼搏的年轻人加盟。2015 年携程网和去哪儿网的市值增长率分别高达 103.65% 和 85.51%。2014 年途牛旅游网的员工总数达到 1700 人，其中 300 多人从事研发岗位，公司平均年龄在 26 岁左右。携程网 2016 年针对导游领队的调查样本中，"80 后"从业者占比超过 60%，"90 后"占比超过 20%。

据国家旅游局数据显示，全国旅游职业经理人的年龄主要分布在 30~45 岁，占总人数的 66%。其中，总经理年龄多在 35~45 岁，副总经理主要集中在 30~45 岁，部门经理主要集中在 30~40 岁，部门副经理主要集中在 25~35 岁，企业分支机构负责人主要集中在 25~40 岁。可见，旅游企业中高层管理者的年龄具有普遍年轻化的特点。详细数据见图 3-6、图 3-7。

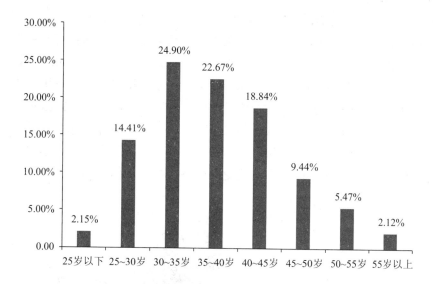

图 3-6　旅游职业经理人年龄分布

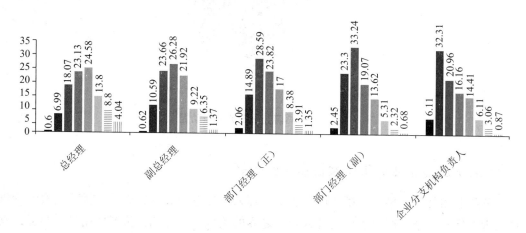

图 3-7　旅游业职业经理人分职位的年龄分布

（四）旅游企业员工流失和离职问题严重

稳定的人力资源是企业生存和发展的保障，旅游企业由于自身的天然特征，员工流失和离职率常年居高不下，给企业和员工造成双向损失。传统旅游业在网络时代下，经历着技术与信息带来的人力资源变革，用工信息和渠道多样化、企业间各种政策更加透明，以及自由雇用的流行等原因，使当今旅游业员工流动更为普遍和快速。根据和泰智业公司公布的数据显示，2016年上半年酒店业员工流失率平均值为3.34%，五星级、四星级和三星级酒店的员工流失率分别为3.92%、3.47%和2.35%。2016年迈点网做的离职调查发现，我国大部分酒店员工离职率在10%~30%，广东、上海的员工离职率最高，在41%以上，山东、河南和贵州等地的员工离职率较低，在10%以下。造成员工离职的主要原因可以归结为薪酬低、发展空间小和学习机会少等。而全球著名人力资源咨询公司怡安翰威特公布的2016年中国人力资本调研结果显示：全国各行业的平均离职率为20.8%，其中主动离职14.9%，被动离职为5.9%，薪酬增长率为6.7%。酒店行业的员工离职率最高，高达43.4%（主动离职39.2%，被动离职4.2%），薪酬增长只有4.5%。互联网行业次之，离职率为36%（主动离职27%，被动离职9%）。2015年众达朴信数据显示，旅游行业主动离职率中位数达到28.7%，高于全行业平均水平。其中，主动离职率最高的主要集中在导游及酒店服务等基层员工，除了薪酬福利的因素以外，发展空间受限也是基层员工离职率高的主要原因之一。各类离职动因详见图3-8。

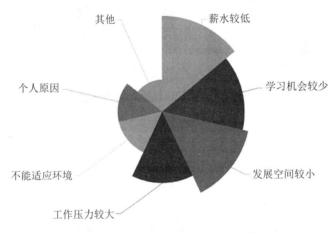

图3-8 酒店业员工的离职动因

（五）旅游企业员工中女性占比例较高

从产业角度看，第一、第二产业主要处理人与自然的关系，男性占优势，女性的价值实现率低；在第三产业主要处理人与人之间的关系，女性的地位和作用日益凸显，女性的价值实现率逐步提高。旅游业是第三产业的典型代表，在产业发展中，女性发挥着重要作用。在运营部门中，由于旅游业属于人力资源密集型产业，许多服务无法凭借机器设备完成，特别是为了满足市场上多样化和个性化的需求，或者对精湛手工艺品的追求，必须保留或采用人工作业，女性劳动力的供给满足了产业需求。相关调查数据显示，2010年女性在住宿业中的就业率为54.3%，在餐饮业中的就业率为53.8%。另外，由于生理上的差别，女性天生比男性敏感，具有更细致的观察力，在情感的表达和感知方面具有一定优势，这些优势发挥着促进旅游业发展的重要作用。2016年携程旅游网对导游领队群体的调查中，女性占到了56%。

除传统旅游业外，线上旅游企业中女性比例也较其他行业更高。谷歌全球2015年的员工数据显示，女性占员工总数的30%，非技术岗位女性比例高达47%，领导层女性占22%。阿里巴巴2016年年初的男女比例为1.48:1，"80后"员工占比高达75.39%，"90后"员工为14.58%，已婚女员工占比51.7%，外籍员工中有30.7%为女性，客户体验事业群的中小企业出口体验驱动事业部中女性占81%。迈点网2016年公布的我国民宿管家调查报告显示，40%为女性，9成管家在18~30岁。另据不完全统计，截至2016年年末，全年国内共发布520位酒店高管人事任命，其中女高管共83位，占比为15.96%。图3-9展示了全国旅游业职业经理人调查的数据，女性职业经理人的比例为50.29%。

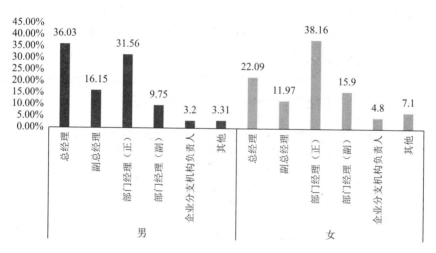

图3-9 全国旅游业职业经理人调查性别的职位分布比例

二、旅游企业人力资源开发与管理的要点

（一）培养员工积极的工作态度

当今中国的旅游业，身处全球化的市场背景，身经品牌化的百舸争流，身受国家政策的多元影响，身临技术环境的严峻挑战。作为人对人、面对面的高接触型服务企业，一线员工的工作满意和态度直接影响着客人对旅游企业的满意度。没有满意的一线员工，就没有满意的顾客，也就没有满意的企业绩效。如何有效提升从业人员特别是一线员工的工作满意度成为当前旅游企业关注的焦点话题。

从属性来看，服务属无形产品，难有严格的规范和质量检验与评价，其质量主要不由客观指标决定，而取决于顾客对服务过程的整体满意度。要促进员工为顾客提供卓越的服务，必须使其发自内心地为顾客着想、换位思考、尊重顾客，以积极的态度服务顾客。因此，工作满意度作为员工组织行为中的关键态度显得尤为重要。影响旅游从业者幸福感的六要素如图 3-10 所示。

图 3-10　影响旅游从业者幸福感的六要素

2016 年携程旅游网发布的《导游领队群体幸福度调查报告》发现，导游领队是离家在外工作最长、紧张度最大的职业之一，但只有半数导游认为得到了游客的尊重和认同，近一半的导游认为收入与付出不成正比。80% 的领队导游每月离家在外工作的天数超过 15 天，有近三成超过 22 天。节假日，领队、导游的加班率都超过了 90%。虽然付出很多，但只有 47% 的人认为他们的工作得到了游客的普遍尊重和认可。调查中，在线旅游从业者的满意度最高，"70 后"员工满意度最高。2015 年国家旅游局做的全国旅游职业经理人调查显示，被调查者对工作的满意度水平相对较高，详见表 3-7。

表 3-7　全国旅游业职业经理人工作满意度分布（单位：%）

		非常满意	较满意	一般	不满意	非常不满意
职务	总经理	42.41	43.69	12.22	1.4	0.28
	副总经理	31.01	52.34	15.17	1.14	0.34
	部门经理（正）	29.44	49.81	19.44	1.21	0.09
	部门经理（副）	24.77	52.92	20.36	1.56	0.39
	分支机构负责人	36.14	47.79	14.46	1.2	0.4
年龄段	25岁以下	45.93	40.74	13.33	0	0
	25~30岁	37.14	47.89	13.41	1.44	0.11
	30~35岁	31.23	48.77	18.96	0.84	0.19
	35~40岁	32.57	50.14	15.42	1.51	0.36
	40~45岁	32.09	48.44	17.56	1.56	0.35
	45~50岁	34.33	48.06	16.02	1.41	0.18
	50~55岁	34.93	47.76	16.12	0.9	0.3
	55岁以上	42.31	43.08	13.85	0.77	0

续表

		非常满意	较满意	一般	不满意	非常不满意
行业	旅行社	32.93	48.18	17.14	1.36	0.38
	在线旅游商（OTA）	37.71	41.71	18.29	2.29	0
	旅游饭店	29.79	50.65	18.36	1.16	0.04
	旅游景区	43.31	46.09	9.81	0.79	0
	旅游休闲度假区	42.56	48.51	8.24	0.69	0

（二）建立共赢的校企合作实习生管理机制

旅游行业强调知识的应用性，学校教育的理论知识、培养的能力和素养需要学生到实践中去锻炼、强化、提升和感悟；旅游企业渴望的高素质和年轻化的员工需要到学校中去招募、雇用。校企双方可以通过建立常态化的战略合作机制，实现学校、学生和旅游企业的三方共赢。

实习生在酒店行业已相当普遍，有85%的酒店经常接收实习生，实习生占酒店员工数的比例从20%到70%不等，主要出于缓解用工紧缺和劳动报酬低的考虑，多数实习生采取顶岗实习的形式，对实习生的满意情况基本在一般和基本满意的水平。酒店实习生的分布和实习情况，以及实习的工作与福利情况如图3-11、图3-12所示[1]。

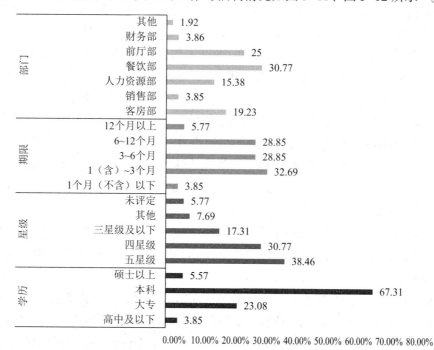

图 3-11 酒店实习生的分布和实习情况

---

① 资料来源：2012年迈点网酒店实习生现状调查.

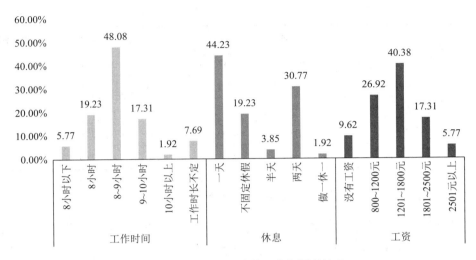

图 3-12　酒店实习生的工作与福利情况

2016 年迈点旅游研究院的调查数据显示，实习生主要由大专和本科学生组成，占到实习生总数的 90.39%；实习单位主要选择四星级以上酒店，占比为 69.23%；学生们的实习期限一般在 1~12 个月，占比为 90.38%，其中 1~6 个月实习期的占比为 61.54%；实习所在部门基本以直线业务部门为主，在人力资源和财务等职能部门的实习比例仅为 23.08%；实习期间工作时间一般稳定在 8~9 个小时之间。超过 9 小时的占比为 19.23%，低于 8 小时的仅为 5.77%；3/4 的实习生每周会有 1~2 天的假期；实习生工作一般都会有工资，在 800~1800 元的占总数的 67.3%。从学生的实习需求来看，主要关注能力和技术的提升、工作经验的丰富，以及通过实习加深对职业和行业的理解，增强自身的就业竞争力。以挣钱为目的的实习生仅占不到 1/4。大多数（78%）实习生觉得确实能够通过实习得到锻炼，但是多数（51%）对实习的评价较为负面，认为实习生就是"苦力工和廉价劳动力"，只有 1/4 左右的学生愿意在实习结束后继续在酒店工作。究其原因，主要是觉得实习单位缺乏对实习生的长远培养（59.62%），给付的工资太低（50%），福利难有保障（48.08%），缺乏对实习生的有效培训（44.23%），工作时间过长（38.46%）和得不到尊重（9.62%）。作为实习生，他们希望能够提高工资福利（61.54%），权益获得必要的尊重（53.85%），合理安排工作时间（51.92%），获得较强专业技术培训（50%）和帮助做好职业生涯规划（40.38%）。

表 3-8 反映出了我国酒店业的实习生模式存在的诸多问题。为了破除上述问题，三方可以从如下几方面入手。首先，旅游企业与院校应该建立长期的战略合作，以联合培养优质毕业生为目标，尤其是旅游企业要摒弃"实习生是廉价劳动力"的错误思想。其次，旅游企业应以市场营销的理念招募实习生。现今实习生市场需大于求，企业应该提前走进校园进行宣讲，向学生展示富有吸引力的生活条件、福利待遇、培养方案和规划

设想等。改变学校硬性指派的传统模式为企业—学生双方的自由选择，其间学校主要起到搭建平台的作用。再次，在实习上采用顶岗实习、跟班实习和脱岗学习多种方式。具体工作实务方面，强化实习过程中"师傅带徒弟"的执行；整体企业管理方面，尝试建立高层管理人员与实习生的"企业导师"关系。使学生不仅实习具体业务操作，还能从高层管理视角去思考旅游企业各部门的职能、协调关系和战略发展等。帮助学生对旅游行业的职业规划有一个更加完整和清晰的认识。另外，学校方面应该明确实习的教学功能，依据专业教学计划与企业一起制订实习期学生培养方案。做到学生实习过程中，能够掌握多部门的职责和关系，了解多种工作的内容和实际操作，学会处理企业中同事、上下级、师徒等多种人际关系，学会与企业进行有效沟通、兼顾企业具体操作和宏观管控知识的学习等。

表3-8　实习中各方存在的问题

酒店方面	实习生方面	学校方面
● 缺乏与旅游院校间长期合作关系的建立 ● 缺乏系统的实习生培养方案 ● 支付的工资待遇低，缺乏福利和奖金 ● 以"省钱"和"用人"为目的，缺失培养意识 ● 视学生为弱势群体，缺乏尊重和关怀 ● 管理方法简单，重管理，轻教育 ● 规章制度过于生硬，处罚多，奖励少 ● 忽视实习生个性需求 ● 与实习生之间的沟通不够，沟通方式过于传统	● 对实习阶段的认识片面，定位不当 ● 诚实守信、吃苦耐劳、踏实肯干等素养亟待培养 ● 人际沟通、心理韧性和情商等个人能力亟待提高 ● 自我应该有比较明确的职业生涯规划 ● 明确作为实习生的角色定位	● 未能与实习单位建立以培养学生为目的的实习机制 ● 实习前缺乏对学生的心理预期准备和职业生涯培训 ● 实习中缺乏与学生和实习单位的沟通 ● 实习后缺乏后期的评估和完善环节

（三）通过多重方式激励员工

制造业员工通常可以通过控制行为来保证较高的生产效率，而服务业追求的是顾客的良好主观体验，更需要通过激发员工的心理动机实现这一目标。现代需要理论强调人们需要的差异性，企业要想激励员工，必须先了解员工的需要，通过需要的满足，激励员工努力工作，实现企业目标。受此观点的影响，几乎所有企业都意识到必须通过多种方式来激励员工。其中经济激励最为普遍和重要，但员工的经济需要仅是多种需要的一种。随着越来越多的新生代员工投身旅游业，以及旅游企业本身年轻化的特点，个性服务、人文关怀和尊重发展等激励方式显得越来越重要。薪酬福利和奖金绩效在激励员工的同时，也增加了企业用工成本，且激励效果边际递减。个性化、尊重、关爱、发展等

更是年轻人内心的渴望，通过这些需要的满足往往更能提升员工的满意度和归属感，从而能够为顾客提供优质服务。

在"大众创业，万众创新"的环境下，维也纳酒店集团推出了"我出资，你创业"的内部创业计划。目前，维也纳酒店集团已相继开启了股权激励、利润分红、人才合作等激励方式。有10%的股份被分至核心团队，高管可分享利润的20%；对于新设立的公司，还将设立超过20%的股权激励，用于激励高管与创新团队。内部创业计划采取全承包、高级人才引进内部合伙成本和内部人才合伙承包三种酒店承包方式。具体方案详见表3-9。

表3-9　维也纳酒店内部创业计划方案

承包方式	具体方案	承包设想
全承包	承包人押2个月溢价租金+2个月酒店员工薪资，自行承担运营成本、租金、折旧和企业所得税的全部成本支出，享受100%全部利润，承包租约不低于3年	现有门店直接承包，自主经营，不需要前期上千万的投入，创造的利润归承办人所有，如果获得平均300万元/年的利润，三年将收入900万元
高级人才引进内部合伙承包	竞聘人接受目标版本预算，保证月度RAP同比提升；合伙人享受3万元底薪+2万元月度绩效达标奖的薪酬福利，按照合同，合伙人在享受酒店净利润的20%分红（净利润减去达标奖后的提成）的基础上，还将获得20万~36万元的一次性达标奖励	如果，合伙人经营的酒店利润达到300万元/年，按照合同，合伙人即可获得300×20%=60万元的分红，再加上3万元底薪或3万元底薪+2万元月度绩效达标激励与20万~36万元一次性奖励的达标奖，合伙人预期可年入100万元
内部人才合伙承包	竞聘人接受目标版本预算，保证月度RAP同比提升；合伙人将有1万元底薪+2万元月度绩效达标奖，获得30%超额利润，并在业绩达标的情况下，获得20万~36万元的一次性达标奖励	按300万元利润计算，合伙人的收入包括300×30%=90万元的分红，1万元底薪+2万元月度绩效达标激励+20万~36万元的一次性达标奖励，三年承包期限内收入有望达到500万元

在工资、奖金等短期激励的基础上，越来越多的旅游企业为了激励和留住核心人才，积极推进股权激励，将激励对象与企业结成利益共同体，促进长远目标的实现。2016年维也纳酒店集团计划将10%的股份用于高层管理人员激励分红，另有20%的业绩达标的额外分红。在电商、餐饮等创新板块，也将至少拿出20%的股权激励人才。神州优车发布的2016年上半年财报显示，其实现营业收入23.24亿元，发放9.85亿元的股票期权。2016年第一季度，携程网收购去哪儿后，对去哪儿团队发放8.02亿股权激励，相当于营收的81%。对携程团队发出10.33亿股权激励，占营业收入的41.7%。国家旅游局2015年旅游职业经理人调查显示，旅游企业职业经理人对企业发展尤为重要，其薪酬结构吸引力占比如图3-13所示。

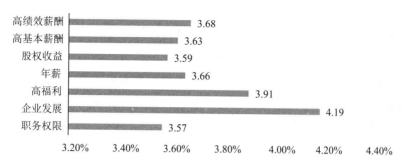

图 3-13　旅游职业经理人薪酬结构吸引力占比

【知识链接 3-3】

需求层次理论和 ERG 理论

需求层次理论	ERG理论
自我实现需求	成长
尊重需求	
社交需求	关系
安全需求	生存
生理需求	

　　需求层次理论。马斯洛理论把需求分成生理需求、安全需求、社交需求、尊重需求和自我实现需求五类，依次由较低层次到较高层次排列。生理需求指如果需求得不到满足，人类个人的生理机能就无法正常运转。换而言之，人类的生命就会因此受到威胁。安全需求是人类要求保障自身安全、摆脱事业和丧失财产威胁、避免职业病的侵袭、接触严酷的监督等方面的需要。社交需求指人们能够有良好的社交，愉快地保持关系，彼此成为朋友。尊重需求是人人都希望自己有稳定的社会地位，要求个人的能力和成就得到社会的承认。自我实现的需求是最高层次的需求，是指实现个人理想、抱负，发挥个人的能力到最大限度，达到自我实现境界。

　　克雷顿·奥尔德弗（Clayton Alderfer）在马斯洛提出的需要层次理论的基础上，进行了更接近实际经验的研究，提出了一种新的人本主义需要理论。奥尔德弗认为，人们共存在 3 种核心的需要，即生存（Existence）的需要、相互关系（Relatedness）的需要和成长发展（Growth）的需要，因而这一理论被称为 ERG理论。生存的需要与人们基本的物质生存需要有关，即生理和安全需求（如衣、食、行等），关系到人的存在或生存，这实际上相当于马斯洛理论中的前两个需

求。相互关系的需要，即指人们对于保持重要的人际关系的要求。这种社会和地位的需要的满足是在与其他需要相互作用中达成的，与马斯洛的社交需求尊重需求分类中的外在部分是相对应的。个人自我发展和自我完善的需求，这种需求通过创造性地发展个人的潜力和才能、完成挑战性的工作得到满足，这相当于马斯洛需求层次理论中第五层次的需求。

（四）强化旅游企业文化建设

企业文化是一个企业由价值观、信念、仪式、标志、处事方式等组成的特有的文化形象。企业文化驱动就是把企业文化渗透到日常管理当中，用企业的价值观、企业精神、企业的经营目标等去影响、支配员工的行为。企业文化可分为三个层次：物质文化、制度文化和精神文化。迈点网2013年的酒店企业文化调查报告显示，64%的受访者认为企业文化是企业价值观、经营理念和行为方式的综合，29%认为是企业物质和精神文化的综合。

旅游行业是劳动密集型、感情密集型的行业，旅游产品就其本质来说就是员工所提供的服务。而影响服务质量的因素很多，仅仅依靠提高科技含量、利用高新技术进行管理是不能达到的。利用旅游企业自身所蕴含的文化的微妙性来管理员工，从整体上提高员工的素质，才是提高旅游服务质量、增强旅游企业竞争力的重要手段。一个良好的旅游企业文化至少应该包括如下关键内涵：

（1）公平的事业发展平台。公平性可能是人们社会生活中最关注的要素，企业员工不仅追求收入和资源分配的公平、分配程序和规则的公平，还关注人际互动过程的公平。如海底捞董事长张勇所言："海底捞的员工大多没有高档酒店的从业背景，没有受过高等教育，之所以我们创造了中国餐饮业的神话，因为我们企业文化的核心是为员工创造了一个公平公正的职业平台。"

（2）对每位员工的关爱。旅游企业应感恩每一位为企业做出贡献和努力的员工，因为，他们是企业前进道路上最宝贵的财富，只有关心好每一位员工，员工才会关心好企业的每一位顾客。对员工的关爱不仅体现在工作环境不断改善、吃住等生活环境的提高、福利待遇的提升上，更应建立人文关怀的文化。

（3）营造快乐的工作氛围。旅游业是提供快乐的行业，没有快乐的员工，就没有快乐的顾客。为此，企业应该采取各种手段调动员工的积极情感和工作激情，不放过任何调动快乐的机会，打破层级观念，弱化惩罚制度，构建活跃、包容和开放的企业氛围。

（4）建立企业与员工和员工彼此间的信任。组织信任能够降低组织内事务的管理成本，增加组织成员自发的社会行为，形成服从组织权威的正确方式。高信任度的员工更会表现出合作、利他等行为，会将更多的时间和精力致力于集体目标的实现，自愿服从组织的规章、制度、指令和领导，使物流和信息流在各个管理环节畅通传递，效率提高，减少失败风险，消除管理过程中的大部分阻力，帮助实现组织的集体目标。

（5）用心尊重每一个人。尊重他人是文明社会的基本素养，在企业中这种尊重不仅体现在上下级之间的互相尊重，员工彼此间的尊重，员工与顾客间的尊重，也表现在男性对女性的尊重，强势群体对弱势群体的尊重，以及对少数群体的尊重。尊重能够提升服务质量、促进团队协作、使沟通更为顺畅。

第五节　旅游人力资源发展的趋势

从总量上来讲，旅游从业人员人数将与日俱增，越来越多的人将投身于旅游事业中，从事旅游服务工作。据世界旅游组织预测，从 2010 年到 2020 年，国际旅游业人数和国际旅游收入将分别以年均 4.3%、6.7% 的速度增长，高于同期世界财富年均 3% 的增长率；到 2020 年，旅游产业收入将增至 16 万亿美元，相当于全球 GDP 的 10%；所提供工作岗位达 3 亿个，占全球就业总量的 9.2%，从而进一步巩固其作为世界第一大产业的地位。面对强烈的市场需求，旅游院校的招生人数将大幅度提高，以满足未来旅游发展对人才的大量需求。同时，旅游从业人员将越来越专业化与规范化。

跨文化交流越来越频繁，中国已是世界第四大旅游入境接待国。入境旅游人数（含入境过夜游客）从 1978 年的 180.92 万人次增加到 2016 年的 1.38 亿人次，增长 76.3 倍。人才跨文化之间的流动将成必然。现在国际上真正的职业经理人（如饭店经理）一般都有跨地区或跨国工作的经历。那么在这种大的背景下，我国的旅游人力资源开发应着眼于未来发展的需要，要以一种全球的思维方式，加强培养旅游人才跨文化沟通与交流的能力，通过不同文化的锻造，提高企业旅游人才的竞争力和适应力。良好的服务水平和员工的素质是决定旅游业繁荣发展的重要因素之一，因此，旅游业的服务意识将更加浓烈，以人为本、以顾客需求为中心的理念将落实到每一位旅游从业人员的内心与行动上。

此外，对于旅游企业而言，可以进行虚拟经营，虚拟配置、整合人力资源。虚拟经营是指企业在组织上突破形的界限，虽有生产、营销、设计、财务等功能，但企业内部却没有完整的执行这种功能的组织。这样一来，企业就可以在有限的资源下保留企业中的关键功能，而将其他功能虚拟化，通过各种方式借助外力进行整合弥补，从而取得竞争中的最大优势，在竞争中最大效率地利用企业有限的资源。从人力资源开发与管理的角度来看，虚拟经营就是突出人才的虚拟配置，借助外部力量整合企业人力资源。对于旅游企业来说，企业需要具有各方面能力的人才，由于受到企业规模的限制，人才尤其是高级技术型、管理型的人才显得相对匮乏。那么旅游企业将整合人才的目光投到企业外，打破传统界限，充分利用企业外部的人才优势，弥补自身的不足，进行人力资源的虚拟配置，这样一来可以促进企业发展，增加企业竞争力。

人力资源的虚拟配置，从某种意义上来说就是实现人才的柔性流动。是为充分利用人才资源而采取的一种极其灵活的流动形式，是打破框框，整合人力资源的一种形式。

旅游企业、旅游院校可以将部分业务或者课程外包出去，使企业增加核心竞争力，使学校的旅游教学质量不断提高。

对于旅游行政管理人才队伍而言，以提升旅游行业管理和公共服务能力为核心，建设一支与旅游业快速发展相适应、求真务实、勇于开拓、充满活力的高素质旅游行政管理人才队伍。

对于旅游企业经营管理人才队伍建设。适应旅游产业转型升级和建设世界旅游强国的需要，以提高旅游企业经营管理水平和市场竞争力为核心，以旅游企业中高层经营管理人才为重点，培养造就一支职业化、市场化、专业化和国际化的旅游企业经营管理人才队伍。着重提升旅游企业高层管理人才的战略规划能力、经营决策能力、市场驾驭能力，旅游企业中层管理人才的市场开拓能力、团队建设能力和执行能力。建立健全企业经营管理人才能力评估制度、绩效评价制度和激励保障制度，促进企业经营管理人才队伍建设的规范化和科学化。

对于旅游专业技术人才队伍的发展。适应旅游业转型、提高旅游科技含量的需要，以提高专业化水平为核心，以旅游业各类工程技术人才及导游人才为重点，打造一支高素质的旅游专业技术人才队伍。重点培养旅游基础研究、旅游创意策划、旅游规划设计等方面的人才；依托旅游现代化和新业态发展，重点培养旅游信息化、旅游装备制造等方面的工程技术人才；通过兼职、服务外包、项目合作等方式，建立旅游发展专家库。以新知识和新技术更新为主要内容，构建分层分类的旅游专业技术人才继续教育体系。落实专业技术人才柔性流动政策，引导相关专业技术人才向旅游企业流动。同时注重发挥离退休专业技术人才的作用。

对于旅游高技能人才的建设。围绕提升旅游服务质量，以提升职业素质和职业技能为核心，以饭店、旅行社、景区等旅游企业技能服务人员为重点，形成一支门类齐全、技艺精湛的高技能人才队伍。

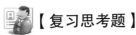 【复习思考题】

1. 试述旅游人力资源现状。
2. 试述道德、职业道德、旅游职业道德的区别与联系。
3. 简述旅游培训与教育存在的问题。
4. 你怎样看待旅游人力资源发展的前景？
5. 如果把导游作为将来的职业，你应该做怎样的职业生涯规划？

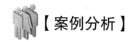【案例分析】

"毛巾"道德

近来的一些新闻报道指出，在一些酒店，毛巾和浴巾有多种"用途"。如用毛巾或浴巾代替抹布，清理完马桶污渍后，再擦茶杯，清洗后又挂在酒店卫生间，供客人擦脸、裹身。并且这样的万能毛巾却异化为了酒店行业的"潜规则"。对于酒店清洗毛巾和浴巾过程的这一黑箱，消费者只能无助、不安。酒店毛巾，最能考验反映全社会的道德水平，同时考验着服务提供者在消费者无法辨识的情况下，能不能坚守职业道德，在无监督的情况下，能不能慎独，对消费者的健康负责？这对酒店行业道德也是一种巨大的考验。

讨论题：这些问题的出现反映了什么？我们应该怎么做？

乱象背后：旅游企业低价恶性竞争是诱因

近年来，导游强制购物消费和辱骂游客事件屡遭曝光，而且涉事旅游企业和旅游从业人员也都受到处罚，但"黑导游"事件仍屡禁不止。专家和业内人士分析认为，当前旅游市场发育不成熟、旅游产品单一、旅游企业低价恶性竞争等问题是诱因。

中国旅游研究院副研究员杨劲松表示，旅游产品同质化严重及信息不对称等问题，使游客无法事先合理甄别，在一些组团社虚假宣传、故意隐瞒低价真相的情况下，部分游客消费心理不成熟、一味追求低价，而忽略了旅游背后的服务和品质，也给"不合理低价游"创造了市场。"一旦低于成本价，身处一线工作的导游只能通过购物和自费项目挣钱填坑，如果达不到预期，他们会以各种方式促使游客消费，甚至出现一些极端案例。"云南凌云律师事务所律师孙文杰说，《旅游法》规定旅行社不得以不合理低价组织旅游活动，诱骗旅游者，并通过安排购物或者另行付费旅游项目获取回扣等不正当利益，违反规定的最高可处罚30万元。"但违法现象仍屡禁不止的原因之一就在于违法成本过低。""很多旅行社负责人和导游法律意识淡薄，出问题的基本都是违法违规操作。"云南财经大学旅游文化产业研究院院长许南垣表示，相关法规和条例实施细则也不够具体，操作性不强。

讨论题："黑导游"事件背后是什么？为何屡禁不止？监管查处面临哪些难题？该如何整治？

第 四 章

组织设计与工作分析

本章导读

工作分析是人力资源管理六大模块的核心,人力资源管理中组织和员工双方面临的很多困惑都源于职务分析的缺失或不足。充分的工作分析与清晰的职务描述书不仅可以使组织的各项人力资源工作得以准确实施,还可以避免组织中因职责模糊或重叠带来的资源浪费。

【学习目标】

1. 了解组织的基本类型和组织设计的原则;
2. 认识工作分析在人力资源管理工作模块中的重要地位;
3. 了解工作分析的流程和方法;
4. 掌握职务描述书的编写方法。

【导入案例】

工作冲突,谁之过

案例一

某公司的岗位说明书写得很模糊,没有起到职责描述的作用,遇到问题时,就容易产生责任不清的现象。有一次客户要求退货时,各部门都不愿意负责,开始踢皮球。经理找到品管部,品管部负责人会说:"质量是制造出来的,我们品管只是检验,质量又不是检验出来的。"制造部负责人说:"我是严格地按照研发部的图纸设计和工程部的工艺流程制造的。"研发部会说:"如果是我们的责任,前三批就有责任了,现在已经是第10批生产了。"大家似乎说得都有道理。因为这些部门的岗位说明书都无法表明该项工作的直接负责人。

案例二

某公司在某个新品牌第一批次小批量投放市场后，公司销售业代发现商标竟然漏印了生产厂址，公司老总急令停止生产追究责任。公司责成相关部门组成调查小组追究是哪个环节出了问题。

经查发现，商标设计的习惯做法是：市场部负责品牌策划，一般是市场部先拿出设计稿，技术部审核文字，然后交采购部印小样。市场部、技术部在审核签字后，按需求计划采购。市场部说，商标版面的艺术设计归我们管，文字部分是技术部把关。技术部说，我们只管技术性文字的审核，生产厂址不是技术性文字，应由市场部负责。

调查小组十分为难，因为公司没有商标从设计、审核、提交采购计划、印刷的职责管理文件，责任很难认定。

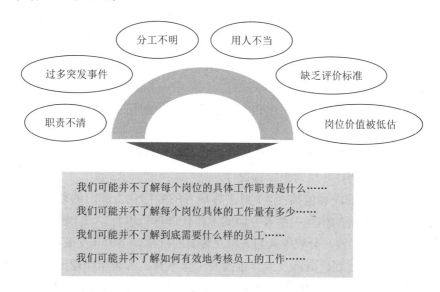

资料来源：中国人力资源开发网 [EB/OL]. http://www.chinahrd.net/tool/2008/07-10/27030-1.html.

第一节　组织设计

一、组织的含义

美国管理学家西蒙（1997）认为，组织是由若干要素、部门、成员组成的，为了实现一定的目标，按照一定的联结形式（机构）排列组合而成，并具有一定边界的社会实体。组织有如下四个要点：

第一，将人、财、物和信息资源在一定的时间和空间内进行合理而有效的配置。

第二，有一定的组织结构模式。

第三，采取各种措施实现既定目标。

第四，是技术系统和社会系统的统一。

二、组织设计

约翰·辛格（2002）认为，组织设计是在综合考虑影响变量的基础上，通过组织要素的不同组合来实现组织目标的过程。

斯蒂芬·P.罗宾斯（2005）认为，组织设计是对工作任务进行正式分解、组合和协调的过程。

詹姆斯·E.罗森兹韦克（2010）认为，组织设计就是组织内各构成部分或各个部分间确立关系的过程。

本书认为，组织设计是对一个组织的结构进行规划、构想、创新或再构造的过程，它涉及一个组织各组成部分之间的相互关系，从组织结构上保证组织目标的有效实现。组织设计的重点是研究设置组织结构和确定组织结构各组成部分之间的相互关系。组织设计有如下四个要点：

第一，组织设计是管理者在一个组织中建立最有效的相互关系的一种合理化的、有意识的过程。

第二，组织设计要重视影响组织生存和发展的组织环境。

第三，组织设计的核心是组织结构设计。

第四，组织结构的内容包括：（1）对工作职务的专门化、部门的划分，以及直线指挥系统与职能参谋系统的相互关系等方面的工作任务进行组合。（2）建立职权、指挥系统、幅度控制，以及集权、分权等人与人相互影响的机制。（3）开发最有效的协调手段。

组织工作是一个过程，既涉及人，也涉及工作本身。古典组织理论强调以工作为中心，行为组织理论强调以人为中心，系统权变组织理论强调具体情况具体分析。21世纪注重建立学习型企业，其核心是围绕对人性的不同认识，强调不断创新。

第二节　组织设计的原则

组织设计是围绕核心业务与核心业务流程进行的，需要综合考虑以下组织设计原则。

一、战略导向原则

组织是实现组织战略目标的有机载体，组织的结构、体系、过程、文化等均是为完成组织战略目标服务的，达成战略目标是组织设计的最终目的。通过企业组织结构的完善，可使每个人在实现组织目标的过程中做出更大的贡献。

二、适度超前原则

组织结构设计应综合考虑公司的内外部环境、组织的理念与文化价值观、组织的当前及未来的发展战略、组织使用的技术等，以适应组织的现实状况。并且，随着组织的成长与发展，组织结构应有一定的拓展空间。

三、系统优化原则

现代组织是一个开放系统，组织中的人、财、物与外界环境频繁交流，联系紧密，需要开放型的组织系统，提高对环境的适应能力和应变能力。因此，组织机构应与组织目标相适应。组织运作整体效率是一个系统性过程，组织设计应简化流程，有利于信息畅通、决策迅速、部门协调。同时应充分考虑交叉业务活动的统一协调和过程管理的整体性。

四、管理层级原则

管理层级与管理幅度的设置受到组织规模的制约，在组织规模一定的情况下，管理幅度越大，管理层级越少。组织管理层级的设计应在有效控制的前提下予以考虑，尽量减少管理层级，精简编制，促进信息流通，实现组织扁平化。

其中，管理跨距受到主管的指挥、监督部属的能力限制。跨距设计没有一定的标准，要具体问题具体分析。粗略地讲，以 3~15 人为宜。高层管理跨距 3~6 人较为合适，中层管理跨距 5~9 人较为合适，低层管理跨距 7~15 人较为合适。设定管理跨距时，应考虑如下因素。

（1）员工的素质：主管及其部属能力强、学历高、经验丰富者，可以加大控制面，跨距幅度可加大；反之，应小一些。

（2）沟通的程度：公司目标、决策制度、命令可迅速而有效地传达，渠道畅通，跨距幅度可加大；反之，应小一些。

（3）职务的内容：工作性质较为单纯、较标准者，可扩大控制的层面。

（4）顾问运用：利用顾问机构作为沟通协调者，可加大控制层面。

（5）追踪控制：设有良好、彻底、客观的追踪执行工具、机构或人员，则可以扩大控制的层面。

（6）组织文化：具有追根究底的风气与良好的企业文化背景的公司也可以扩大控制的层面。

（7）所辖地域：所辖地域近则可多管，远则可少管。

五、责权对等原则

责权相互对等，是组织正常运行的基本要求。权责不对等对组织危害极大，有权无责，容易产生权利滥用等问题；有责无权会轻视责任，严重挫伤员工的积极性，也不利

于管理人员的培养。因此，在组织设计时，应着重强调职责权限的设置，做到职责明确、权利对等、分配公平。

六、专业化原则

在可能的范围内由各部门人员担任单一或专业分工的业务活动，将可加强企业面对多变竞争环境的适应能力。特别是对于以事业发展、提高效率、监督控制为首要任务的业务活动，应以专业化原则为主，进行部门划分和权限分配。当然，企业的整体行为并不是孤立的，各职能部门应做到既分工明确，又协调一致。

第三节 组织结构及其类型

自泰勒于19世纪末20世纪初首开组织理论研究之先河以来，系统的组织理论经历了从古典组织理论（泰勒、法约尔、韦伯）、开放系统理论（贝塔朗费）、权变理论（汤姆·布恩斯、斯托克、亨利·明茨伯格、劳伦斯、洛斯奇）、组织生态学理论（弗里曼、麦克弗森）、合作竞争理论（亚当·布兰顿、巴里·纳尔布夫、加里·哈默尔、普拉哈拉德）到组织生态系统理论（詹姆斯·弗穆尔）的发展进程。以组织为研究中心，沿着组织之间的关系和组织内部的结构与协调两条主线，由封闭转变为开放，由静态转变为动态，由强调效率、技术、组织结构与层次、规章制度等对组织效率的影响转变为强调人的感情、人性对组织效率的影响，由物质层次、管理层次转向意识层次，强调组织文化在组织发展中的作用，这些成为组织理论新的发展方向。

自工业革命以来，企业的设计、建立和组织，首先遵循亚当·斯密的理论和原理，把组织与企业分解为最简单、最基本的单元。自20世纪七八十年代以来，随着竞争环境的动荡多变，组织再造、组织学习、组织变革、组织转型等概念不断地被提出；随着生产模式的转变，组织形态从传统组织形式向敏捷、扁平化、权力分散的组织形式转变，网络型组织、虚拟型组织、学习型组织、交响乐队型组织等组织新形态纷纷涌现。雷蒙德·E. 米尔斯和查尔斯·C. 斯诺（1992）从组织结构的演变角度将组织结构划分为功能型公司、部门型组织、矩阵型组织和网络型组织。

一、几种常见的组织结构

（一）直线制组织结构

直线制组织结构的特点是：组织内的各级管理者都按垂直系统进行管理，其层次分明，命令的传达和信息的沟通只有一条直线渠道，呈高度的一元化领导结构。下级人员只接受一个上级领导的命令，只向一个上级汇报。如图 4-1 所示。

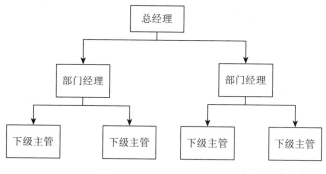

图 4-1　直线制组织结构

（二）职能制组织结构

职能制组织结构的特点是：采用按职能实行专业分工的管理方法来代替直线制的全能管理方法。各职能部门在自己的业务范围内可直接向下级下达命令和指示，直接指挥下级。下级接受来自组织内各职能部门的命令。命令和信息传递渠道较多，下级必须根据专业分工向不同的职能部门汇报。如图 4-2 所示。

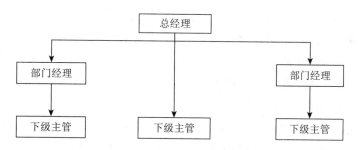

图 4-2　职能制组织结构

（三）直线职能制组织结构

直线职能制组织结构吸收了直线制和职能制两种组织结构的优点，既保持直线领导，又发挥专业分工的特点，职能部门在其专业范围内有业务指导的权力，但没有直接下达命令的权力，除非上级直线领导特别授权。如图 4-3 所示。

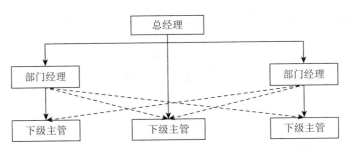

图 4-3　直线职能制组织结构

（四）事业部制组织结构

事业部制组织结构的特点是：把组织内部经营活动按产品（地区、顾客、设备等）的不同，划分为若干相对独立的经济实体——事业部。各事业部必须具有独立的产品和市场，独立核算、自负盈亏，在经营管理上是一个分权单位。每一个事业部是一个利润中心，对总公司负责，如图 4-4 所示。事业部实际上成为总公司的一个分公司或分厂。

事业部制组织结构的优点如下：

（1）有利于高层管理者摆脱日常繁杂琐事，而更专注于公司战略层面的决策，提高高层决策效率。

（2）各事业部具有较大的独立性，责、权、利关系明确。

（3）采用分权管理，组织有较大的适应性和稳定性。

（4）有利于管理人才的培养。

（5）可以充分发挥专业和分工优势。

事业部制组织结构的缺点如下：

（1）容易使各事业部只关心本部的利益，各事业部之间的协作不够，增加管理成本。

（2）公司和各事业部的职能机构重叠，人员较多，机构庞大。

（3）对各事业部一级的管理人才要求较高。

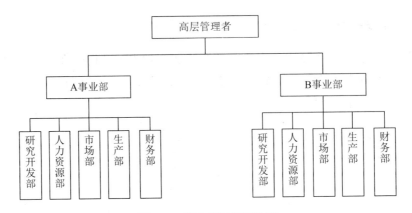

图 4-4　事业部制组织结构

（五）矩阵型组织结构

矩阵型组织结构的特点是：为了完成某一项特别任务，例如，组织一个专门的项目小组去从事产品的开发工作，在研究、设计、制造的各阶段，由有关职能部门派人参加，力图做到条块结合，以协调各相关部门的活动，保证任务的完成（见图4-5）。矩阵型组织结构的形式是固定的，但每个项目小组都是根据特定任务的需要组成的，任务完成后小组就解散，小组成员回原职能部门工作。所以，项目小组是随任务的变动而变动的，具有较强的灵活性和适应性。

矩阵型组织结构的优点如下：

（1）灵活机动和适应性强。

（2）有利于组织横向的沟通和协调。

（3）项目小组可集中各类专家的创造力，集思广益。

（4）项目小组的责任和目标明确，工作效率高。

矩阵型组织结构的缺点如下：

（1）项目小组是临时组织的，稳定性较差。

（2）对项目负责人要求高，但由于成员实行双重领导，项目主管和职能主管间的职责不易明确，容易产生责任互相推诿的现象。

（3）该组织结构规模上有较大的局限性。

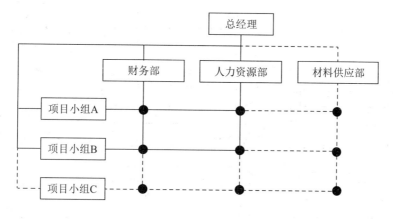

图4-5　矩阵型组织结构

（六）水平型组织结构

水平型组织结构的特点是：按照核心流程来组织员工。将特定流程工作的所有人员组合在一起，便于交流、沟通和协调，以便直接为顾客提供相应的服务。水平型组织结构跨越了原有的职能边界，明显减少了纵向层级。水平型组织结构是按业务流程，而不是仅仅根据任务、职能或地区来设立的，流程主管对各自的核心流程全面负责。组织设

计和绩效评估的依据是自我管理的团队，而不是个人（见图 4-6）。

水平型组织结构的优点如下：

（1）促进组织对顾客需求的变化做出灵活而快速的反应。

（2）将资源集中在提高顾客满意度和为顾客提供相应价值的服务方面。

（3）减少部门间壁垒。

（4）提高员工的参与精神和团队精神。

（5）由于上层管理结构的简化而使成本降低。

水平型组织结构的缺点如下：

（1）确定核心流程较为困难，而且时间耗费较多。

（2）威胁到传统管理者的权力，所以可能有阻力。

（3）需要在管理和控制思维方面进行改变。

（4）需要加强员工培训，使他们能在水平型组织中有效地工作。

（5）可能会制约部分员工在技能上的纵深发展。

水平型组织结构尤其适合不确定的环境，此时顾客的需求和市场条件会发生快速变化。它使组织能够管理好非常规的技术工作，并且协调好那些相互高度依赖的工作流程。它着重聚焦于顾客导向的目标，一般适用于拥有多种产品或项目的中型或大型组织规模。

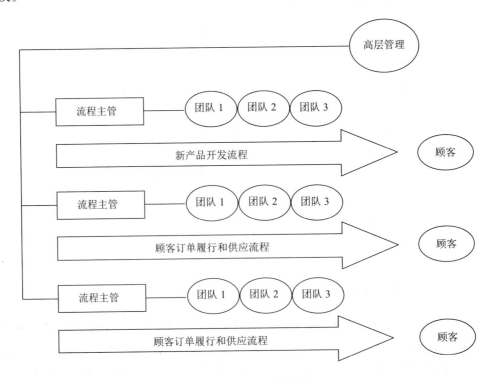

图 4-6　水平型组织结构

上述是几种常见的组织结构。组织结构本身不是目的，只是一种手段，它是组织为了实现其目标而设置的。企业采用何种组织结构，并没有一个统一的模式，也没有一种组织结构可适用于任何组织。组织结构的设计是根据企业所处的内部和外部环境来确定的，并随着企业的内部和外部环境的变化而变化和发展的。

二、现代企业管理模式

（一）学习型组织

信息化、全球化是当今时代的特征，知识经济替代工业经济是必然趋势，这意味着企业核心竞争力由自然资源转变为智力资源，由人才竞争转变为学习力的竞争。建立现代化的学习型组织，是 21 世纪的热点话题，有人称学习型组织是"21 世纪的金矿""未来企业的应变之道""21 世纪企业组织管理方式的新趋势"。

1. 学习型组织的特征

美国麻省理工学院杨通谊教授认为，学习型企业是最成功的组织形式。目前世界排名前 100 位的企业中，已有 40% 按学习型组织模式进行彻底改造。学习型组织具有以下六个特征：

（1）精简。在企业教育、员工积极学习的基础上，极大地提高人的积极性、创造性，减员增效。

（2）组织结构扁平化。减少层次，加强内部沟通，实施面对面领导，建立决策层、管理层、操作层在同一平面上工作的"平面化"管理模式。

（3）有弹性。无论市场如何变化，企业随时应变，抓住机遇，促进发展。

（4）不断超越自我，创造未来。

（5）善于不断学习。强调"全员学习""全程学习""团体学习"，不仅重视个人学习和个人智力开发，而且强调团体学习和群体智力开发。

（6）自主管理。使员工边学习边工作，自己发现问题，自己选定改革目标，自己调整分析，自己制定对策，自己组织实施，自己检查效果，自己评定总结。

所以，日本企业提倡"尊重每一个员工"，倡导"自发、自觉、自治"的"三自"精神。美国从 20 世纪 80 年代开始，实行面向人、重视人、以人为核心的管理，追求无缺点管理（零缺陷管理），强调一次把工作做好，要求厂家力求在设计、制造、销售、服务的每一个环节都做到无缺点。

2. 学习型组织的五项修炼

学习型组织的概念是由被誉为当代管理大师的彼得·圣吉（Peter M. Senge）在其著作《第五项修炼——学习型组织的艺术与实务》中系统提出的。他指出学习型组织必须经过以下五项修炼：

（1）自我超越。集中精力，培养耐心，客观地观察事实，培育积极的心态，树立真正的终身学习志向。

（2）改善心智模式。有效地表达自己的想法，同时以开放的心态接纳别人的意见。

（3）建立共同愿景，真诚地奉献与投入。

（4）团队学习。强调团队学习，促进组织学习，使团队和个人取得好的学习效果。

（5）系统思考。重新认识自己与自己所处的世界，把自己与世界联系在一起思考。

（二）网络组织

网络组织（Network Organization）几乎超出了扁平化结构，并且完全抛弃了组织的经典等级制职能结构模式。官僚制模型在从前只有较少竞争、比较稳定的市场环境中运转较好。为了应对当今无边界的先进信息技术和全球化这些革命性转变的挑战，组织结构设计正在向着网络结构的方向发展。

组合理论家麦尔斯和斯诺这样描述了网络组织："不分等级，具有高度的灵活性，由市场机制而非行政程序控制，具有这种新结构的公司根据它们的核心职能在商业价值链上排列自己，通过战略联合和外包来获取补充资源。"随着团队和外包（集中于核心能力，形成外部伙伴关系以完成组织的外围活动和职能）的出现，网络设计实际上已被现行组织所使用。塔伯斯科特和卡斯顿注意到这种网络组织是"建立在合作、多学科的团队和商务网络基础之上，在整个企业中形成网络。它是一个模块化组件式的并不僵化的组织建筑，商业团队作为委托人和服务者的功能在其中运转"。构成网络组织的基本特性是：拥有交换信息的统一标准，通过用户评估和合作激励来满足高绩效要求，关键业务流程网络化，等等。

（三）虚拟组织

虚拟组织（Virtual Organization）概念的出现，不是因为它描述了与网络组织不同的东西，而是由于这个名称本身体现了这个新的信息时代，以及在越来越多的全球公司里可以看到的合作与外包。不过，"虚拟"不是来自通常的虚拟现实这个含义，而是来自使计算机的存储能力看起来比实际能力大的一种方法——虚拟内存。虚拟组织要求有一个强大的信息技术平台。虚拟组织是那些寻求快速变化机会的公司聚集在一起所组成的临时网络。

与传统的并购不同，虚拟组织中才存在和合作伙伴参与分担成本、共享技能及进入国际市场的通路。虚拟组织中每一个成员都把它的核心能力贡献给组织。虚拟组织的关键作用如下：

（1）技术。信息网络可以帮助分布范围广泛的公司和企业家联系在一起并自始至终共同工作。合作关系建立在电子合同上，免去了律师的使用，而且加速了这种联系。

（2）机会主义。合作伙伴之间关系比较持久、不正式，而且是机会主义的。公司会为了得到所有特定的市场机遇而联合在一起，但是一旦这种需要消失了，这些公司通常也会分开。

（3）无边界。这种新型组织模式重新定义了公司传统边界的概念。竞争者、供应商及客户之间更多的合作使得公司之间的界限变得更加模糊。

（4）信任。这种关系使得不同的公司更加相互信赖，它要求比以前多得多的信任。这些公司都有一种"共命运"的感觉，意味着每个合伙者的命运都依赖于其他合作者。

（5）优秀。由于每一个合伙者都把它的"核心能力"努力贡献出来了，因此创建一个完美的组织是可能的。每一项职能和每一个过程都可以是世界级的，而单独的一个公司不可能做到。重要的是，虚拟组织可以提高其在全球化经济中的竞争力。与其他组织的联合及合作关系可以向世界范围拓展，在空间和时间上的相互依赖轻易地超越了边界，这一灵活性使得资源重新分配易于进行，从而在全球市场上实现机遇转换，并快速地抓住优势。

（四）智慧型组织

关于智慧型组织的概念，彭特·赛德马兰卡（2002）的定义为：一种能够持续不断地对自身革新，能预计到变化而且学习速度很快的组织。智慧可以理解为，加入人的直觉和经验，是感知和评价行为长期运行的结果，是一种合并性的构思和想象力。赵红（2004）则对生态智慧型企业的概念做了界定，认为生态智慧型企业是指那些能根据企业生态环境的变化，及时地调整采购、配送、生产和营销等企业经营活动，以及企业自身组织结构、管理制度、生产技术等内容，从而实现与企业生态环境动态适应并追求可持续发展目标的企业。周燕（2010）对智慧型组织的特征进一步探析，认为智慧是一种对事物能迅速、灵活、正确地理解和解决的能力。智慧型组织能够透彻了解并预测其生态环境中各种关系（如竞争、合作、竞合抑或共同进化）且能根据环境（自然环境、科技进步）的动态变化适时调整自身与外界环境之间的关系，及时做出决策，从而制定正确的竞争策略，并且持续更新、进化。

虚拟组织到学习型组织，再到智慧型组织，可以说是企业在竞争力方面的逐步飞跃。竞争力是智慧型组织的一项非常重要的资源。有人将当今时代称为"竞争力时代"，它描述的是在当前这个时代下，竞争力已经成为一项关键的资源，而且，技术的发展使我们获得了一些新工具，这些工具的获得使我们可以构建全新的结构和机制以增加价值。哈默尔（2000）则走得更远，他把我们当前的时代称为"变革的时代"，在这个时代中，财富的创造必须依靠对不连续变革过程中的机会的深刻洞察能力。学习是未来理想组织中一项至关重要的因素，但不是唯一的因素。未来成功的组织必须是高效的，而且它的每个组成部分都必须创造出最佳的绩效，这需要更多的集体智慧，而这些集体智慧必须从知识、能力和理解力中培养出来。

这样，未来的理想组织就可以被描述为智慧型组织，也就是能够持续革新，能预

计到变化而且能够快速学习的组织。一个智慧型组织能适应变革的快速节奏，而且它不是机械的，看起来更像一个活生生的有机体，它能控制自己的行动。智慧型组织需要通过各种方式来处理知识，因为知识在不断发生，它的目标就是按照环境的需要来应用和开发知识，这就要求在有效运用知识之前，必须理解知识，因此，有效运用知识的关键之一就是理解力。这样，就形成了一个智慧型组织的知识台阶。智慧型组织将在最高的台阶建立其知识平台，以保存其能力，用全新的视角来看待事物。

第四节　工作分析概述

一、旅游企业工作分析的概念和意义

企业所进行的各项活动都需要以具体的工作岗位为依托。旅游企业为了更好地进行人力资源管理，首先要做的就是对企业内部的各工作岗位进行系统的研究和分析，即旅游企业工作分析的主要任务。

（一）旅游企业工作分析的概念

工作分析用于人力资源管理领域已有近百年的时间，以"科学管理之父"泰罗提出的工作时间与动作为最早的研究。现在工作分析已被作为人力资源管理的基本模块固定下来，是人力资源管理的重要职能之一。

旅游企业的工作分析，也可以称为旅游企业的职位分析、岗位分析，它是旅游企业人力资源管理的一项职能活动，是指旅游企业为了了解组织内部的各类职位，对企业内部各类工作岗位的性质、任务、职权、各岗位之间的关系、劳动条件及环境，以及岗位资格条件所进行的系统研究，并按一定的格式规范制定出旅游企业工作说明书的过程。旅游企业工作分析的主体是工作分析者，客体是旅游企业内部的各类工作岗位，内容是与各个工作岗位有关的情况介绍，结果是涵盖各个职位有关信息的工作说明书。

（二）旅游企业工作分析的意义

工作分析是旅游企业人力资源管理的一项基础性的职能，在整个人力资源管理系统中发挥着重要的作用，是所有人力资源工作的核心模块，其重要意义如图4-7所示。

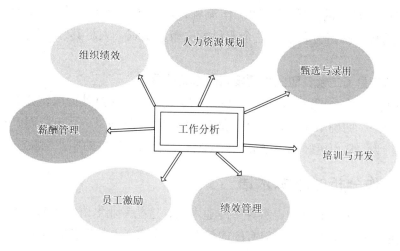

图 4-7 工作分析在人力资源工作中的核心地位

1. 工作分析为旅游企业开展其他人力资源管理活动提供依据

首先，为招聘、选拔任用合格的员工奠定基础。通过工作分析，旅游企业能够系统地总结各工作岗位所需人员在专业技能和文化水平方面的具体要求，而通过分析得出的这些信息和要求，实际上决定了旅游企业需要招收的员工种类，这就为旅游企业人力资源管理部门在选人和用人方面提供了客观的依据。

其次，为新老员工的任职培训提供明确的依据。借助对各个职位的工作内容和任职资格的明确规定，新员工可以以此为依据进行资格筛选和岗前培训，让其更加客观地了解自己所在岗位的特点和价值。对于在职员工，可以根据员工与岗位说明书资格要求之间的差距进行相应的培训，提高在职员工自主学习的能力，促进员工与岗位的协调匹配。

再次，提高员工绩效考评的科学性和客观性。根据工作分析的结果，人力资源管理部门可以制定各类工作人员考评、晋升的指标和具体条件，这就为员工的绩效考核提供了明确的标准，从而最大限度地减少了绩效考评过程中的不确定因素和主观因素，提高考评的科学性。

最后，促进薪酬制度的公平性和合理性。薪酬通常与工作本身要求工作人员所具备的任职条件和技能联系在一起，而所有这些因素是通过工作评价所呈现的。工作分析是工作评价的基础，工作评价直接影响薪酬制度的建立和健全，通过工作分析，旅游企业可以根据各工作岗位在企业内部不同的工作属性和创造的价值大小给予不同的报酬，从而确保旅游企业薪酬制度对内的公平性和激励性，以及对外的竞争性。

2. 工作分析为旅游企业实现整体管理奠定基础

在工作分析过程中，企业的人力资源管理部门可以根据计划期内工作总量和人员安排的变动，制订科学的人力资源规划，从而合理地预测人才供给与需求；还可以更

直观地了解企业经营的重要环节和工作流程，使旅游企业的人力资源部门上升到统筹企业发展的核心战略位置，促进企业科学决策，实现"人尽其才，岗得其人，能位匹配"。

3. 工作分析是员工制订职业生涯规划的重要前提

如前所述，工作分析以工作说明书的形式呈现，员工通过其可以充分了解本岗位性质、任务、权限，明确本岗位在整个企业中的作用和发展前景、晋升空间，对比、反省自己的工作行为，从而更好地促进员工自主制订符合自身发展的职业生涯规划。

二、工作分析的基本术语

在人力资源开发与管理中，有许多专业术语，这些专业术语中有的与人们在日常生活中所使用的术语有近似之处，但有的却与人们通常意义上的理解完全不同。

（一）工作要素

工作要素是工作中不能再分解的最小动作单位。例如，从工具箱中取出夹具、将夹具与加工件安装在机床上、开启机床、加工工件等均是工作要素。

（二）工作任务

工作任务是为了达到某种目的所从事的一系列活动。它可以由一个或多个工作要素组成。例如，工人加工工件、打字员打字都是一项单独的任务。

（三）工作责任

工作责任是个体在工作岗位上需要完成的主要任务或大部分任务。它可以由一个或多个任务组成。例如，车工的责任是加工零件、加工件的质量检验、机床的维护与保养，打字员的责任包括打字、校对、机器维修等任务。

（四）职位

根据组织目标为个人规定的一组任务及相应的责任，职位通常也称工作岗位。职位与个体是一一匹配的，也就是有多少职位就有多少人，二者的数量相等。例如，为了达到组织的生产目标，必须搞好生产管理，包括生产计划、生产统计、生产调度等，为此设置生产计划员、生产统计员、生产调度员、生产科长等职位。其中，生产计划员主要完成生产计划的编制和监督执行任务，对生产计划的质量负责；生产统计员完成生产信息的收集、分析传递等任务，对生产信息的准确性、完整性和及时性负责；生产调度员完成为实现生产计划所需的动态管理与控制任务，对调度的有效性和及时性负责；生产科长完成生产管理各方面的协调、指导、监督和指挥任务，对整个生产管理工作的质量负责。

（五）职务

职务是一组重要责任相似或相同的职位。如果在政府机关中，职务具有职务地位、职务位置的双重含义，例如，常务副市长和其他副市长，其职位虽然都是副市长，但其职务地位却不一样。在企业中，职位更强调职务的用人数量方面，通常把所需知识技能及所使用工具类似的一组任务和责任视作同类职务，从而形成同一职务多个职位的情况，即一职（务）多（职）位。例如，生产计划员、生产统计员、生产调度员这些职位均可由一人或两人甚至多人共同来担任，因而，这些职位分别构成对应的职务。而生产科长则由一人担任，它既可是职位，又可是职务。

通常职位与职务是不加区分的，但职位与职务在内涵上是有很大区别的：职位是任务与责任的集合，它是人与事有机结合的基本单元；而职务则是同类职位的集合，它是同一类职位的统称。职位的数量是有限的，职位的数量又称为编制；一个人所担任的职务不是终身的，可以专任也可以兼任，可以常设也可以是临时的，是经常变化的。职位不随人员的变动而改变，当某人的职务发生变化时，是指他所担任的职位发生了变化，即组织赋予他的责任发生了变化，但他原来所担任的职位依旧是存在的，并不因为他的离去而发生变化或消失。

（六）职位分类

所谓职位分类是指将所有的工作岗位（职位），按其业务性质分为若干职组、职系（从横向上讲），然后按责任的大小、工作难易、所需教育程度及技术高低分为若干职级、职等（从纵向上讲），对每一职位给予准确的定义和描述，制成职位说明书，以此作为对聘用人员管理的依据。

职系（Series）是指一些工作性质相同，而责任轻重和困难程度不同，所以职级、职等也不同的职位系列。

工作性质相近的若干职系总合而成为职组（Group），也叫职群。我国现有 27 个职组，43 个职系。

职级（Class）是分类结构中最重要的概念，指将工作内容、难易程度、责任大小、所需资格都很相似的职位划为同一职级，实行同样的管理、使用与报酬。

性质不同或主要职务不同，但困难程度、职责大小、工作所需资格等条件基本相同的职级都统称为职等（Grade）。同一职等的所有职位，不管它们属于哪一个职级，其薪金相同。如美国 3 级看护为第五职等，1 级内科医生也属于第五职等。我们可通过关于我国部分技术人员专业技术职务的一张表格来说明职组、职系、职级、职等之间的关系与区别（见表 4–1）。

表 4-1　职系、职组、职级、职等之间的关系与区别

职组 \ 职系	职等 职级	V 员级	IV 助级	III 中级	II 副高职	I 正高职
高等院校	教师		助教	讲师	副教授	教授
	科研人员		助理工程师	工程师	高级工程师	
	实验人员	实验员	助理实验师	实验师	高级实验师	
	图书、资料、档案	管理员	助理馆员	馆员	副研究馆员	研究馆员
企业	工程技术	技术员	助理工程师	工程师	高级工程师	教授级高工
	会计	会计员	助理会计师	会计师	高级工程师	
	统计	统计员	助理统计师	统计师	高级统计师	
	管理	经济员	助理经济师	经济师	高级经济师	

（七）其他相关术语

1. 职权

职权是指依法赋予职位的某种权利，以保障履行职责，完成工作任务。职责往往与职权是有密切关系的，特定的职责要赋予特定的职权，甚至是特定的职责等同于特定的职权。对生产信息的统计既是生产统计员的职责，又是其职权，而且是必不可少的职权。

2. 职业

职业是在不同组织、不同时间，从事相似工作活动的一系列工作的总称。例如，教师、工人、工程师等就是不同的职业。

3. 工作族

工作族又称工作类型，是指两个或两个以上的工作任务相似或人员特征要求相似的一组工作。

三、工作分析的流程

（一）旅游企业工作分析内容

工作分析是专注于收集、分析和整合与职位相关的信息，从而为旅游企业提供人力资源规划、组织设计和人力资源管理的依据。旅游企业开展工作分析所要解决的主要问题有两个：其一，旅游企业内部某一工作岗位的工作描述是什么？该问题涉及工作岗位的性质、任务、职权、岗位关系、工作要求和工作条件等一系列内容。其二，从事该工作岗位的任职资格是什么？该问题则与从事该项岗位的工作人员的任职资格有关，如专业、年龄、必备证书、工作经历等任职条件。

一般而言，旅游企业工作分析的基本内容包括以下项目：

（1）工作名称，即工作岗位的名称。

（2）人员数量，即岗位所需工作人员的数目和性别。

（3）组织位置及岗位关系，即该岗位在组织中的位置及其上下左右的关系。

（4）工作目标，即该项工作所要达成的工作目标，所需执行的工作任务。

（5）工作职责，即工作人员所应负的工作责任。

（6）工作知识和工作方法，即圆满完成此项工作所应具备的专业知识和具体方法。

（7）工作经历与经验，即是否需要工作经验，以及经验的具体要求。

（8）教育与培训，即工作人员所应具备的教育背景，以及新老员工的培训要求。

（9）体能要求和员工特性，即具体某一工作岗位对工作人员体能状况和特殊能力的要求，如视力、听力、推力、爬高等体能要求，辨别、记忆、计算机使用等工作能力。

（10）装备、器材和补给品，即工作岗位所使用的具体装备、器材。

（11）工作环境，即影响工作的室内、室外、温度、湿度等方面的环境特性。

（12）工作时间，即工作时数、天数，轮班与休班安排等。

（二）旅游企业工作流程分析

一般来说，旅游企业的工作分析是通过以下几个步骤来完成的。

1. 准备阶段

准备阶段的主要任务是了解被分析工作岗位的基本资料，与被分析者建立必要的联系，确定工作分析小组的主要成员，设计和规定搜集信息的对象和调查方案。具体工作如下：

（1）明确工作分析的意义、目的，根据工作分析的总体目标，通过查阅已有的资料，对旅游企业中被分析岗位的工作任务、对象和工作方法进行初步的了解。

（2）设计具体岗位的调查方案。

（3）确定此项调查的主要任务。只有确定调查分析的主要任务，才能正确确定调查的范围、对象、内容及调查方法，明确收集资料的内容、渠道。

（4）成立工作分析小组。为了保证工作分析的顺利进行，必须有一个分工明确的工作分析小组。工作分析小组中，通常由三类成员组成。一类是企业的高层领导，他们负责工作分析的战略方向，确认工作分析的正规性和合法性。一类是工作分析人员，他们是工作分析的主力军，主要由人力资源管理人员和被分析岗位的直接领导，或对被分析岗位非常熟悉的人员构成。还有一类是旅游企业外部的专家和工作分析顾问，由于其独有的专业性和经验，可以保证工作分析结果的客观性，有效防止工作分析的过程和结果出现偏差。

（5）确定调查项目和调查表格。在上述两项工作完成的基础上，要确定对整体工作岗位进行调查的具体内容，例如，工作岗位的基本情况和工作分析的各项指标等。调查项目的呈现形式一般表现为调查表格。调查表格通常是根据调查项目制订的统一的调查

问卷，并附带填写要求和说明，从而保证调查表格的有效性。

（6）组织相关培训。为了保证工作分析的效果，还应对工作分析人员进行相关的业务培训，使其学习并掌握相关的调查内容，熟悉具体的实施步骤、调查方法及注意事项。

（7）做好思想工作。为了搞好工作分析，应做好分析对象的思想工作，通过宣传、沟通，使其明确工作分析的目的和意义，消除误解和紧张，减少分析对象在分析过程中的抵触心理，从而有助于建立良好的合作关系。分析人员也应该明确工作分析对整个人力资源管理工作的重要性，提高对工作分析的重视。

2. 调查阶段

调查阶段的主要内容是通过工作流程图、组织图和工作说明书等，了解与分析对象有关的背景信息。根据准备阶段确定的调查方案，灵活运用访谈、问卷、观察等工作分析方法，广泛、深入地收集分析对象的各种数据资料，重点收集被调查员工对各种工作特征和工作特征的重要性及发生频率等的看法，并做出等级判断，从而对工作岗位进行认真、细致的调查研究。

调查阶段所应搜集的重要信息包括：（1）分析对象的背景资料。背景资料包括旅游公司的组织结构图、工作流程图、旅游企业的职位分类标准，以及之前存档的工作分析资料。这将有助于明确某一职位在整个旅游企业中的地位、上下级关系，从而更全面地了解该职位的具体情况。（2）分析对象的相关信息。相关信息一般通过工作人员、上级主管、服务对象、人力资源专家和顾问、职业名称辞典、以往的工作分析资料，以及工作岗位所有工作的具体程序、工作人员的工作职责和权力、工作要求（工作人员的兴趣爱好、精力和体力、教育与培训水平、工作经验等）、工作辅助设备（话筒、旅游巴士等）、工作绩效等。

调查阶段的具体工作有：（1）综合运用各种工作分析方法进行实地调查。选择工作分析的方法应选择能够了解实际行为、易于实施的方法。（2）针对工作分析的目的有针对性地收集与被分析岗位相关的各类数据。（3）要求被调查对象对其工作特性和员工特性的重要性做出等级评定，便于分清主次和重要程度。

3. 分析阶段

分析阶段的主要任务是对调查阶段收集的有关工作特性和员工特性的数据进行细致的归纳、总结和分析，以便揭示分析对象的特质，明确旅游企业内部各个职位的主要工作活动和关键因素。

需要注意的是，工作分析是对调查对象的工作情况特征进行分析，这种分析并非是对调查收集的资料进行直接的罗列，而是将具体某项职责分解为若干的组成部分，进而重新归纳总结，形成总结的基础数据。例如，旅游企业对旅游热线接线员接听旅游业务询问这项职责，经过分析应当描述为："按照公司的职责要求接听电话，熟练应答顾客问题，适时推荐旅游套餐。"而不是把所有的活动一一罗列："接起电话，介绍公司名称及主要业务，询问对方要求，根据顾客提问回答问题，推荐旅游套餐选择，记录顾客信息，挂上电话。"

此外，任职者是工作分析了解工作状况的途径，工作分析所关心的是职位的情况，与任职者无关。例如，某旅游企业中导游一职原本要求的是具有旅游管理专业本科学历的人来从事，由于用工荒、工资待遇等问题，现在这一职位是由一位具有公共事业管理专业毕业的专科生来担任，那么在分析该职位的任职资格中仍要将职位的任职资格规定为旅游管理专业本科学历，而不能根据现在的状况将任职的学历要求改为其他专业或其他学历。

分析阶段的具体工作有：（1）仔细核对、审查收集到的具体信息和数据。（2）以当前工作为分析依据，有针对性地分析、发现工作分析对象职责的关键事件、影响因素及存在的问题，进而指出任职者的职责要求。（3）归纳、总结工作分析总结阶段所需要的主要成分和关键要素，如岗位的职责、任务、工作性质与工作关系、职责权限等。（4）回顾工作分析准备阶段所确定的工作分析的主要任务，如果有所遗漏，或存在一定的困难，则说明对职位的调查分析还不够深入、全面，继续搜集缺少的分析素材，以确保工作分析按要求进行。

4.总结阶段

总结阶段为工作分析的最后一个阶段，其主要任务是将分析阶段的分析结果，综合提出工作描述和工作规范，用文字图表的形式，做出全面的归纳和总结，形成工作说明书或岗位规范、工作标准，进而提交高层领导批准作为正式的公司制度文件下达。

由此可知，此阶段的主要任务有三个：一是按照标准格式，编写工作说明书。二是对整个工作分析流程进行总结，找出分析过程中存在的问题及成功的经验，以寻求适合本旅游企业自身发展要求的工作分析方式。三是将工作说明书提交给高层领导审批、下达，从而将工作分析的结果运用于旅游企业内部的人力资源管理，真正实现工作分析的目的。

第五节　旅游企业工作分析的方法

工作分析目的的实现依赖于对工作任务和要求、工作环境等与职位有关的信息进行科学的收集。一般由人力资源管理者或工作分析专家在观察和分析的基础上，编写出一份工作说明书和一份工作规范。在此过程中，雇员及其上级主管也要参与此项工作。实践中，在具体的工作分析中可以根据自己的目的选择不同的工作分析方法。本节所讲的工作分析方法包括以下几种。

一、观察法

观察法是指工作分析人员通过感官或其他工具直接观察工作者在正常工作环境中的工作情况，记录某一工作周期该职位工作的内容、形式、过程和工作方法，并在此基础上，获取该职位的特点和方法，提出具体的分析报告。在应用此法分析时，可以用录像机等仪器测量具体的工作条件。

观察法是最为简单的一种工作分析方法，适用于重复性大的岗位，如流水作业的装

配工人。它的优点是工作分析人员能够直观地观察分析对象，能够比较全面地了解工作的要求和工作状况，获得工作岗位的第一手分析资料。但是，人们在有其他人观察的情况下，往往因为紧张而不能代表该职位最典型的工作状态。而且观察法的适用范围有限，不适用于脑力劳动者和处理紧急情况的间歇性工作。此外，观察法也是比较费时的。

要发挥观察法的最大效用，在观察前应准备较详细的行为标准；在对象选择上，应多观察几个人以使工作样本更具代表性，避免观察结果的偏差；在观察的过程中，要取得观察对象的理解和合作，防止产生误解；尽量不要影响分析对象的正常工作，保证观察结果的准确性。

客房服务员整理房间的任务说明

- 用手而不是用钥匙轻轻敲客人房门，并报知客人自己的身份。
- 等待客人回答，假如没有回答，服务员要再问是否现在可以整理房间。
- 还没有回答（无人），用钥匙开门。
- 开灯，以检查全部灯具是否正常。
- 把手推车放在门前。
- 移走用过的烟灰缸和盘子，并放在指定地点。
- 清除垃圾。
- 整理报纸。
- 调换用过的火柴。
- 除掉客人用过的床单、被单、枕套并放入手推车脏衣袋里。
- 将用过的大小浴巾、方巾、踏巾放进手推车脏衣袋中。
- 从车上取出干净的床具和卫生间的客用棉织品，拿到客房备用。
- 擦洗床架。按饭店规定的标准程序做床。
- 按饭店规定的标准程序清洗、整理卫生间。
- 吸尘（从里向外）。
- 擦拭陈设器具、家具等（a.客房门；b.衣柜；c.床头柜；d.床头板；e.电话机；f.壁画；g.空调机旋钮；h.窗架；i.衣柜；j.灯具；k.桌椅；l.电视机）。
- 补充室内客用品（a.床头柜上：烟灰缸及火柴、电话目录及服务指南；b.桌上：杂志、饭店服务项目指南、文件夹、送餐服务菜单；c.衣柜内：洗衣袋及洗衣项目价格表标准数量的衣架）。
- 关上窗帘。
- 站在门口最后目视检查一遍。
- 关上门灯并将房门锁好。

二、面谈法

面谈法是使用比较广泛的一种数据信息收集的方法。它是工作分析人员与分析对象面对面交谈以收集信息的方法。在工作分析中有着不可替代的作用，因为对于许多工作，特别是对于复杂和耗时的工作，如飞行员、医生等，分析人员不可能直接观察。面谈法的对象既可以是单独的雇员个体，也可以是从事同种工作的雇员群体，还可以是对分析对象的主管。

通过面对面的交谈，工作分析对象的承担者可以用简单的语言概括长期的、复杂的工作体会和感想，从而使分析人员简单、快捷地掌握工作分析所需的相关信息，适用性强。在面谈过程中，可以使雇员深切地感受到企业对其的关心，为雇员表达自己对工作的认识及了解工作分析的作用和功能提供了一个很好的机会。需要注意的是，由于工作分析经常被作为改变工资率和绩效评价的依据，面谈对象往往倾向于夸大自己对工作的付出、责任和工作的难度，弱化他人的某些职责。从而使收集的工作分析信息扭曲、失真。

在采用面谈法时，选择的分析对象，必须十分明确面谈的目的，并能客观阐述其工作职责。面谈之前应做到对最有价值的问题心中有数。除了了解工作分析对象的一般信息，应围绕工作目标、工作内容、工作性质和范围、工作职责等方面的重点和难点进行交谈。面谈过程中，态度要真诚，尊重被调查人，在出现不同观点时，避免与员工争论，积极培养一种融洽、轻松的气氛。

面谈法的常见问题

- 请描述您的一个典型的工作日。
- 您归谁管？
- 您有几个直接下属？谈一谈他们的主要职责。
- 请用一句话概括您的职责。
- 您的主要职责有哪些？
- 对于每一工作职责，您需要做什么？为什么？
- 您在每周中都有哪些活动？
- 您在每项活动中都投入多少比例的时间？
- 您的工作对脑力和体力都有哪些要求？
- 胜任您的工作需要些什么知识、技能、经历？
- 您的工作的主要成果（产出、产品）是什么？
- 您的工作做到怎样就可以说做得不错了？
- 您对业务目标的哪些指标负责？
- 您的工作环境和其他人的工作环境有什么不同？
- ……

三、工作日志法

工作日志法要求工作人员将每天的工作，从事的每一项活动，以日记的形式记录下

来。一般要做一周的日志以收集典型的工作分析数据。它可以为工作分析者提供一个非常完整的工作图景，详细了解工作的整体流程。同观察法一样，可以作为工作分析的第一手资料，如果日志详细，还可以总结出观察法难以观察的工作细节，可以避免信息在传递过程中的误差。在以连续同工作人员及其主管进行面谈为辅助手段的前提下，这种分析方法的效果很好。工作日志是工作人员自己主笔进行的，这需要工作人员离开工作岗位去写日记，这要花费很多时间。另外，在工作描述和工作记录上，如果准备得不好或对工作岗位了解得不透彻，都容易造成工作分析数据的准确性。

四、工作实践法

工作实践法是指工作分析人员亲自从事需要进行工作分析的工作，以搜集工作分析的相关数据。实践是了解和学习的主要方法，工作分析者可以通过身体力行的工作，了解需要分析的工作岗位的实际性内容及体力、知识、经验和环境等方面的要求。但是需要注意的是，由于工作实践法耗时耗力，所以只适合短期内可以掌握工作内容和要求的工作，如速递员、服务生等，而不适用于需要长期培训或需要技术含量较高的专业性、危险性工作，如网站设计、电路维修等。

五、调查问卷法

调查问卷法也是一种常用的工作分析方法，类似于面谈法，只是收集工作分析数据的形式是问卷。可以用常用的、可应用于不同组织的标准调查表来收集数据，也可以用特别设计的调查表收集特定组织的信息。调查问卷有效性高低的关键在于问卷设计的质量。一份设计精准的调查问卷可以很好地收集需要调查问题的方方面面，将员工回答问题时可能出现的误差调整到最小。

想要设计出理想的调查问卷需要花费很多的人力、物力和时间，设计费用比面试法、观察法等高很多，工作难度大，而且不易于工作分析人员与工作人员的正面交流，缺乏反馈。分析结果也受制于被分析者对待问卷的态度。但是，这种方法可以快速得到工作岗位的相关资料，比起面谈法、实践法等更加节省人力和时间，实施的费用比一般的工作分析方法低；对填写时间没有要求，减少因工作分析对在岗工作的影响程度，而且适用范围广泛；所取得的调查结果，还可以通过社会科学分析方法，进行数据处理，提高数据的可信性和精确性。

典型的调查问卷包括两部分：一是工作标志信息，询问被分析者的工作名称、个人经验、资格和学历、对待问卷的态度等问题；二是工作任务，即详细的工作活动表。有时，工作岗位的主管人在完成调查问卷时，还要评估每项工作活动对整体工作岗位的意义和比重等。

六、关键事件法

关键事件是指可以促使工作成功或失败的关键事件，或者是对于工作结果来说特别有效或者特别无效的工作行为。关键事件法是通过列举一系列的工作内容和要求来说明工作的关键事件，包括事件发生的原因和背景，员工特别有效的或多余的行为，关键行为的一般后果，员工能否支配和控制的一般行为后果。工作分析人员通过收集、分类分级、分析关键事件，总结关键事件发生的频率、重要程度，从而总结出工作的关键特征和行为要求，并以此作为确定该岗位任职资格的依据。这种方法的缺点是需要耗费大量的时间，且其分类的标准与工作绩效好坏有关，难以确定某项工作的平均绩效水平。

导游员的关键行为

- 遵守旅游行业相关政策独立宣传旅游产品，执行旅行社接待计划。
- 组织协调能力强，积极、主动、形象讲解旅游景点。
- 热情、妥善地处理游客的各种问题，如交通、住宿等。
- 有较强的理解能力和人际沟通能力。
- 语言表达能力欠缺，经常在介绍景点时忘词、口吃。
- 个人职业道德水平差，辱骂游客、强制游客在指定商场消费。
- 发车返回目的地遗漏游客，致使游客投诉或要求赔偿。

七、职位分析问卷法（PAQ）

职位分析问卷法是一种量化的工作分析方法，它利用清单的方式来确定工作要素，需要分析人员来填写的工作分析方法。这些项目能够概括出各种不同工作的工作行为、工作条件和工作本身的特点。职位分析问卷分为6个部分，包括信息投入、脑力过程、工作产出、同他人的关系、工作环境、其他特点。共包括194个要素，每个要素代表工作中起重要作用或者仅起不太重要作用的一个基本方面。而工作分析人员所要确定的是，这些要素对于某项工作来说，是否重要及其重要的程度如何。

职位分析问卷法具有广泛的适用性，它所提供的有关工作分析的信息可以用于不同工作间的比较，对于确定工作等级、计算薪酬比率、划分工作组非常有用。但是问卷较为复杂，普通员工如果不经过专门培训很难填写问卷表，所以在利用职位分析问卷法进行工作分析时，最好由专业的工作分析人员来填写问卷，而不是由任职者或其主管填写。另外，职位分析问卷通用化和标准化的格式容易导致工作特征的抽象化。

【知识链接 4-1】

酒店公关部的工作分析

一个酒店的公关部（推广部或市场传媒部）在整个酒店的管理运作中主要扮演两个重要角色：

第一，主导整个酒店的品牌策划，为酒店长期发展奠定坚实的形象基础。

第二，成为酒店产品推广的辅助性部门，为酒店各部门的产品推广提供强有力的宣传支持和策略参谋。

酒店公关部的基本职责包括三个方面：

1. 酒店整体形象策划和宣传

这项工作一般是酒店筹备期间的重点工作，主要是制定酒店初步的形象规范，比如酒店的标志设计、视觉形象（VIS）规范等。接下来的工作就是逐渐把这些规范逐步导入和实施，并逐步完善其功能和作用。一些与酒店管理公司签订管理合同的酒店一般会由管理公司提供一套比较完整的标准。

2. 酒店的产品辅助推广

大多酒店的产品包括客房、餐饮、会议、康乐等，产品推广从时间上可以分为：短期推广（如月度餐饮特价促销、季度客房促销等）、长期推广（一般产品的常规销售，如会议包价等）和定期推广（大多体现在节假日促销，如圣诞特价、新年、黄金周等）；从推广形式上来说，包括平面广告、电子广告、促销活动等。如果细分，店内媒介可分为海报、电梯广告、小宣传单页、促销台、电子屏等；店外媒介可分为杂志、报纸、邮递广告、电子邮件、手机短信、微博、微信等。

3. 酒店对外公共关系的联络与协调

这项工作包括酒店新闻事件、VIP客人接待（明星、政要、知名人士等）和酒店公共庆典活动（如开业庆典、挂星庆典、周年庆典等）。

第六节　工作说明书的编写

旅游企业的工作说明书也称为职位说明书或者岗位说明书，是旅游企业对各类工作岗位的性质和特征、任务、职权、各岗位之间的关系、劳动条件及环境，以及岗位资格条件等具体事项（工作分析的主要内容）所做的统一规定。

一、旅游企业工作说明书的分类

按照旅游企业工作说明书所说明的对象的不同，可具体分为：

（1）岗位工作说明书，即以具体工作岗位为对象所编写的工作说明书。

（2）部门工作说明书，即以旅游企业内部的某一部门为对象所编写的工作说明书。

（3）公司工作说明书，即以旅游企业为对象所编写的工作说明书。

二、旅游企业起草和编写工作说明书的具体步骤

旅游企业起草和编写工作说明书，首先，需要按照工作分析的流程顺序对企业内部

的岗位进行系统、全面的调查，并起草工作说明书的初稿。其次，由人力资源部组织工作分析专家组，包括岗位的部门经理、相关管理人员和工作分析专家，召开有关工作说明书的专题研讨会，对工作说明书的订正、修改提出具体的意见，逐段逐句地对工作说明书进行细致的修改。一般来说，一份科学的、可靠的、可行的工作说明书从初稿到定稿需要经过多次送审、删减，才能最终颁布执行。

三、旅游企业工作说明书的构成要素

工作说明书都包括两部分的内容：一是工作描述，也称为工作标准、岗位描述，反映的是职位的工作情况，如工作名称、所属部门等标准数据，同时要写出本职务的主要工作目标、任务及内容。二是工作规范，反映的是职位对任职者的各种要求，如学历、技能等。一般来说，一份内容比较完整的工作说明书包括以下几项具体内容。

（1）基本资料：主要包括职位标志，如职位名称、职位编号、上下级关系、分析日期等方面的识别信息。

（2）职位概要：一般是用几句简练的话概括说明这一职位的主要工作职责。例如，公司前台接待人员的职位概要可以描述为：负责接待客户的来电与来访，打扫前台卫生，整理宣传单页等行政服务工作，维护公司的良好形象。

（3）岗位职责：主要包括职责概述和职责范围，是职位概要的细化。以导游对话筒等外出宣传服务设备保养这一职责来说，其职责可以描述为：根据保养时间要求更换零部件和电池；定期检查设备的电量和运行情况，以免影响正常工作；保持对设备外借的所有记录。

（4）岗位关系：主要指某一职位在正常的工作情况下，与其他岗位、部门，甚至是企业部的部门发生的横向与纵向的联系。

（5）工作权限：为了确保工作的正常开展所必须赋予每个岗位与工作责任相协调的权限，以保证工作任务的完成。

（6）工作条件与环境：具体岗位在一定时空范围内工作的具体要求，如工作时间要求、工作地点要求和各种工作物质条件。

（7）任职资格：一般由所学专业和学历、资格证书、工作经验、专业知识和技能、工作时间、身体条件、心理品质等组成。1952年，罗杰曾将任职资格概括为七项：体貌特征、教育与经历成就、一般智力、特殊能力、兴趣、性格、特殊的工作环境。

（8）绩效考评：对员工进行德、能、勤、绩的全面的考核和评价，如平行、时效、质量等多个方面。

【复习思考题】

1. 什么是组织？
2. 组织设计的原则有哪些？

3. 常见的组织类型有哪些？请分别分析其优缺点。

4. 现代社会有哪些特殊的组织类型？其特征分别是什么？

5. 什么是工作分析？请描述工作分析的主要流程。

【案例分析】

职务描述书举例

某酒店餐饮部经理职务说明书

职务名称	餐饮部经理	职务部门	餐饮部	职位编号	301
职位等级	酒店中层	直属上级	总经理	分析日期	2014.4
职务概述	在酒店总经理的指导下，全面主持餐饮部日常生产和经营管理工作，对餐饮部经营管理负责任				
工作关系	1.受总经理监督，听从总经理的指挥 2.对直属上级负责，与同级人员协作，督导直属下级工作 3.与相关单位有业务指导				
任职条件及要求	文化程度：大专以上学历 岗位技能： 1.具有较强的管理能力和组织能力 2.善于经营，善于与人打交道 3.具有食品营养卫生知识，具有食物中毒的预防和食品卫生知识 4.具有实用美学知识，如装潢设计、环境布置、食品造型等 5.熟知各国的风俗习惯、宗教信仰和饮食习惯 6.具有基本的财务知识，能熟知各种财务报表分析、成本控制和预算				
工作环境	约30%的时间在办公室，60%的时间指导、检查督促、沟通研讨经营管理事项，10%的时间外出联系工作				

某酒店执行总经理职务说明书

职务名称	执行总经理	职务部门	行政层
直属下级	各部门第一负责人	直属上级	董事会
工作内容	1.全权负责处理酒店的全盘工作，领导全体员工努力工作，完成酒店所确定的各项目标并抓好直接分管部门的工作 2.制定酒店经营方针、管理目标，领导制订规章制度和服务操作规范，规定各级员工的职责并监督执行，主持酒店会议，审批酒店对内、对外的重要文件 3.负责规划建设企业文化，营造良好的企业文化氛围 4.领导制订酒店系列服务价目，制订市场拓展计划，检查营业进度和营业计划的完成情况，努力使酒店的经营业务顺利进行 5.建立健全酒店组织系统，使之合理化、精简化、效率化，协调各部门及下属之间的关系，创造一个高效率运行的酒店工作系统		

续表

工作内容	6.健全各项报表制度，阅读分析每日、每周、每季的各种报表；检查分析每月营业情况；督促和监督财务部门做好成本控制、财务预算等工作；检查收支情况，检查应收账款和应付账款，指导财务管理工作 7.有重点地定期巡视公共场所及各部门工作情况，检查服务质量，领导质检工作 8.与各界人士保持良好的公共关系，树立良好的酒店形象，并代表酒店接待重要宾客 9.抓好思想政治教育工作，打造优秀的、团结的管理团队，以身作则，关心员工，增强酒店凝聚力 10.指导培训工作，培养人才，指导各部门工作，提高酒店员工的素质和服务质量 11.对酒店的设施设备维护保养及安全管理负责 12.选聘、任免总监级（含）以下员工，对助理总经理的选聘和任免有相当的建议权，决定酒店的机构设置、员工编制及重要变革与人员变动，领导酒店各级员工的录用、考核、奖惩、晋升、调动等工作 13.负责与政务部门沟通联系并保持良好的合作关系 14.对公司董事会负责 15.完成上级交办的其他工作

某景区导游科科长职务说明书

职位名称	导游科科长	所属部门	导游科		
直接上级	旅游区主任	编制人数	1	薪资标准	
任职条件	1.学历：具有旅游专业专科以上学历或相当水平的学识 2.工作经验：具有 2 年以上相关管理方面的经验 3.基本技能及素质： （1）熟知《导游人员管理条例》，加强导游队伍管理 （2）具有良好的公关能力，能恰当地与游客交流 （3）具有一定的组织、计划、控制、协调能力 （4）掌握各导游员特长、特点、个性，加强员工素质培养 （5）以身作则，严于律己，秉公办事 （6）具有一定的领导管理能力及较强的亲和力 （7）熟悉本科室各项规章制度 4.个性：外向、富有激情、团队意识强烈、善于与人合作、敬业、富有奉献精神 5.体质：身体健康，能适应高强度工作				
工作内容	1.定期向旅游区主任汇报工作情况，并提出相关建议和措施 2.认真推行标准化服务制度，将细微服务、微笑服务贯彻到实际工作中 3.对导游员进行培训、考评 4.领导和组织全科室人员，加强学习，不断提高全科人员的服务意识，树立游客至上的意识 5.监督检查及调度导游员日常工作，发现问题及时解决 6.了解游客建议和意见掌握游客投诉信息，及时采纳和纠正，树立景区良好形象 7.搜集国内有关旅游工作资料 8.及时掌握旅游区游客动态情况，做好游客高峰期的预备工作，机动协调导游员工作 9.建立健全本部门的规章制度，以及负责对下属工作人员考核 10.做好上级交办的其他工作				

讨论题： 阅读以上三份职位描述书，对比其撰写方式的不同，思考可以分别做出哪些改进。

招聘与甄选

帮助读者提高对招聘求职者的工作有效性，通过掌握人员规划和预测、招聘流程和渠道选择、设计和使用求职申请表等基本知识，使读者有能力对招聘渠道进行选择，能够设计有效的招聘方案，以使企业能够招聘到一支高效、多元化、胜任的员工队伍。

 【学习目标】

1. 掌握招聘和甄选过程的每一个步骤；
2. 明确进行有效招聘的必要性；
3. 列举出内外部招聘的主要渠道；
4. 明确如何招聘一支多元化的员工队伍。

【导入案例】

不求最优秀、只求最适合：人岗匹配才是硬道理

某酒店总经理李某从国内某知名高校招聘了高才生小王担任其秘书，由于这个年轻小伙子亲和力强、反应敏捷、口齿伶俐，且文字功底好，文秘工作做得十分出色，深得李某喜爱。两年后，李某认为该给小王一个发展的机会，于是把他任命为酒店人力资源部经理，属下有10多位员工。谁知在半年内，先后有三个下属离职，部门工作一片混乱，业务部门对人力资源部也抱怨颇多。

原来小王从学校直接到酒店担任高管秘书，并不熟悉基层业务，从未从事过管理工作的他与同级、下属的沟通方式很不到位，决策理想化，让下属都觉得非常难受；同时，

他个人认为工作只需向总经理汇报，推行人力资源政策时没有必要征求业务部门的意见，于是，开展的一系列人力资源工作只徒增了业务部门的工作负担，却收效甚微。在各种内部压力下，小王最终递交了辞职信。

总经理任用小王担任人力资源部经理前缺乏全面、客观的评估，其决策的基础是建立在对小王的个人感情而非岗位要求上，这是风险极高的事情。酒店在开展内部招聘活动时，不能念及私情，坚持"人职匹配"是最重要的原则。如果让员工就职于一个与其才能不相适宜的岗位，不仅让被任用者身心疲惫，抑制其才能的发挥，而且还会影响其职业生涯的发展。

总结上述案例的教训，内部招聘的首要原则应是以业务需求为主，而不能使"轮岗"过于放任自流。比如酒店可根据战略与业务发展需要进行指令性的员工内部调配等。但是像案例中所述，不考虑业务需要，只考虑员工需求，大范围开展内部岗位轮换，是肯定要出问题的。所以，内部招聘要仔细权衡，全盘考虑，树立正确的理念，建立和完善相关的制度和机制，堵住一切可能导致内部招聘失败的源头。

总体来说，内部招聘的优点主要在于成本小、效率高、员工激励性强、工作磨合期短等方面，而内部招聘的弊端往往在于岗位有限，易造成内部员工竞争，直接影响彼此关系甚至导致人才流失。另外，内部招聘如果控制不好，易滋生内部的"近亲繁殖""团体思维""长官意志"等现象，不利于酒店的开放创新和茁壮成长。

第一节　招聘与甄选概述

员工招聘是人力资源管理的重要环节。企业在确定了人力需求、工作内容和员工任职条件后，就要进行员工招聘，吸引有能力和有兴趣的人士前来应聘，通过甄选，以适合和经济的方法，选出合适的人才为企业工作。招聘工作涉及招聘过程的管理、招聘渠道的选择、甄选方法和技术的应用及招聘成效的评估等。

一、招聘的目的和意义

招聘员工的重要性毋庸置疑，如果一个空缺的职位只有一位申请人弥补，那么企业就没有选择的余地。但是如果有 10 位候选人竞争，企业就可以择优选择更合适的员工填补职位。

（一）为企业获取满足其生产经营需要的人员

招聘需要根据企业发展的实际需要，利用各种科学选拔技术，为不同岗位挑选出最合适的人选，以实现人、岗和组织的最佳匹配，最终达到因事设岗、人尽其才、才尽其用的共赢目标。为企业补充新鲜血液、提升创新力。人才招聘是企业补充人力资源的最基本途径。组织内部的人事变动如升迁、降职、辞职、退休、解雇、死亡等诸多因素，使得企业的人力资源状况时刻处于变化中。招聘为企业补充人员短缺的同时，也带来了

"新鲜的空气和血液"，使企业充满生机与活力。这些新思想和新方法的加入，有利于组织创新和管理革新，对于创新型企业尤为重要。

（二）获取高质量人才，提高企业竞争力

现代旅游企业的成功更多地依赖于企业各级管理层和一线员工的素质与能力。这意味着旅游企业拥有员工的质量，在很大程度上决定着企业在市场竞争中的地位。招聘工作就是企业通过甄别、筛选，最后获得高质量人才的最佳途径。有效的招聘工作，不仅有助于企业经营目标的实现，还能加快人才集聚，打造企业核心竞争力。

（三）塑造企业形象，建立雇主品牌

人才招聘不仅仅是企业吸引和招募人才，应聘者也可通过人才招聘过程了解该企业的组织结构、经营理念、管理特色和企业文化等。招聘可使企业在其特定目标人群中树立独特的雇主形象，扩大组织影响力和知名度，从而更好地吸引、激励和留住最优秀人才、实现组织竞争优势。

【知识链接 5-1】

多家酒店集团入选"全美最佳雇主 100 强"

近期，《财富》杂志发布了 2017 年"全美最佳雇主 100 强"。此榜单是《财富》杂志综合了超过 232000 名员工的反馈编写而成，受访者全部来自于拥有至少 1000 名员工的大公司。这是《财富》杂志连续第 12 年发布榜单，谷歌连续 8 年霸榜占据首位，包括高盛在内的 12 家公司连续 12 年入榜，今年有包括 SAP 在内的 5 家公司新入榜。其中，希尔顿酒店排名第 26 位，凯悦酒店排名第 32 位，万豪国际排名第 33 位，四季酒店排名第 79 位。

希尔顿总裁兼首席执行官 Nassetta 表示："作为一家为他人提供人力服务的公司，我们的团队成员是公司成功的关键所在。令公司感到自豪的是，我们能够向团队成员提供个人和职业方面的帮助，而此举是我们致力于成为全球最好客企业所做的承诺之一。"

希尔顿一直在听取来自于团队成员的反馈，以确保公司能够向员工提供他们最关心的职业机遇、福利和奖励，包括：针对所有员工（包括钟点工和全职员工）的行业领先的福利，如产假、领养协助和 GED 协助项目，团队成员、家属和朋友可通过公司的 Go Hilton Travel Programs 获得专享的旅游折扣和福利。正在进行的年度答谢项目，能够让宾客、同行和经理表彰各个级别的团队成员，能够让团队成员为环境和当地社区提供支持。持续的学习和培养，能够帮助团队成员规划和管理其职业，并学习新的技能。

资料来源：每日财经网.希尔顿入选 2017 最佳雇主.

二、招聘的原则

第一，因事择人。企业应依据人力资源规划进行招聘，多招、错招都会给企业带来损失。除人力成本、低效率、不胜任等可见损失外，由于人浮于事对企业文化造成的不良影响，也会损害企业整体的氛围和做事效率。

第二，公开。招聘信息和流程等应该广而告之，公开公正。这样既可以在较大范围内吸引应聘者，使企业有更多的选择权；也会使候选人了解企业的程序公平，认同甄选结果。

第三，平等竞争。企业应对所有应聘者一视同仁，通过科学的甄选方法和规范的招聘流程对候选人进行测评，严格依据测评结果做出录用决策。这样做既可以选择优秀的适合空缺职位的人才，对其他员工也有激励作用。

第四，用人所长。招聘中，必须考虑候选人的专长，量才使用，做到"人尽其才""事得其人"，这对于企业和候选人双方都是有益的。

第二节　招聘的渠道选择

招聘岗位、人力需求数量、人员资质要求的不同及招聘费用的限制等，决定了招聘对象的来源与范围的不同，从而决定了招聘渠道的选择。员工招聘渠道主要包括：直接申请、员工推荐、广告、教育培训机构、政府职业辅导机构、职业介绍机构、人才公司（猎头公司）、职业协会、网络招聘、校园招聘、内部招聘等。可以通过以下主要步骤选择、确定适当的招聘渠道：

第一，分析单位的招聘要求。

第二，分析潜在应聘人员的特点。

第三，确定适合的招聘来源。按照招聘计划中岗位需求数量和资格要求，根据对成本收益的计算来选择一种效果最好的招聘来源（是内部还是外部，是学校还是社会等）。

第四，选择适合的招聘方法。按照招聘计划中岗位需求数量和资格要求，根据对成本收益的计算来选择一种效果最好的招聘方法（是发布广告、上门招聘，还是借助中介等）。

在选择招聘渠道时，一个重要的策略决定是选择内部招聘还是外部招聘。

一、内部招聘

内部招聘是指通过内部晋升、工作调换、工作轮换、人员重聘等方法，从企业内部人力资源储备中选拔出合适的人员补充到空缺或新增的岗位上去的活动。

企业本身是一个人才的蓄水池，由于工作和岗位的原因，很多人才的优点未能被发现，因此，公司现有员工是招聘的一个重要来源。内部招聘的最重要方式是竞聘上岗。竞聘步骤可按以下方法进行，部分企业可根据具体情况采用其中的若干步骤。

第一，发布竞聘公告，内容包括竞聘岗位、职务、职务描述书、竞聘条件、报名时间、地点、方式等。

第二，对应聘者进行初步筛选，剔除明显不符合要求的应聘者。

第三，组织必要的与竞聘岗位有关的测试。

第四，组织"考官小组"进行综合全面的"诊断性面试"。

第五，辅以一定的组织考核，对应聘者以往的工作业绩、实际的工作能力、上级主管和同事对其的评价等进行考核。

第六，全面衡量，做出决策，领导审批。

第七，公布决定，宣布任命。

（一）内部招聘的优点

1. 准确性高

从招聘的有效性和可信性来看，内部员工过去的业绩评价资料是较容易获得的，管理者对内部员工的性格、工作动机，以及发展潜能等方面也有比较客观、准确的认识，对内部员工的全面了解更加可靠，提高了招聘的成功率。

2. 适应较快

从运作模式看，内部员工更了解本企业的运营模式，与从外部招聘的新员工相比，他们能更快地适应新的工作。

3. 激励性强

从激励方面来分析，内部招聘能够给员工提供发展的机会，强化员工为组织工作的动机，也增强了员工对组织的责任感。尤其是各级管理层人员的招聘，这种晋升式的招聘往往会带动一批人的晋升，从而能鼓舞员工士气。同时，也有利于在企业内部树立榜样。这种良性互动影响，可以在旅游企业中形成积极进取、追求成功的氛围。

4. 费用较低

内部招聘可以节约大量的费用，如广告费用、招聘人员与应聘人员的差旅费等，同时还可以省去一些不必要的培训项目，减少了企业因岗位空缺而造成的间接损失。此外，从企业文化角度来分析，员工在组织中工作了较长一段时间后，已基本融入了本企业的文化，对本企业的价值观有了一定的认同，因而对企业的忠诚度较高，离职率低，避免了招聘不当造成的间接损失。许多企业都特别注重从内部选拔人才，尤其是高层管理者。

（二）内部招聘的缺点

1. 可能在组织中造成矛盾，产生不利的影响

内部招聘需要竞争，而竞争的结果必然有成功与失败，并且失败者占多数。竞争失败的员工可能心灰意冷、士气低落，不利于组织的内部团结。内部选拔还可能导致部门之间出现"挖人才"的现象，不利于部门之间的团结协作。此外，如果在内部招聘过程

中，按资历而非能力进行选择，将会诱发员工养成"不求有功，但求无过"的心理，也给有能力的员工的职业生涯发展设置了障碍，导致优秀人才外流或被埋没，削弱企业竞争力。

2. 容易抑制创新

同一旅游企业内的员工有相同的文化背景，可能会产生"团体思维"现象，抑制个体创新，尤其是当企业内部重要岗位主要由基层员工逐级升任，就可能因缺乏新人与新观念的输入，而逐渐产生一种趋于僵化的思维意识，这将不利于企业的长期发展。有研究表明，通用汽车公司20世纪90年代所面临的严重问题就是与其长期实行内部招聘策略有关。幸运的是，通用汽车公司已经意识到这点，后来开始注意吸收"新鲜血液"。此外，企业的高层管理者如果多数是从基层逐步晋升的，大多数年龄会较大，不利于冒险和创新精神的发扬。而冒险和创新则是新经济环境下企业发展至关重要的两个因素。要弥补或消除内部选拔的不足，需要人力资源部门做大量更细致的工作。

二、外部招聘

（一）外部招聘的渠道

企业外部巨大的劳动力市场是企业员工招聘的外部来源。外部招聘的渠道众多，下面主要介绍常用的几种。

1. 广告招聘

这是企业常用的一种招聘方法，其形式是通过广播、报纸、电视、网络等媒体做招聘广告。广告的内容一般包括4项，即招聘职位、招聘条件、招聘方式及其他说明。广告必须符合有关法律规定。例如，美国《平等就业机会法》就明文规定在就业上不得有年龄、性别、学历、民族等歧视。据此，招聘广告词中不得写有"招聘18~25岁女性服务员"，但可用富有朝气、敏捷、活泼、有引力、具有一定的工作经验等词句。

广告招聘的优点是信息面大、影响广，可吸引较多的应聘者，又由于在广告中已简略介绍了企业的情况，可使应聘者事先有所了解，减少应聘的盲目性。缺点是广告费昂贵，且由于应聘者较多，招聘费用也随之增加。

2. 人员推荐

人员推荐一般指本企业员工推荐或关系单位主管推荐。这种招聘方式的优点是，由于是熟人推荐，所以招聘应聘双方事先已有了解，可节约不少招聘费用。尤其对关键岗位的职缺人员、专业技术人员等，常用此法。缺点是由于是熟人推荐，有时会有碍于情面，而影响招聘水平。如果此类人员录用太多，易在企业内形成裙带关系，给管理带来困难。

3. 校园招聘应届毕业生

每年学校有大批应届毕业生，为企业招聘工作提供了大量的人选。企业招聘通常有两类人员：一类是经验型；另一类是潜力型。应届生属于后者，青年人进入企业，给企

业注入了活力，带来了朝气。但由于他们缺少实际工作经验，故企业必须投资进行培训。某些大公司还对新进公司的应届大学生，采用评价中心技术进行评估，选出发展潜力大的优秀者予以重点培养，若干年后不少人就可成为公司高级管理人员。

4. 职业介绍机构

职业介绍机构作为一种就业中介组织，承担着双重角色：既为企业择人，也为求职者择业。借助于这些机构，组织与求职者均可获得大量的信息，同时也可传播各自的信息。通过职业介绍机构招聘员工需要交纳一定的中介费，但对于尚未设立人力资源部门或需要立即填补职位空缺的企业来说，却可大大缩短招聘时间、节约企业费用。

其中，猎头公司是一种特殊的就业中介组织，专门为企业选拔中高级管理人员和专业技术人员提供服务。猎头公司往往对组织及其人力资源需求有较详细的了解，对求职者的信息掌握较为全面，在供需匹配上较为慎重，其成功率比较高，但其收费也相对昂贵。

5. 招聘会

招聘会是借助一定的场所，企业和应聘者面对面进行双向选择的一种人力资源市场。如定期或不定期举办的人才交流会、每周末为下岗员工设立的免费劳动力市场等。招聘会又可分为综合性招聘会和专业性招聘会。招聘会不同于就业中介，它是由供需双方在招聘会现场进行面对面的商谈，具有快速、高效、低成本的特点，是一条行之有效的招聘与就业途径。

6. 网络招聘

在 E 时代，招聘也搭上了"网络"这趟"东方快车"。由于这种方法信息传播范围广、速度快、成本低、供需双方选择余地大，且不受时间、地域的限制，因而被广泛采用。然而，网络招聘往往会吸引过多的应聘者，从而需要花费更多的时间进行筛选；部分网站还存在信息发布滞后、更新缓慢、信息失真等弊病；而且相关的法制建设尚不健全，网络招聘陷阱时有出现。

除上述介绍的 6 种常用的招聘方法以外，近年来还出现了竞赛招聘、电话热线、接待日等特色招聘方式。其实，在招聘方式上，企业只要能更有效地实现招聘目的便不失为一种好方法。

（二）外部招聘的优点

1. 带来新思想和新方法

从外部招聘来的员工对现有的企业文化有一种崭新的、大胆的视角，而较少有感情的依恋。从外部招聘优秀的技术人才和管理专家，可以在无形中给企业原有员工施加压力、激发斗志，从而产生"鲶鱼效应"。特别是在高层管理人员的引进上，这一优点尤为突出，因为他们有能力重新塑造旅游企业文化。例如，惠普公司的董事会，出人意料地聘用朗讯公司的一个部门经理来任首席执行官，以重塑惠普公司的文化。

2. 有利于招聘一流人才

外部招聘的人员来源广，选择余地大，能招聘到许多优秀人才，尤其是一些稀缺的复合型人才。这样可以节省内部培训费用。

3. 树立良好外部形象

外部招聘也是一种很有效的交流方式，旅游企业可以借此在其员工、客户和其他外界人士中树立良好的形象。

（三）外部招聘的缺点

1. 筛选难度大和时间长

旅游企业希望能够比较准确地了解应聘者的能力、性格、态度、兴趣等素质，从而预测他们在未来的工作岗位上能否达到旅游企业所期望的要求。而研究表明，仅仅依靠招聘时的了解来进行科学的录用决策是比较困难的。为此，一些旅游企业还采用诸如推荐信、个人资料、自我评定、同事评定、工作模拟、评价中心等方法。这些方法各有优势，但也都存在不同程度的缺陷。这就使得录用决策耗费的时间较长。

2. 进入角色慢

从外部招聘来的员工需要花费较长的时间进行培训和定位，才能了解旅游企业的工作流程和运作方式，增加了培训成本。

3. 招聘成本大

外部招聘需要在媒体发布信息或者通过中介机构招聘，一般需要支付一笔费用，而且由于外界应聘人员相对较多，后续的挑选过程也非常的烦琐与复杂，不仅耗费巨大的人力、财力，还占用了很多的时间，所以外部招聘的成本较大。

4. 决策风险大

外部招聘只能通过几次短时间的接触，就必须判断候选人是否符合本旅游企业空缺岗位的要求，而不像内部招聘那样经过长期的接触和考察，所以很可能因为一些外部的因素（如应聘者为了得到这份工作而夸大自己的实际能力等）而做出不准确的判断，进而加大了决策的风险。

5. 影响内部员工的积极性

如果旅游企业中有胜任的人未被选用或提拔，即内部员工得不到相应的晋升和发展机会，内部员工的积极性可能受到影响，容易导致"招来女婿气走儿子"的现象发生。因此，外部招聘一定要慎重。

第三节　招聘工作面临的挑战

员工的稳定性是衡量组织管理的重要指标，然而，随着企业内外环境的频繁变化和企业对人才重视程度的提高等，员工的离职率正在不断上升。当组织发生人员变动时，招聘是企业的最基本手段。新环境下，企业的招聘工作正面临着诸如文化匹配性、技能变化、员工忠诚度、员工的个人需求、经济与行业波动、业务外包等多方面的挑战。

一、文化匹配重于技能高超

一般认为，招聘最佳人选，除了技能与岗位要求的匹配，最重要的便是与企业文化相匹配，能融入整个团队。如果员工和组织之间不匹配，不仅会影响工作绩效，还会影响员工个人的发展和部门与组织的效能。因此，在考虑谁是最佳人选时，必须考虑以下三个问题。

第一，最直接的问题：在组织中取得成功的大多数员工都有哪些品质？

对现有的成功员工共性的分析，是判断应聘者是否与组织匹配的最简单办法。除了工作能力，也要评估成功的员工在日常工作中展现的忠诚度、决断力、工作热情和其他无形因素。

第二，最直观的问题：哪些品质容易赢得尊重？哪些会使员工陷入孤立？

如果在招聘中误判应聘者文化的匹配性，那么在此后的试用阶段仍可以进行有效的观察。

例如，美国加州的托伦斯市，一家新创立的电子病历公司聘用了两名经验丰富的程序员负责监督对保存病历数据库的开发。其中一名程序员很容易就和其他员工打成一片，另一人则整天独自坐在电脑前。在后者为公司工作的 3 个月里，其他员工尝试过让她加入到谈话中，并邀请她参加下班后的活动。她虽然表现出对工作发自内心的热爱，但她最终也没办法和公司文化融为一体，因为与其他员工在一起研究数据时，其个性表现得太过于古怪。

丹尼斯·克劳蒂尔到新创立的沃奇卫士技术有限公司担任销售副总裁时，也曾怀疑自己能否适应新公司。谈到此前在宝洁公司从事销售的经历时，他常开玩笑说："我只是一个漂白剂销售员。"其他员工几乎全都是技术背景，但他的个性能很好地和他们融为一体。

第三，最易被忽视的问题：如何描述组织文化？

不要混淆"使命"和"文化"，这是很重要的。一家玩具公司可能表面上有一个看起来很幽默的使命——"制造为孩子带来欢笑的产品"，但其组织内部的文化却很紧张、很苛刻。反过来也一样。尤其需要让自己了解也让对方了解，你的组织的冒险程度如何。冒险可能是你公司的组织文化和做事方式的一部分，也可能你的组织非常反对冒险，以至于将一切工作流程都文本化，从销售陈述到人力资源操作，以使公司保持"安全"。

需要明确的是，江山易改本性难移，这个道理对于个人和组织来说都适用。所以无论是个人还是组织，其思维方式与价值观都具有很强的稳定性，员工与组织的文化匹配程度会表现出相当的稳定性。因此，在这方面的考量基本属于静态挑战。

二、技能要求变化加快

相对于文化性，作为对应聘者另一个基本考量因素——技能，其变动性就大得多。由于技能要求的变化和员工自身技能的老化（尤其是那些需要创造力或体力的岗位），会使现有员工的技能与组织要求出现不匹配，使得组织迫切需要招聘新员工。

招聘具备所需技能员工的最大困难，在于如何评估求职者的实际能力。不管求职者的简历怎么写，在判断他是否适应工作时，还是很容易犯错。更重要的是，通过简历和面试，不可能了解员工的学习能力和对未来技能变化的适应能力。为减少这种风险，企业招聘中常常出现"名校崇拜"现象——一方面名校生被认为学习能力更强，另一方面即便出现不匹配，HR 也会自辩：我把最好的学校的学生都招来了，还能怎么样？员工的实际能力和企业需要之间普遍存在的不对等，这被经济学家们称为"人力资源供需动态失衡"。

三、忠诚度发生质变

对员工技能的评估虽然不易，但毕竟仍有路径可循。为组织寻找合适的替补人选所面临的另一个挑战为忠诚和承诺程度的评估。如果员工感到被欣赏且能从事有意义的工作，就可能一直保持忠诚。但是，当工作不再有趣或出现更好的工作机会时，很少有员工会觉得自己有义务留下来。这就出现了所谓的"新忠诚"概念，也就是所谓的契约精神——只要还在那儿工作，就对雇主和工作保持忠诚，不管这个工作是持续几个月，还是几年。

忠诚是双向的，如果雇主想要得到忠诚，就必须先付出忠诚。作为一名管理者，如果能将雇主和员工对彼此的期望联系起来，就能够洞悉组织在忠诚度方面存在的问题。具体来说，雇主对员工在忠诚方面的希望主要是：遵守公司政策和程序；能够留在公司长期工作；向他人赞扬公司，等等。员工对雇主的主要希望则是：关心他们的职业发展和保持工作与家庭平衡的需要，并给予支持和鼓励；支付公平公正的薪酬；提供公平公正的工作制度，等等。

四、员工需求差异与变化交织

与员工忠诚度密切相关的一个方向，是员工的个人需求。员工对工作环境的需求会随着年龄变化而变化，这种变化分为两个方面：首先是不同年龄的员工会有不同的需求；其次，随着时间与年龄的变化，同一个员工的需求也会发生变化。即便是年龄相同的员工在同一个时间里，其需求也会有不同。

"婴儿潮一代"（1968 年前出生）：期望工作时间有弹性；强调团队合作和友善的环境；政策、程序和业绩预期是一致的、连贯的；公开表扬员工的工作，尤其是奖励长时间工作的个人。

管理人员可能会认为这一代人的影响力正在减弱，因为他们已经或将要退休。事实上，人类和职场寿命的提高，以及继续接受智力挑战、创造成果的愿望，使得这个群体仍然对工作场所发挥着重要影响。

中生代员工（1969—1983 年出生）：希望获得领导的日常关心，但又允许独立性；不太重视政策，注重结果而不是任务；重视培训和发展机会；支持和鼓励工作与个人生活的平衡；提供最新的设备和技术。

新世纪员工（1983 年之后出生）：希望提供最新的设备和技术；工作有趣、多样化；努力创造不同；政策、程序和业绩预期是一致的、连贯的；被认为是积极乐观的；鼓励个人工作者创造影响。

在建立多代同堂的员工队伍时，要考虑这些不同的价值观相互交叉的方式，以及如何在实际工作环境中并存。例如，"婴儿潮一代"及新世纪的员工似乎都重视政策、程序和绩效预期的一致施行。中生代的人虽然不注重政策，但他们觉得自己被区别对待或被政策伤害时，他们也会改变想法。

同样，"婴儿潮一代"的人注重团队合作，但有了尊重，才会有成为一个牢靠队友的可能，有了想成为一个好的队友的愿望，自然就需要相互尊重。再把新世纪员工对有趣的追求和对多样性的欣赏加进来，就很容易看出团队合作和尊重的基础是什么。中生代对工作与生活平衡的追求，再次反映了以尊重为核心的价值观。

五、经济与行业荣衰起伏

全球经济或一国的经济，总会周期性地上下波动，并且必然会导致行业的变动；当然，即便周围的世界正在分崩瓦解，只要你所在的行业繁荣发展，你和竞争对手也能从一个共同的人才库中找到新的雇员，此时的经济状况有利于雇主；相反，竞争激烈的时候，你和竞争对手激烈地争夺人才资源，这时候的经济状况对员工有利。总之，雇主和求职者在两种不同经济环境下呈现的心态不同。

（一）当经济状况对求职者有利时

（1）员工或求职者会在待遇、工作环境上提出更多的要求。

（2）员工或更容易对雇主产生怨恨，使雇主—雇员关系受损。

（3）员工或已经承诺的求职者更容易突然离开——通常是找到更匹配他们的薪酬期望和兴趣的工作后，在没有任何通知的情况下离开。

（4）雇主可能会抱怨员工薪酬待遇期望值的膨胀。

（5）雇主会被迫要用他们认为并不太理想的员工来担任某些职务。

（二）当经济状况对雇主有利时

（1）雇主不会热情地回应求职者提出的要求。

（2）雇主会觉得提高期望值是合理的。

（3）求职者更可能选择他们一向不会考虑的工作。

（4）求职者可能接受低于预期的薪资。

（5）求职者往往接受不合心意的聘用条件。

六、业务外包不断发展

越来越多的公司将自己的工作外包给其他国家的人员。这给有的人带来了就业机会，但也使很多人失去就业机会。例如，外包已经导致美国很多工人失业，据美国劳工部统计，2015年美国"外包"给海外的工作机会增加到330多万个，相当于2005年的近6倍，涉及的工作种类包括管理、商业、计算机、建筑、生命科学、法律、艺术设计、销售和办公室工作等。

海外外包的增长主要是因为海外教育状况的提升，以及全球市场竞争日趋激烈，使得很多公司都面临着降低成本的压力。

外包是节约成本、利用时差和走进顾客所在地的一个良方，但这一方法也有弊端：对国家来讲，一些高薪工作和技术性知识将流失到国外；在组织中，这很可能对员工的士气产生消极影响。

面对以上这些招聘挑战带来的成本压力与技术压力，一个应对挑战的办法，便是将人力资源的管理外包。当然，人力资源的外包，也会带来新的问题和挑战。

第四节　招聘与甄选的程序

工作分析确定了旅游企业中每个职位的工作职责和人员要求，接下来就是要填补每一个空缺的职位，完成招聘和甄选通常需要经过如下一系列活动，如图5-1所示。

● 通过人员规划和预测决定哪些职位需要新人填补。

● 通过企业的内外部招聘，建立空缺职位的候选人才库。

● 对填写求职申请的候选人进行初步的甄别面试。

● 通过心理测试、背景调查和体检等流程确定恰当的候选人。

● 由空缺职位的直接上级或相关人员做出录用决定，发出录用通知。

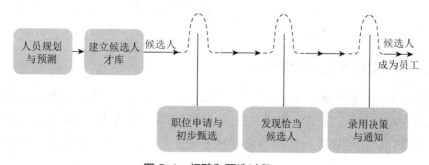

图5-1　招聘和甄选过程

员工招聘是一个复杂、完整、连续的程序化操作过程，人力资源是企业最重要的资源，招聘是企业与潜在员工接触的第一步。人们通过招聘环节了解企业，并最终决定是否愿意为它服务；从企业的角度看，只有对招聘环节进行有效的设计和良好的管理，才能以较低的招聘成本获得高质量的员工。

员工招聘的程序大致可分为制订招聘计划、发布招聘信息、应聘者资格审查、测评与甄选、录用决策、招聘评估六个阶段。

其中，制订招聘计划包括招聘需求的确定、招聘计划的编制和审批。发布招聘信息包括发布渠道的选择、宣传活动的开展等。应聘者资格审查则涉及求职申请表的设计、申请资格的确定和资格审查等。测评与甄选主要包括面试、笔试和其他各种测评活动、体检和背景调查。录用决策则包括发出录取通知、签订劳动合同及试用期的管理等。招聘评估主要是对招聘结果的成效评估和对招聘方法的效益评估。

一、制订招聘计划

招聘计划是人力资源部门根据用人部门的增员申请，结合企业的人力资源规划和职务描述书，明确一定时期内需招聘的职位、人员数量、资质要求等因素，并制订具体的招聘活动的执行方案。

（一）两个基础

招聘计划的编制建立在人力资源规划和职务分析两项基础工作之上。人力资源规划决定了企业在未来的一段时间里，为达成战略目标预计要招聘的职位、部门、数量、时限、类型等因素。职务分析则对企业中各职位的责任、所需的资质进行分析，它为招聘提供了主要的参考依据，同时也为应聘者提供关于该职位的详细信息。人力资源规划和职务分析两项基础性工作使招聘能建立在比较科学的基础上。

（二）确定需求

员工招聘需求是根据企业的人力资源规划和用人部门的增员申请确定的。人力资源规划是为了保证未来人力资源的供给与战略目标的一致性，用人部门的增员申请则反映了用人部门的实际需求，它可能会与规划有一定的出入。用人部门在出现人员短缺时会定期向人力资源部递交增员申请表，人力资源部复核并签署意见后交上级主管领导批准，最后汇总编制企业的增员计划表。

（三）制订招聘活动执行方案

执行方案是根据招聘需求制订的具体行动计划，包括：招聘小组的人员和具体分工；招聘信息发布的时间、方式、渠道与范围；招聘对象的来源与范围；招聘方法；招聘测试的实施部门；招聘预算；招聘结束时间与新员工到位时间；招聘评估的内容和指标；等等。

二、发布招聘信息

发布招聘信息的目的是吸引足够数量的应聘者以供筛选。从企业获得求职申请表开始，经过一轮又一轮的筛选，应聘者的人数越来越少，就像金字塔一样。如果在发布招聘信息这一环节上没有吸引到足够数量的合格的申请人，企业就无法获得符合要求的人才。到底为招聘到某种岗位上足够数量的合格员工需要吸引多少应聘者？这可以根据过去的经验数据来确定。招募产出金字塔就为我们提供了这样一种经验分析工具。如果某家旅行社想要在下一年招募50名新的销售经理。如图5-2所示，根据以往经验，这家公司还要知道如下比例关系：

- 拿到录用通知的人与实际入职的人的比例（例如，2:1）。
- 参加面试的人和面试后拿到录用通知的人的比例（例如，3:2）。
- 收到面试通知的人和参加面试的人的比例（例如，4:3）。
- 通过各种招募渠道与公司取得联系的求职者与能参加面试的人的比例（例如，6:1）。

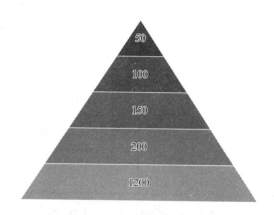

图5-2　招募产出金字塔

在上述比例的情况下，这家旅行社就知道要招募50名销售经理，就必须在一开始获得1200位求职者的信息。

三、应聘者资格审查

这一环节主要包括求职申请表的设计、申请资格的确定和资格审查三个部分。

（一）求职申请表的设计

求职申请表内容的设计要根据工作岗位的内容而定，设计时还要注意有关法律和政策。例如，有的国家规定种族、性别、年龄、肤色、宗教等不得列入表内。图5-3展示了某旅行社公司的求职申请表。

■ 个人情况，包括姓名、年龄、性别、婚姻、地址及电话等。

■ 工作经历，包括目前的任职单位及地址、现职任务、工资、以往工作简历及离职原因。

■ 教育与培训情况，包括本人的最终学历、学位、所接受过的培训。

■ 生活及个人健康状况，包括家庭成员、健康状况（须医生证明）。

■ 其他。

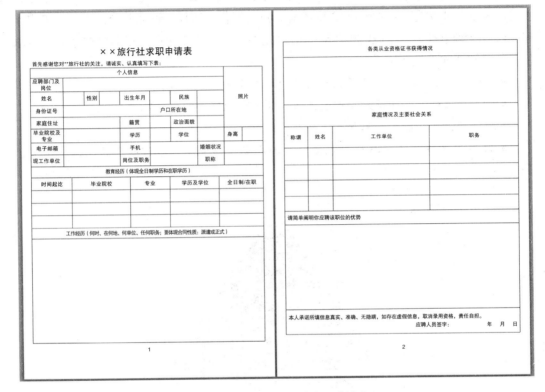

图 5-3　某旅行社公司的求职申请表

（二）申请资格的确定

申请资格是企业对应聘者的最低要求，一般只涉及学历、专业、工作经验、年龄等基础条件。

在确定工作申请资格时，组织有不同的策略可以选择。一种策略是把申请资格设定得比较高，于是符合标准的申请人也就比较少，然后组织花费比较多的时间和金钱来仔细挑选最好的员工，如采用测评中心等方法和技术。这种策略往往是在招聘重要岗位时使用。另一种策略是把申请资格设定得比较低，于是符合标准的申请人就比较多，组织就有比较充分的选择余地，这时一般不会采用昂贵费时的测评方法和技术，所以招聘的成本会比较低。如果劳动力市场供给形势比较紧张，组织也缺乏足够的招聘费用，同时招聘的工作对于组织不是十分重要，就应该采取第二种策略。

（三）资格审查

资格审查就是根据前面所确定的申请资格标准对应聘者的求职申请表进行审查，也称为初选或初审。

审查求职申请表时，要估计背景材料的可信程度，要注意应聘者以往经历中所任职务、技能、知识与应聘岗位之间的联系。要分析其离职的原因和求职的动机。对于那些频繁离职、高职低求、高薪低就的应聘者要一一列出，以便在面试时加以了解。对应聘高级职务者还须补充其他个人材料。初审时，对明显不符条件者可予以淘汰。

四、测评与甄选

测评与甄选是指对初审合格的应聘者进行面试、笔试和其他各种测评，以及对测评合格的人员进行体检和背景调查，最终确定候选人的过程。在进行人员测评和人员分析时应注意以下几点：

第一，注意对能力的分析。不能盲目被应聘者的学历等外在条件所吸引。

第二，注意对职业道德和高尚品格的分析。在市场竞争日益激烈的今天，有的人有能力但缺乏操守。这些人能适应市场的变化，却缺少内在的坚强，缺少对个人品行的修炼，缺少对事业执着的追求，缺少职业道德的训练。所以，要选择德能兼备、品学兼优的人员。

第三，注意对特长和潜力的分析。特长反映了一个人的先天气质和后天兴趣，潜力标志着个人在未来可能达到的高度。两者对企业都可能产生重大的作用和贡献。因此，招聘者必须独具慧眼。

第四，注意对个人的社会资源的分析。个人的社会资源是家庭、朋友、老师和个人长期积累起来的良好的社会关系。这些社会资源对某些企业来说无疑是一笔财富，分析甄选时应加以重视。

第五，注意对成长背景的分析。成长的背景、家庭的背景对一个人的心理健康是至关重要的，而心理健康直接关系到一个人的情商。所以，在测评和甄选中，要有技巧地了解对方的心路历程。

第六，注意面试中的现场表现。面试是一个人综合能力和综合素质的体现。面试中的现场表现，包括应聘者的语言表达能力和形体表达能力、控制自身情绪的能力、分析问题的能力和判断能力等，还包括他的素质、风度、礼貌、教养和心理的健康。

当然，以上的测评和分析要建立在合法、公平和科学的基础上。测评与甄选是招聘工作中最关键的一步，也是技术性最强的一步，因而其难度也最大。关于人员测评与甄选的方法和技术将在下面专节讨论。

五、录用决策

组织在做出录用决策时应注意以下几个问题：

第一，信息的准确可靠。包括应聘人员的全部原始信息和全部招聘过程中的现实信息，如年龄、性别、毕业学校、专业、学习成绩、工作经历、工作业绩、原领导和同事的评价，以及在应聘过程中各种测试的成绩和评语，都必须是准确、可靠、真实的信息。

第二，资料分析方法的正确。注意对能力的分析，包括沟通能力、应变能力、组织能力、协调能力；注意对职业道德和高尚品德的分析——工作中所表现出的忠诚度、可靠度和事业心；注意对特长和潜力的分析——对具备某些特长和潜力的人要特别关注；注意对个人的社会资源的分析——个人的社会资源对企业无疑也是一笔财富；注意对个人的学历背景和成长背景的分析——学历背景包括毕业的学校、专业、攻读的学位，可用以完善其知识总量、专业能力等方面的信息，成长背景包括对其成长环境、成长过程、家庭影响和对其有重要影响的人和事，可用以完善其个性和心理健康等方面的信息；注意面试中的现场表现——面试是对一个人综合能力和素质的测评，包括语言表达能力、形体表达能力、控制情绪的能力、分析问题的能力和判断能力。

第三，招聘程序的科学性。企业在招聘过程中大致需要经过四个环节：人力资源部的初步筛选；业务部门进行相关业务的考察和测试；招聘职位的最高层经理和人事招聘专员的测试；进行能岗匹配度分析。

第四，考官的素质。考官的素质水平直接影响着应聘者被录用的概率，主考官的素质越高，招聘录用的成功率就越高，而其他考官也应具有较高的素质以辅助录用工作的顺利开展。

第五，能力与岗位的匹配。即某个人的能力完全胜任该岗位的要求（人得其职）；岗位所要求的能力这个人完全具备（职得其人）。

录取通知通常经过面谈或电话告知应征者。在口头通知后，还要以书面形式加以确定。通知应征者录用消息时应充满热情，最好亲自向应征者告知录取消息；继续从应征者那里了解其所关心或担心的问题，了解其何时能做出接受录用的决定。

做出录用决策之后，后续的工作还包括发出录取通知、签订劳动合同及试用期的管理等。

六、招聘评估

员工招聘评价是对整个招聘活动的总结，有助于积累招聘经验，改善企业招聘方法。员工招聘的评价主要从以下四个方面进行。

（一）数量评估

招聘数量的评估是指录用人数与招聘需求人数是否统一，通常使用录用比、招聘完成比来进行评价。通过数量评估，分析招聘在数量上满足或不满足需求的原因，有利于找出各招聘环节上的薄弱之处，改进招聘工作；同时，通过录用人员数量与招聘计划数量的比较，为人力资源规划的修订提供依据。

（二）质量评估

招聘质量的评估是指对新录员工的工作表现的评价，体现在新员工入职后的工作绩效表现等方面，实际上是招聘时对其能力、潜力、素质等进行的各种测试与考核的延续。当然，录用比和应聘比这两个数据也在一定程度上反映了录用人员的质量。

（三）信度与效度

信度与效度评估是对招聘过程中所使用的方法的正确性与有效性进行的检验，通过对招聘工作的信度与效度进行评价，将大大提高以后招聘工作的有效性。

其中，信度是指测试结果的可靠性或一致性，体现为应聘者多次接受同一个考核目的的测试结果都一致或相似，即或者不产生错误，或者产生同样的错误。通常信度可分为：稳定系数、等值系数、内在一致性系数、评分者信度。

稳定系数是指用同一种测试方法对一组应聘者在两个不同时间进行测试的结果的一致性。一致性可用两次结果之间的相关系数来测定。相关系数高低既与测试方法本身有关，也跟测试因素有关。等值系数是指对同一应聘者使用两种对等的、内容相当的测试方法，其结果之间的一致性。内在一致性系数是指把同一（组）应聘者进行的同一测试分为若干部分加以考察，各部分所得结果之间的一致性。评分者信度指不同评分者对同样对象进行评定时的一致性。例如，如果许多人在面试中使用一种工具给一个求职者打分，他们都给候选人相同或相近的分数，则这种工具具有较高的评分者信度。

效度是指测试结果有效性或精确性，即所选择的测试方法能否有效反映应聘者的工作能力。如果选择的测试维度与测试目的不一致，则说明测试方法是无效的，或是效度极低的。主要包括三种：预测效度、内容效度、同侧效度。

预测效度是考虑选拔方法是否有效的一个常用的指标。把应聘者在选拔中得到的分数与他们被录用后的绩效分数相比较，两者的相关性越大，则说明所选的测试方法、选拔方法越有效，以后可根据此法来评估、预测应聘者的潜力。若相关性很小或不相关，说明此法在预测人员潜力上效果不大。

内容效度，即测试方法能真正测出想测的内容的程度。例如，招聘打字员，测试其打字速度与准确性、手眼协调性与手指灵活度的操作测试的内容效度是较高的。内容效度多应用于知识测试与实际操作测试，而不适用于对能力和潜力的测试。

同侧效度是指对现在员工实施某种测试，然后将测试结果与员工的实际工作绩效考核得分进行比较，若两者的相关系数很大，则说明此测试效度很高。这种测试效度的特点是省时，可以尽快检验某测试方法的效度，但若将其应用到人员选拔测试时，难免会受到其他因素的干扰而无法准确地预测应聘者未来的工作潜力。例如，这种效度是根据现有员工的测试得出的，而现在员工所具备的经验、对组织的了解等，则是应聘者所缺乏的。因此，应聘者有可能因缺乏经验而在测试中得不到高分，从而错误地被

认为没有潜力或能力。其实，他们若经过一定的培训或锻炼，是有可能成为称职的员工的。

（四）成本收益

在招聘结束后，人力资源部门应将招聘的成本与招聘计划中的招聘预算进行比对，对其真实性进行审核，对成本效用及时做出评价和总结，通常通过招聘总成本、招聘单位成本、总成本效用、招聘收益成本比来评估。

招聘总成本即人力资源的获取成本，它由两个部分组成。一部分是直接成本，包括招聘费用、选拔费用、录用员工的家庭安置费用和工作安排费用、其他费用（如招聘人员差旅费、应聘人员招待费等）。另一部分是间接费用，包括内部提升费用、工作流动费用。

第五节　员工测试与甄选

一、甄选的重要性

审查求职者简历后，接下来就是甄选出最适合的求职者，这涉及一系列甄选工具：各种测试、评价中心、背景调查和推荐信核实等。通过上述甄选，缩小了求职者人才库的范围，接下来主管便可以进行面试，然后做出雇用决定。甄选的重要性主要表现在三方面：绩效、成本和法律责任。

第一，绩效。部门绩效取决于员工的个人工作绩效。具备工作要求的技能、态度和潜质的员工能够较好地完成工作。而那些不胜任的员工则不能有效地完成工作。因此，企业应该在雇用前剔除那些不胜任的候选人，而不是等到雇用之后再解雇。

第二，成本。招聘和雇用员工的成本很高，不仅要花费大笔直接费用，还要占用主管人员的时间。如果考虑到寻访费用、面试时间、推荐信核查、差旅费、搬家成本、适应工作的周期等，这一成本则会更高。

第三，法律责任。如果在招聘过程中管理不当，会涉及公平就业机会、疏忽雇用和诽谤等严重的法律问题。因此，管理人员应该熟悉在招聘过程中该说什么、该做什么。

二、如何进行一项有效的测试

（一）测试的信度和效度

信度是指一项测试的一致性。一个人参加两种不同形式的对同一指标的测试时，或者在不同时间参加同一项测试时，能够得到基本相同的测试成绩。

效度是指某项测试是否能够衡量出要测试的技能或素质。例如，通过计算一位文秘人员完成既定文件的打字所需的时间，来衡量其打字速度就是一个有效的测试。而一项心理投射测验可能被认为是缺乏效度的。

（二）验证一项测试的有效性

使甄选测试有效，应当确定测试得分与工作绩效之间的关联。因此，在应用某些测试于甄选中之前，需要对测试的效度进行验证，保证测试能够预测未来的员工绩效。对一项测试效度的检验通常由心理学家进行，人力资源部门起到协调工作。要检验一项测试是否有效，通常要经过图5-4中的五个步骤。

图5-4　验证测试有效性的关键步骤

步骤1：职位分析。职位分析所编制的职位描述和职位规范，需要规定任职者的特性、技能、工作环境等。只有达到要求的员工才能实现满意的绩效。这里面还要定义"何为成功"，即明确绩效达标的标准是什么，如服务顾客的数量、顾客满意度、缺勤率、服务年限、顾客投诉数量等。

步骤2：选择测试。对预测因素进行测试，企业可以根据以往经验来选择一组测试，尽量涵盖可能的预测因素，如勤勉性、随和性、沟通能力和情商等。这些测试工具可以是企业自己开发，也可以是应用现成的。

步骤3：实施测试。实施已经选择好的测试，可以对在岗人员进行测试，也可以对求职者进行测试。对于前者，可以将在岗员工的测试得分与实际绩效进行关联，这样做便于收集绩效证据，但因为在岗人员已参加岗位培训等学习，其代表性有偏差；对于后者，虽然需要先用新测试测量应聘者，但要依据旧的甄选技术来录用应聘者，然后将新测试得分与入职后的绩效进行关联，确定二者的关系。

步骤4：确定测试与绩效的关系。要确定测试得分与工作绩效之间是否存在显著关联，一般用相关分析的方法。公司可以做一张期望图，如图5-5所示，根据测试得分将员工分成5组，从分数最高的20%到分数最低的20%，然后计算每组中绩效优秀者的百分比。

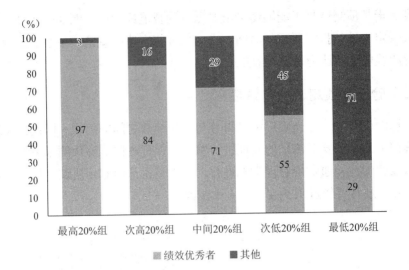

图 5-5 期望图

步骤 5：交叉与重新检验。在正式应用新测试前，为确保测试的有效、可信，企业一般需要再通过一批新员工样本重复操作步骤 3 和步骤 4，另外需要让某些人定期重新进行信度、效度检验。

三、各种类型的测试

（一）认知能力测试

认知能力测试包括一般推理能力（智商）测试和特定的智力测试，如记忆力和归纳能力测试等。

智商（IQ）测试属于一般智力测试，测量的是人的多种能力，涉及记忆力、词汇能力、语言表达能力和数学能力等。常用的包括斯坦福—比奈测试和韦克斯勒测试等，如图 5-6 所示。

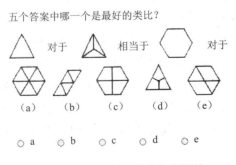

图 5-6 斯坦福—比奈智商测试

特定认知能力测试是用来测量如归纳能力、演绎能力、语言理解能力、记忆力或数学能力等特定的智力的，心理学中也称为能力倾向测试。例如，测量审美能力的梅尔艺术鉴赏测验，分为艺术判断和审美知觉两个分测验。前者包括 100 对不着色的图画，内容有风景、静物、木刻、东方画、壁画等，每对图画中的一幅是名画的复制品，另一幅是模拟名画，但在技巧或结构方面稍加修改，比原作差。让被试在两者之中挑出他认为较好的一幅，如图 5-7 所示。这些图画的好坏标准是根据 25 位艺术专家的意见决定的。

图 5-7　梅尔艺术鉴赏测试例题

（二）运动和体能测试

应聘者的手脚灵活性、手工操作灵活性和反应时间等，也是企业要测试的内容。例如，克劳福小零件灵巧性测试，即测量一个人做出简单判断的速度和准确性，以及手、手臂、手指的运动速度。除灵活性外，应聘者的静态力量、动态力量、身体协调性、耐力等也可能成为测试的内容。图 5-8 展示了某些体能测试的规定转换动作。

图 5-8　体能测试动作

（三）人格和兴趣测试

员工绩效不仅受认知能力和身体能力的影响，还受到个性特征的影响，如态度、动机、性格等。企业通常应用人格测试来获取员工的人格特征。一些人格测试是投射性的，如向被试展示一个模糊的刺激源（如墨迹），观察被试的反应。由于刺激源是模糊的，因此被试会将自己的态度投射到这些图片上。另一些人格测试是自陈式的，需要求职者本人填答。如明尼苏达多相人格测试、人际关系风格测试等。

大五人格测试、兴趣测试和成就测试是最常用的人格测试。大五人格包括五个维度（OCEAN）：O 代表 Openness to Experience（经验开放性），C 代表 Conscientiousness（责任感），E 代表 Extraversion（外向性），A 代表 Agreeableness（宜人性），N 代表 Neuroticism（神经质／情绪稳定性）。经验开放性是指倾向于有想象力、不顺从、不保守、有自制力等；责任感包括成就感和可靠性两个方面；外向性是指倾向于友善、有决断力、积极、能感受到激情和狂热等正面效应；宜人性是指倾向于相信他人、服从性、关心他人、温和；神经质是指表现出较差的情绪调节能力，能感受到焦虑、不安、敌意等负面效应等。兴趣测试是对应聘者的兴趣与从事各种不同职业的人的兴趣进行比较。斯通—坎贝尔测试、自我指导职业搜寻测试等都是这类兴趣测试。成就测试是测量应聘者都学到了哪些东西，如市场营销、人力资源管理等领域所掌握的工作知识，学校中的考试也属于成就测试。

四、工作样本和工作模拟

企业可以向应聘者展现在他们所申请职位中从事工作的典型场景，对他们的工作反应做出评价。工作样本与前文述及的测试不同之处在于，它直接观察和测量绩效。例如，一位收银员的工作样本可以包括操作收银机和查点现金，一位文员的工作样本可以包括打字和校改文本等。

（一）工作样本技术

工作样本技术试图要求求职者完成一项或多项基本工作任务的样本，并对其对绩效进行预测。此种方法，具有以下优点：

（1）测量实际工作任务，真实度较高。

（2）考核实际工作中的具体任务，公平合理。

（3）不探究被试人格等，不会侵犯隐私。

工作样本法的基本程序是，从对职位关键的几项任务中选择样本任务，应用这一样本对求职者测试。求职者工作过程中，考核者要观察和记录求职者的工作表现，在一份清单上记录绩效的好坏。

（二）管理评价中心法

管理评价中心法是用于评价、考核和选拔管理人员的方法，是一项为期 2~3 天的模拟活动，过程中需要 10 多名候选人在考核者观察下完成一系列实际管理任务，考核者对候选人的领导潜力和素质进行评价。评价中心一般设在一个会议室里，考核者通过单向玻璃或者监控设备对候选人进行观察。典型的模拟任务包括：

（1）文件筐测试法（In-basket）。给候选人提供一堆报告、备忘录、来电记录、函件或其他材料，这些材料是应聘职位要处理的。候选人需要对上述实物或电子化文档进行适当的处理，考核者通过观察给出评价。

（2）无领导小组讨论（Leaderless Group Discussion）。考核者会给出一个讨论题，要求参加讨论的成员做出小组决议。考核者对期间每位成员的人际关系技巧、群体接受度、领导能力和个人影响力等做出评价。

（3）管理游戏（Management Games）。候选人模拟在同一个市场上相互竞争的几家企业的成员，解决一些现实问题。例如，广告推广或是库存量等。

（4）个人演说（Individual Presentations）。指定候选人对一个题目发表口头演讲，据此评价他们的沟通能力和说服能力。

（5）客观测试（Objective Tests）。包括人格测试、智力测试、兴趣测试和成就测试等。

（6）面试（Interview）。包括一名考核者对每个候选人至少进行一次面试，对他们的兴趣，过往工作绩效和动机进行评价。

很多企业在使用评价中心，专家们也普遍认为该方法是甄选管理人员的有效手段，但是开发和实操费用较高，用时也较长，还要有管理人员或心理学家担任评价者。

（三）情境测试和视频情境测试

情境测试要求应聘者对能够代表工作实际的典型情境做出反应。视频模拟测试通过在线的方式或电脑播放的方式向应聘者展示几个视频情境，在每个情境后有一道或几道多选题。例如，一个情境可能描绘了前台接待人员在工作中需要处理的某个典型情况。在情节发展到一个关键点时，视频暂停，请应聘者根据视频情境做出选择。如图 5-9 所示为模拟金融投资决策的情境测试现场。

（四）小型工作培训和评价法

小型工作培训和评价是在雇用求职者前，先培训他们去完成几项工作任务，然后对其绩效进行评价。此种方法认为如果一个人能够证明自己能够学会并完成工作任务样本，那么他就能学会和完成职位的所有工作任务。

第六节　面试

面试是一个通过口头提问和口头回答的方式来获取一个人信息的过程。甄选面试（Screening Interview）是根据求职者针对面试考官的口头提问做出的口头问答来预测其未来工作绩效的一个甄选过程。管理人员在工作中会使用多种类型的面试或者面谈，如绩效评估面谈（Appraisal Interview）和离职面谈（Exit Interview）等，本节将聚焦讨论甄选面试。

一、面试的分类

一般可以根据面试的结构化程度、面试的内容和实施方式对面试进行分类。

（一）结构化面试与非结构化面试

在非结构化面试中，管理者没有一个固定的面试格式要遵守。有些问题是提前想好的，多数情况是没有事先问题、提纲和正确答案的泛谈。而结构化面试则提前会列出需要提问的问题清单，甚至会列出可能的恰当答案及对应的分数。

在实际面试中，结构化是一个程度问题。有时面试官想确保通过一系列预先设定好的问题来提问，防止遗漏问题。表5-1列举了一个面试评价提纲。

表5-1　面试评价提纲示例

面试项目	评价要点			提问示例		
工作经验	从应聘者所述工作经历中判断经验丰富程度，推断其责任心、领导能力和发展潜力等			您在前一个单位做出了哪些您认为值得骄傲的成就 您认为应聘的工作岗位的工作难点和挑战在哪里		
	不推荐			推荐		
1	2	3	4	5	6	
不满意	潜力有限	一般	良好	好	优秀	
沟通能力	衡量一位应聘者能否用一种积极、清晰、可信的方式与人进行沟通的能力			请您描述一次处理顾客投诉的经历		
	不推荐			推荐		
1	2	3	4	5	6	
不满意	潜力有限	一般	良好	好	优秀	

（二）面试的内容

也可以根据面试内容和所提问题的类型对面试进行分类。这些问题包括情境性问题、行为性问题和职位相关性问题等。

情境性问题（Situational Interview）中，可以询问求职者在一个特定的情境中将会给出怎样的反应。例如，询问一名应聘餐饮部主管的求职者——如果下属连续三天迟到或被顾客投诉，他/她将会做出怎样的反应。通常以这样的语句提问："假如你面对以下场景……你会怎么做"。

行为性问题（Behavioral Interview）要求求职者描述在过去发生过的某个真实情境中，他们是如何做出反应的。通常以这样的语句提问："你回想起这样一种时刻……当时你是怎么做的"。

职位相关性面试（Job-related Interview）中，面试官会向求职者询问与他们过去的工作经历相关的问题。这些问题不是围绕一种假设或实际的场景展开的。而是一些与职位相关的问题，例如，"你在大学期间，最喜欢哪门课程？"这种问题是考查求职者是否具有职位相关的知识。

压力面试（Stress Interview）中，面试官可能偶尔向求职者提出一些比较粗鲁的问题，故意让他们感到不舒服。以此鉴别出那些比较敏感和压力承受能力较低的求职者。

谜语式问题（Puzzle Questions）旨在考查求职者如何在压力下思考问题。例如，问一个应聘前台职位的人这样的问题：张先生和李先生的房费一共是520元。张先生比李先生多消费了70元，那么张先生的房费是多少？李先生的房费是多少？（答案是张先生的房费为295元，李先生的房费为225元。）

（三）面试的实施方式

企业进行面试的形式多种多样，可以是一对一或一对多，也可以是一次性完成面试或顺序进行多次面试，抑或是通过网络进行面试或面对面面试等。

一般情况下企业采取顺序面试（Sequential Interview）的方式，由几位面试官按照一定的顺序一对一地对求职者进行面试，然后做出雇用决定。小组面试（Panel Interview）是由一个由若干人组成的面试小组同时对每一位求职者进行面试，然后将评定结果综合起来，给出最后的面试小组得分。电话面试是通过电话进行的某些面试，与面对面的面试相比，更能准确地判断求职者的责任感、智力和人际交往能力，因为整个过程没有着装、肢体语言等的影响，双方沟通更专注实质性问题。视频/网络面试是通过如Skype对话软件等，借助互联网对求职者进行的面试。

【知识链接 5-2】

Skype 面试避免七类错误

求职者与企业，一方为求职广撒网，另一方则想方设法降低面试差旅开支，Skype 等网络面试因而成为求职面试的新形式。过去两年内 Skype 的使用量几乎已翻倍，每天使用时间已超过 7 亿分钟，其中 3 亿分钟为视频通话。"Skype"这个词已经和 "Google" "Xerox" "PS" 一样，由专有名词变成了耳熟能详的普通动词。

事实上，Skype 视频通话已成为一种主流的面试方式。全球权威调研机构 Aberdeen Group 调查发现：2011 年，42% 的公司采用视频面试，而 2010 年该数据仅为 10%。

当然，Skype 面试无法完全取代面谈，但它或多或少能让面试官"雾里看花"，对未来可能成为同事的人有一个初步印象。如果想要顺利求得新 Offer，应聘者应避免在 Skype 面试中犯以下七种错误。

1. 避免讨人厌的"能听见我说话吗"

对于不精通电脑技术和 Skype 的应聘者，总会问出"能听见我说话吗"的尴尬问题。虽然多数面试官能理解技术"不可抗"因素，但他们的时间也是万分宝贵的。请应聘者务必在面试前解决技术问题，严格排除所谓的"不可抗"因素。

首先请检查网络连接。如果网络不顺畅，那就换个稳定的地方。通话中断虽然也能理解，但难免使面试官分心，并且怀疑你的计划与预测能力。请不要使用内置麦克风，这让你的声音听起来像在蝙蝠洞中徘徊。建议使用外戴式耳机，并在面试前测试通话质量。最后，在手边准备好你的简历或个人作品链接，以防面试官想通过 Skype 在线浏览你的资料。

2. 商务化你的用户名和个人头像

面试的黄金法则是什么？着装决定第一印象！然而在视频面试中，应聘者给面试官留下的第一印象则是 Skype 用户名和个人头像。如果你的 Skype 采用的是可爱的小女生用户名，试想这会给对方留下怎样的印象。除了用户名外，个人照片也同样重要。如果面试者决定采用 Skype 电话而非视频，那么你的头像将被展示在面试官电脑画面的正中间，所以请确保好的示人形象。

3. 营造良好的面试氛围和场景

应聘者们要将 Skype 面试当作荧幕首秀，并且应聘者将身兼数职，扮演导演、制片人、出演明星等角色，节目播出顺利与否全盘由你操刀。

如此这般，视频通话中的"舞台"背景、灯光等问题均须事先考虑在内。请确保房间干净整洁。某位面试官曾经面试过一个求职者，虽然由于时差问题，面试时间为当地晚上 11 点，但当他看见应聘者穿着运动裤和 XXL 号超大衬衫出现在"镜头"前时，还是被"雷"到了。与其让人觉得刚从床上爬起，面试官更想了解应聘者走进办公室时会是什么模样。不管应聘者何时接受视频面试，都请尽量以周一早晨9点的装束神采奕奕地上场。

4. 知己知彼

每个人都会建议求职者"了解将要应聘的公司"，但多数应聘者却仅仅是读了公司的百度、Google或维基介绍。几乎所有公司都会监测他们在这些网站上的页面，甚至由自己撰写介绍内容，所以能轻而易举地辨别出你说的内容是否来自他们的网页。应聘者应多花一些时间浏览公司官方网站甚至与员工沟通，不仅关注公司的产品和发展背景，更要了解企业文化及价值观。

5. 面试官又不是你的传记作家

应聘者应尽量用相关和有趣的回答贯穿整个面试过程。尤其在 Skype 面试中，面试官可能一边和你聊天一边不断有邮件提示框出现，你能确保他们不分心吗？

判断面官者的心情和精力并做出相应调整。如果面试官刚从伦敦的红眼飞机下来，最怕碰到毫无表情、语气低沉的应聘者。面试官是你的观众，而不是你的传记作家。吸引面试官的注意力是你的责任。

6. 施比受有福

面试中，面试官经常会在心底揣度：这个人是否适合我们公司？对于应聘者而言，应尽量避免问："公司能给我些什么？"

在一次面试中，一个应聘者一直问面试官："公司能给我什么支持？"面试官解释道：我们公司虽然没有明确的"良师益友"辅导计划，但我们注重企业家精神，并且只要你肯挖掘，能找出很多在企业内指引、帮助你的人。当应聘者一再询问自身能享受的福利，谈话方向由"他能为公司做什么"渐渐变为"公司应该给他什么"，难道是"风水轮流转"？面试官绝不会喜欢这样的！

如果应聘者想要问此类问题，当然也是可以的，但绝不应是第一次面试关注的重点，尤其是在 Skype 面试这样很难真正了解应聘者的场合。

7. 用真诚的态度道声感谢

最后，如果想表达对面试机会的感谢，建议不要通过 Skype 在线聊天的方式，这会让人觉得不太正式。那些真诚反馈面试情况的应聘者总能给面试官留下深刻印象，但绝不是以 Skype 聊天的方式，建议大家依然采用传统的感谢邮件方式。（另外，如果你刚接受了面试，也请千万不要在 Facebook 上加面试官为好友！）

资料来源：出国留学网.

二、面试的实施步骤

无论采用何种类型的面试，一般都包括如下五个步骤。

（一）面试准备

面试前首要的准备工作是培训主试人员。培训的内容主要有两项：一是工作作风培训，要求主试人员做到大公无私、坚持原则、办事公道、认真负责。二是面试方法培训，包括组织主试人员学习掌握面试表格的使用方法、面试技巧和评分标准，熟悉空缺岗位的职务说明书，了解空缺岗位的工作内容、工作职责和所需任职人员的资格条件，查阅应试者的报名表和简历，记下含混不清的问题，以便在面试时提出并澄清。

此外，安排面试场所也是一项重要的准备工作，包括面试的环境设计和空间设计。

（1）面试的环境设计。整洁干净，不要令人眼花缭乱，分散应聘者的注意力。面试者不应太多，一般不宜超过5人。光线柔和，不要有强光直射应聘者的眼睛，否则，会使应聘者感觉不好。防止噪声，因为噪声影响听觉，分散精力，此外，室内温度也要适宜。

（2）面试的空间设计。第一，面试者和应聘者的距离。心理学家认为，两个人彼此之间的距离越近，表示两个人的关系越亲密。一般而言，面试者和应聘者之间的距离以2.5~3米为宜。距离太近显得过分亲热，距离太远则拒人于千里之外，都是不合适的。第二，面试者和应聘者的座位摆放方式。相对而坐，代表理智，即"理智的相对"；平起而坐，代表平等，即"平行的平等"；绕后而坐，代表怀疑，即"恐惧的背后"。三种情况代表三种不同的意思，应根据具体的情况选定不同的座位摆放方式。第三，面试者和应聘者的水平位置。一般而言，面试者和应聘者两者之间应处于同一水平位置，个别情况下面试者位置可略高于应聘者。

（二）制造轻松气氛

制造轻松的面试气氛目的有两个：一是缓解应试者的紧张情绪，使其心情放松、态度安详，产生平和恬静的情绪，从而使应试者言谈比较开放，愿意打开心扉，在面试中能发挥出正常水平。二是无论应试者能否被录取，轻松的面试气氛都会给人留下良好的印象，从而有助于维护用人单位的声誉。

为此，要求面试场所的环境洁静大方；面试前对应试者的接待要热情、友好、自然；面试开始时谈一些让人感到轻松、自在的话题，如谈谈当日的天气、问问路上的交通状况等；面试中主试人员要以平等、关心的态度进行对话，并设法控制音调和谈话的速度，努力创造一种轻松和谐的气氛。

（三）面试进行

在一场简单的面试中，面试者很容易就能看出应聘者的细微弱点和性格缺陷。然而，面试时所提出的问题是非常关键的，需要问准问实。衡量面试问题是否有价值，有学者提出了 STAR（Situation，Target，Action，Result）方法。面试者必须对提出的每一个问题，从情景、目标、行动和结果四个方面去验证。如果同时具备这四个方面，所提出的问题就是一个好问题。

例如，你是怎样分派任务的？是分派给已经表现出有完成任务能力的人呢，还是分派给表现出对此任务有兴趣的人？或者是随机分派？这个问题已经给出了明确的选项，应聘者可以从分派给已经表现出有完成任务能力的人、分派给表现出对此任务有兴趣的人、随机分派三个备选答案中选择一个，这样不利于应聘者发挥。面试时，面试者应该尽量让应聘者多说，提出的问题应该有利于应聘者的经验、潜能和特长的充分发挥。正确的提问应该是：请描述一下你是怎样分派任务的，并举例说明。这样，可以通过应聘者对问题的回答，进一步考查应聘者的思想水平和能力素质，从而达到面试的目的。

面试者发问的方式和问题可以决定从应聘者那里得到什么信息及多少信息。所以，面试中的提问很重要。提问除了是一般的对话外，还是一种语言艺术，是一种有意识的行为。提问包括如下三种形式：

1. 开放式提问

开放式提问的特点是无拘无束地展开谈话，慢慢进入主题。例如，由天气谈到身体状况，由国内形势谈到单位情况等。漫谈不忘目的，漫谈而不杂乱，进而得到有价值的信息，是这类提问的技巧。

开放式提问的主要目的是考查应聘者思考问题的方法和观点，以及某些决定或行为后面的逻辑推理。因此，开放式提问可以用来评价应聘者的逻辑思维能力、语言表达能力等。对于开放式提问，应聘者不能简单地以"是"或"否"来回答，需要进行解释。开放式提问一般希望应聘者自由地发表自己的意见或看法。因此，面试者提出的问题如果能够引发应聘者详细的说明，则符合开放式提问的标准。

2. 封闭式提问

典型的封闭式提问就是只让应聘者回答"是"或"否"，希望应聘者就问题做出明确的答复。封闭式提问一般用来明确某些不是很确定的信息，或者是作为过渡性提问。对于应聘者来说，要么同意，要么不同意，不能不表态。提问时切勿使应聘者难以回答。封闭式提问的优点是可以缓解应聘者的紧张心态，特别是有些应聘者在面试时非常紧张，此时面试者提一些简单的问题，可以转移应聘者的注意力。封闭式提问的缺点是答案都是简单的"是"或"否"，很难从应聘者提供的答案中判断他们是否适合所应聘的岗位。

3. 压迫式提问

一般来说，面试者要尽力为应聘者创造一个亲切、轻松、自然的环境，以使应聘者能够消除紧张情绪，充分发挥。但是，在有些情况下，面试者可能会故意制造一种紧张的气氛，给应聘者一定的压力，通过观察应聘者在压力情况下的反应，测定应聘者的反应能力、自制力、情绪稳定性等。

压迫式提问可能使应聘者产生压迫感，有情急的特征。此类提问往往以"你怎么办"或"这是为什么"等结束。

日本住友银行的一道面试题目是："假使我们住友银行与国家银行之间发生了冲突，作为一名住友银行职工，你将怎么办？"这是典型的压迫式提问。

第一种回答是：作为一名住友银行职工，我将站在住友银行的立场上坚决与之斗争。

面试官回应：你会给我们惹祸的，请你另谋高就吧。

第二种回答是：作为一名住友银行职工，我将站在国家银行的立场上维护国家利益。

面试官说：既然如此，请你去国家银行上班吧。

第三种回答是：作为一名住友银行职工，我将尽力淡化这场冲突。

面试官高兴地说：你被录取了！

面试成功与否，与面试者特别是首席面试考官的综合水平有极大的关系。面试中不能重复古代"瞎子摸象"的故事，各自依据对局部的感知就做出判断。综合评价需要抓住对象的本质，而抓住本质需要眼力。面试时可邀请一位该领域的专家参与面试，从而提高面试水平。

在提问时，应当注意的问题有以下几点：

第一，要避免提只需回答"是"或"不是"的问题，而要提应试者需要仔细回答和发挥的"开放性"问题，以便启发应试者的思路，考查其真实水平。

第二，要先易后难，循序渐进地提问。

第三，面试进行中不要有任何提示或认可，否则应试者的回答将以主试人员的观点为转移。

第四，及时做好面试记录，以便最后对应试者进行全面评价。

（四）结束面试

在面试结束之前，应当留有时间让应试者提出问题，也可以将有关工作的详细情况告诉应试者。结束面试时，要以诚恳的态度告诉应试者，如果被录用，大约在何时可获得录用通知。

（五）评估面试结果

面试者离去之后，主试人员应立即仔细检查一遍面试记录，认真回顾面试印象，并把相关资料和评估意见填入面试表格中。

【复习思考题】

1. 人员测试的信度和效度有什么区别？
2. 怎样设计一场程序合理的面试？
3. 如何做到面试"不走眼"？
4. 如何检验一项测试的效度？

【案例分析】

酒店人才招聘出新招 "微招聘" 受青睐

随着毕业季的来临，酒店业又进入招聘季。近几年酒店招聘方式产生了新的变化：微博、微信、手机客户端等社交媒体成为酒店业招聘的新"利器"，而且这些招聘渠道颇受青年求职群体的青睐。在海南酒店业人才招聘领域，酒店通过微博和微信等发布职位信息，求职者用手机扫描二维码可填写电子申请书，招聘与求职双方通过微博和微信等渠道互动交流……"微"招聘在酒店业的人才招聘正发挥越来越重要的作用。

1. "微"渠道提高招聘效率

在传统的招聘会上可以看到，用人单位的招聘摊位一字排开，求职者在摩肩接踵的人流中艰难穿行。近年来，越来越多的酒店开始将人才招聘的关口前移，不再完全依靠传统招聘会，而是运用微信、微博等网络社交媒体发布职位信息，并提前与潜在求职者进行互动，扩大了招聘信息覆盖面，提高了招聘合格人才的成功率。

喜达屋酒店集团旗下各家酒店普遍都采用了微渠道来提高招聘效率。应聘喜达屋酒店集团旗下酒店的求职者无须再填写纸质申请书，只需用手机扫描二维码填写电子申请书即可。为了进一步提高效率，这些酒店还在招聘现场安排专职人员帮助求职人员完成电子申请书填写。据悉，几乎每年该集团海南区酒店招聘活动都有超过600余位求职者通过二维码进行了线上求职申请。

2014年开业的海口威斯汀酒店举行的大型专场招聘会中，公布了近330个职位需求。早在招聘会前一周，酒店就通过官方微博及微信举办"荐者有礼"在线招聘的有奖参与活动，提高招聘活动的关注度，让酒店在更大范围内选择合格的人才。

此外，在三亚亚龙湾红树林度假酒店的校园招聘会现场，招聘人员也设置了招聘专用微信二维码，求职者扫描后可详细了解酒店的情况、职位信息等内容，还可在微信上咨询招聘事宜。

2. "微"招聘凸显诸多优势

在酒店业人才竞争渐趋激烈的背景下，各家酒店越来越意识到微信、微博、手机客户端等社交媒体有覆盖面广、互动性强、成本低等优势。

"酒店在招聘方式上越来越趋向于通过互联网及各种社交媒体这种方式。"海口威斯汀酒店行政助理经理兼人力资源总监鄢福俭在谈到新兴招聘渠道的优势时说，"首先，通过微信、微博等社交媒体可以提前与潜在求职者进行互动交流；其次，微信、微博等用户群广泛；再次，信息传播快，准确性高；最后，成本低，节省了招聘广告费用。"

三亚美高梅度假酒店人力资源部总监杨建认为："微信、微博等新型招聘方式，可以覆盖招聘地以外的人才资源，并与他们及时建立联系。而且，大多数酒店同时运用多种招聘渠道，大大避免了单纯依靠电话或邮箱联系求职者的弊端。"

对于"微"招聘的优势，杨建举了一个实践案例。2014年2月，三亚美高梅度假酒店工程部急需一名万能工，人力资源部招聘专员通过酒店专业招聘网站发布招聘信息，第二天就收到了简历。经过初步筛选确定了一名候选人，但通过电话联系时发现电话号码为空号，正当招聘专员准备放弃时，杨建发现了简历上的QQ号码，并尝试通过QQ号码添加对方微信账号，通过微信与该候选人取得了联系并预约了面试，最终该候选人经过两轮面试成功入职。

另外，杨建认为："酒店可以使用微博宣传酒店员工福利活动及招聘信息，使用二维码技术实现无纸化面试，利用社交媒体在业内朋友圈进行信息共享，将传统招聘方式与新型招聘方式进行优势互补。"

3．"微"招聘颇受求职者青睐

就职于三亚亚龙湾红树林度假酒店前厅部的员工小张，以自己的亲身经历讲述了她对新型招聘渠道的利用。

此前她在参加三亚亚龙湾红树林度假酒店现场招聘时，发现应聘的学生人流拥挤，一些心仪的酒店招聘摊位前需要排很久的队才能得到咨询的机会，而且时间仓促。她看到三亚亚龙湾红树林度假酒店的展架上印着酒店招聘专用微信二维码，出于兴趣，她随手用手机扫描了二维码。

当她结束一天的"赶会"历程回到宿舍，开始整理当天收到的厚厚一摞招聘传单时，小张感觉有些茫然。这时，她忽然想起加过亚龙湾红树林度假酒店的微信，于是她以微信的方式向酒店招聘方询问职位详情，很快得到了细致的解答。最终，小张选择了酒店前厅部管理培训生的岗位，并预约了面试时间，一周后她接到了录取通知。

像小张一样，大多数青年人利用"微"平台获取信息、交流互动，这已经成为一种日常习惯。因此青年群体十分青睐"微"招聘。

"青年群体更加愿意采用新型的求职方式找工作，足不出户就可以浏览海量的招聘信息。"杨建说，"不仅如此，通过微博、微信等新型的求职方式可以让青年群体更准确地了解自己的条件、特长是否与职位需求吻合，增加了面试的成功率。对于刚刚步入社会的青年群体来说，微博、微信等新型的求职方式减少了他们外出参加各类型招聘会的次数，缩减了求职成本和时间。"

海口威斯汀酒店网络营销经理张晔说，"社交媒体的灵活性大、传播面广，每次发布招聘信息后转发量都非常大，现场来应聘的人员中大部分都是通过微博、微信等新型渠道获知招聘信息的。我每天都会和求职者进行互动交流，招聘活动前每天都有大量咨询请求，活动结束后就更多了，有的是咨询酒店情况，有的是咨询录取情况等。"

资料来源：吴婷婷．酒店人才招聘出新招"微招聘"受青睐 [EB/OL]. http://www.linkshop.com.cn/web/archives/2014/286964.shtml.

讨论题：

1. 根据以上案例，请总结微招聘的利与弊。
2. 请思考还可以通过哪些方式创新招聘渠道。

绩效管理

绩效管理是企业人力资源管理的核心职能之一，科学、公正、务实的绩效管理是提高员工积极性和公司生产效率的有效手段，与企业战略目标和经营目标息息相关。它是实现部门目标及公司发展战略的基础和保障。旅游企业作为特殊的企业，在绩效管理方面具备一定的特殊性。

【学习目标】

1. 了解绩效管理的重要性；
2. 掌握绩效管理的概念和核心思想；
3. 掌握绩效考核的方法；
4. 区分绩效、绩效管理和绩效考核。

【导入案例】

海底捞的绩效管理

四川海底捞餐饮股份有限公司是一家以经营川味火锅为主，融汇各地火锅特色于一体的大型跨省直营餐饮民营企业。自1994年海底捞在四川简阳建立第一间门店以来，公司已发展成为在北京、上海、西安、郑州、天津、南京、沈阳、杭州、青岛等全国54个城市拥有170多家直营店，7个大型现代化物流配送基地和两个原料生产基地，2010年营业额近15亿元，拥有员工1万多人。公司曾先后在四川、陕西、河南等省荣获"先进企业""消费者满意单位""名优火锅"等十几项称号和荣誉，创新的特色服务赢得了"五星级"火锅店的美名。从2008年至2015年，企业连续8年获得"中国餐饮百强企业"等诸多荣誉称号。各餐饮公司纷纷学习海底捞模式，其成功的秘诀之一就是绩效管理。

1. 海底捞的绩效考核标准——过程法、五色卡标准

海底捞把整个过程分为五个颜色卡，红卡、黄卡、白卡、绿卡和蓝卡。红卡是服务，黄卡是出品，白卡是设备，绿卡是食品安全，蓝卡是环境卫生（不同颜色卡片代表不同的经营内容）。

黄卡、白卡、绿卡、蓝卡是可以被量化的，但是红卡服务是非常难被量化的，所以红卡考核只有服务的速度和态度。服务的速度又分为上菜的速度、买单的速度和出现客人投诉处理的速度。

（1）怎么考核。现在的考核体系全部都是由上级考核下级，上级考核有一个班子和团队，这个团队在企业中工作很多年，非常有经验，而且很多当过店长，之后才进入绩效考核团队。更具体点，到一个餐厅主要观察几个现象，先观察客人，客人在等候区的时候有没有很焦急，有没有东张西望到处找人，甚至是大吼大叫的；到了就餐区有没有大喊服务员的现象，还有就餐区是不是很干净；还有观察服务员有没有聊天、打盹儿的现象。

（2）如何打分。考核之后就要打分，采取的是小区考核门店。因为每个区打的分值不一样，就采用绝对值判断，分为A、B、C三个等级。这个机制出来之后，发现每个店的分数都在上涨，因为大家已经跑起来了，相当于大家互相在竞争。

（3）考核结果一定要应用。第一，绩效结果要与员工和被考核者沟通。特别是对考核结果不认同的这一部分人，一定要做好沟通，做沟通的过程其实又是一个培训的过程。第二，考核出来的A、B、C，一定要和薪酬、升迁对应上，如果这个不对应好，前面的绩效也白做了，培训课也白做了。

2. 薪酬和升迁必须与绩效考核挂钩

人员管理一环扣一环，绩效考核必须要与员工的薪酬和晋升制度挂钩，否则就等于白做。说到底，做激励员工就是制定利益驱动模式。从基本的利益上考虑，让员工有更高的收入，在这个基础上讲情怀，其最终的目的可能依然是让员工有更好的收入、更好的生活。

海底捞采取计件工资无底薪，按照工作量拿工资的薪酬制度。计件工资基础上，店长的薪酬体系是基本工资加所在店的分红，还要加上他徒弟店的分红，因为海底捞都是师徒制，带的徒弟越多，收入就越高。除了门店运营，职能部门的薪酬收入，能够核算的做核算，不能做核算的就做预算。这样使薪酬和绩效挂钩，提高了薪酬制度的效率。

3. 亲情化管理也很关键

有了刚性的绩效考核制度，亲情化的管理也起着很重要的作用。例如，宿舍步行离

门店不能超过20分钟，宿舍里面有洗衣服的阿姨，注重宿舍无线网络的建设。大堂级别员工，给他们的父母发一些工资。只要入职满三年，有小孩的，幼儿园、小学、中学到大学都有子女教育补贴。

第一节　绩效管理概述

随着经济的全球化和信息时代的到来，世界各国企业都面临着越来越激烈的国内和国际市场竞争。为了提高自己的竞争能力和适应能力，许多企业都在探索提高生产力和改善组织绩效的有效途径，组织结构调整、裁员、组织扁平化、组织分散化成为当代组织变革的主流趋势。但是，实践证明：尽管上述组织结构调整措施能够减少成本（因此提高生产力），但它们并不一定能改善绩效；这些结构调整只是提供了一个改善绩效的机会，组织成员行为的改变才能真正促进组织绩效提高。学习型组织的出现给人们带来了希望，它能够形成有利于调动员工积极性、鼓励创新、进行团队合作的组织文化和工作气氛。

在这一背景下，研究者拓展了绩效的内涵，并在总结绩效评价不足的基础上，于20世纪70年代后期提出"绩效管理"的概念。80年代后半期和90年代早期，随着人们对人力资源管理理论和实践研究的重视，绩效管理逐渐成为一个被广泛认可的人力资源管理过程。

一、绩效管理和绩效评价的概念

绩效是在特定的时间里，特定的工作所能创造的产出。绩效分为组织绩效、部门绩效和个人绩效，是企业目标实现的关键。绩效管理是指各级管理者和员工为了达到组织目标共同参与的绩效计划制订、绩效实施、绩效评价、绩效反馈的持续循环过程，绩效管理的目的是持续提升个人、部门和组织的绩效。旅游企业人力资源绩效管理是针对旅游企业员工的工作绩效管理，包含以下三点内容：以顾客满意为导向；以企业具体战略、目标为基准；以企业和员工双赢为目的。绩效评价是指考评主体对照工作目标绩效标准，采用科学的考评方法，评定员工的工作任务完成情况，员工的工作职责履行程度和员工的发展情况，并且将评定结果反馈给员工的过程。

绩效评价是绩效管理的核心环节，绩效管理包含绩效评价。绩效评价成功与否不仅与评价本身有关，而且在很大程度上与评价相关联的整个绩效管理过程有关。绩效评价是绩效管理的重要支撑点，它从制度上明确地规定了企业员工和部门绩效评价的具体程序、步骤、评价主体、评价周期和方法，为绩效管理的运行与实施提供了前提和基础。旅游企业属于服务行业，因此实行绩效管理最大的难题就是不能全面量化，只有部分工作可以量化，考核标准如果仅停留在考勤和主观判断上，将会混淆绩效管理和绩效考核的根本区别。绩效管理是一个完整的系统，而绩效评价只是这个系统中的一部分。二者存在着多个方面的差异，具体见表 6-1。

表 6-1 绩效管理与绩效评价的区别与联系

项目	绩效管理	绩效评价
区别	是一个完整的系统	是系统中的一部分
	注重过程管理	注重工作结果总结
	前瞻性	回顾性
	关注未来绩效	关注过去绩效
	包括目标、辅导、评价、反馈与结果应用多个环节	重点在于评价
联系	绩效评价是绩效管理的不可或缺的组成部分	
	绩效评价为绩效管理提供资料	

二、绩效目标的设定

员工应该了解企业将依据什么对他们进行评价。一般企业往往采用两种方式，其一是规定评价标准，其二是预设要达成的目标。制定具有激励性的目标是一门艺术，有效的手段是针对每一项职责分别确定各种可衡量的目标或标准。例如，提高销售队伍的士气，可以通过将流动率设定为小于 10% 来评价。设定有效的绩效目标，要遵循五个基本原则：具体的（Specific）、可衡量的（Measurable）、可达到的（Attainable）、相关的（Relevant）和有时限的（Timely），这被称为目标设定的 SMART 原则，如图 6-1 所示。

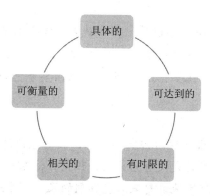

图 6-1 目标设定的 SMART 原则

【知识链接6-1】

《杜拉拉升职记》中的 SMART 原则

1. 关于"量化"

有的工作岗位，其任务很好量化，典型的就是销售人员的销售指标，做到了就是做到了，没有做到就是没有做到。行政的工作很多都是很琐碎的，很难量化。如对前台的要求是要接听好电话，这怎么量化、怎么具体呢？解决方法是：接听速度是有要求的，通常理解为"三声起接"。就是一个电话打进来，响到第三下的时候，就要接起来。不可以让它再响下去，以免打电话的人等得太久。

前台的一条考核指标是"礼貌专业地接待来访"，怎样做才算礼貌专业？有些员工反映，前台接待不够礼貌，有时候来访者在前台站了好几分钟也没有人招呼，但是前台又觉得尽力了，这个怎么考核呢？

前台有时候非常忙，她可能正在接一个三言两语打发不了的电话，送快件的又来让她签收，这时候旁边站着的来访者可能就会出现等了几分钟还未被搭理的现象。

正确的做法是：前台应该先抽空请来访者在旁边的沙发坐下稍等，然后继续处理手中的电话，而不是做完手上的事才处理下一件。这才叫专业。又比如什么叫礼貌？应该规定使用规范的接听用语，不可以在前台用"喂"来接听，早上要报：早上好，某某公司；下午要报：下午好，某某公司；说话速度要不快不慢。所以，没有量化，是很难衡量前台到底怎么样算接听好电话了，到底接待来访了没有。

2. 关于"具体"

前台的电话系统维护商告诉她，保证优质服务。什么是优质服务？很模糊。要具体点，比如，保证对紧急情况，正常工作时间内 4 小时响应。那么什么算紧急情况，又要具体定义：比如，1/4 的内线分机瘫痪等。如果不规定清楚这些，到时候又会一片混乱。

3. 关于"可达成"

让一个没有什么英语程度的初中毕业生，在一年内达到英语四级水平，这个就不太现实了，这样的目标是没有意义的；但是让他在一年内把新概念一册拿下，就有达成的可能性，他努力地跳起来后能够到的果子，才是意义所在。

4. 关于"相关性"

毕竟是工作目标的设定，要和岗位职责相关联，不要跑题。如一个前台，让她学点英语以便接电话的时候用得上，就很好，让她去学习六西格码，就比较跑题了。

5. 关于"时间限制"

比如，你和你的下属都同意，他应该让自己的英语达到四级。你平时问他，有没有在学。他说一直在学。然后到年底，发现他还在二级三级上徘徊，为避免这种情况，一定要规定好，比如，他必须在今年的第三季度通过四级考试。要给目标设定一个大家都同意的合理的完成期限。

资料来源：李可. 杜拉拉升职记 [M]. 海口：南海出版公司，2015.

三、绩效管理的整体理念

绩效管理的核心思想是改进和提升绩效，通过计划、导辅、评价和反馈等方式，将员工工作过程形成一个闭环，达到提升员工、团队、部门和组织绩效的目的。在这个过程中需要上、下级之间顺畅而频繁的沟通，给予员工足够的支持和导辅，使员工在了解企业战略和部门目标的基础上，参与到自身目标的制定过程中。员工年终绩效考核结果固然重要，但是绩效管理更强调整个过程的管控，应不断给员工反馈日常的绩效表现并给予帮助和支持，做到"不仅要你完成目标，还要教你如何完成目标"。同时，绩效管理强调各层级管理者参与目标设定和期间管理之中，层层分解组织战略目标，使个人目标与企业目标相结合。这一整体理念如图 6-2 所示。

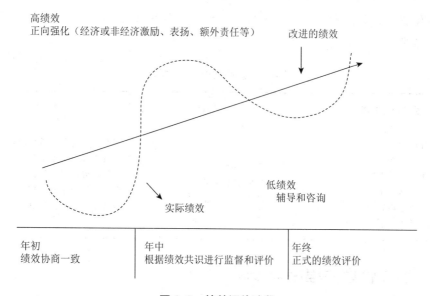

图 6-2　绩效评价阶段

四、员工绩效不佳的原因

同一职位的不同员工在工作表现上可能存在很大的差别，而且越是需要高层次知识

和技能的工作岗位，这种差别就越是明显。表6-2中展示了不同工作类别上，高绩效者与平均绩效者的绩效差异。

表6-2 绩效差异：高水平与平均水平

工作类别	高绩效与平均绩效的差异
蓝领工人	15
办事员	17
工匠	25
事务性管理人员	28
专业技术人员	46
非保险类销售人员	42
保险销售人员	97

资料来源：M. K. Judiesch, F. L. Schmidt, J. E. Hunter. Has the problem of judgment in utility analysis been solved？[J].Journal of Applied Psycholy, 1993，78（6）：903–911.

影响绩效的主要因素可以从员工自身方面、上司方面和企业方面分析。具体影响因素如表6-3所示。

表6-3 影响绩效的主要因素

员工自身方面	上司方面	企业方面
不了解工作的意义 不知道怎么做工作 做了过多不必要的事情 认为上司的办法没用 认为自己的方法更好 认为其他事情更重要	对员工期望过高 对员工的要求不明确 对员工的工作目标设定模糊	没有完善的绩效考核体系 做与不做一个样 目标没完成没有措施 缺乏良性竞争的文化 没有给员工提供足够的支持

五、绩效管理的程序与步骤

绩效管理是一个动态的控制体系，通过制订绩效计划，加强对绩效实施的管理，进行绩效考核和绩效反馈等活动的循环，不断提高员工绩效，进而提高整个组织的绩效。绩效管理整体上可以分为计划、实施、考核和反馈四大部分，详细的绩效管理的步骤如图6-3所示。

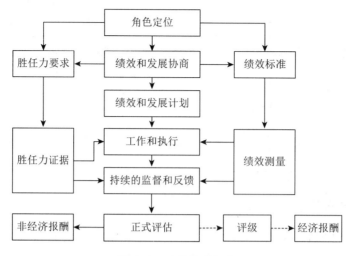

图 6-3 绩效管理程序

（一）绩效计划阶段

绩效计划是绩效管理循环中的第一步，是每一个考核周期的开始阶段。这一阶段，在对员工绩效的预期目标上，员工和主管之间需要达成共识。在这个环节中，主要回答"考核什么"的问题，即哪些指标是员工的绩效考核指标，同时还要确定绩效目标值、各项指标的权重、考核周期。员工和直接主管常通过签订绩效合约来确定绩效考核的各项指标的具体内容。

考核表是考核过程所依赖的一个重要工具，考核表设计不好，不但无法达到考核的目的，还有可能挫伤组织成员的积极性。因此，在考核过程中，要重视考核表的设计。旅游企业员工绩效管理既要考虑过程性指标，也要考虑结果性绩效指标。表 6-4 为旅游服务类人员绩效考核表的示例。

表 6-4 旅游服务类人员绩效考核

部门：　　　　　　姓名：　　　　　　　　　岗位：　　　　　　　　考核日期：

类别	权重	考核项目	分值	优秀	良好	中等	稍差	很差	得分
职业道德	20	个人修养	10						
		工作作风	10						
工作态度	20	出勤情况	10						
		工作态度	10						
工作业绩	30	年度目标完成情况	10						
		年度取得技术情况	10						
		技术管理的失误率	10						

续表

类别	权重	考核项目	分值	优秀	良好	中等	稍差	很差	得分
工作能力	30	专业知识	10						
		技术经验	10						
		管理协调能力	10						
汇总	100								

（二）绩效实施

制订了绩效计划后，员工开始按计划开展工作。在工作的过程中，直接主管要对员工的工作进行指导和过程控制，并对员工的绩效情况做好相应的记录；对发现的问题及时予以解决，并对绩效计划进行调整。在该阶段重点解决"如何有效激励"的问题。

在绩效实施过程中，首先要将考核标准告知员工。这不仅可以使每个组织成员能够清楚地知道组织希望他们怎么做，而且还能够增加考核的透明度，使组织成员对考核工作持信任和合作的态度，并对考核结果予以理解和接受。

（三）绩效评价阶段

在绩效考核周期结束时，依据绩效计划，考核主体按企业绩效考核程序对被考核对象的绩效目标完成情况进行考核。考核的依据就是在绩效管理开始时双方达成一致意见的绩效合约，以及在绩效实施与管理过程中，所收集到的能够说明被考核者绩效表现的数据和事实。该阶段重点解决"谁来考核"和"用什么方法考核"的问题。

在很多企业，一般是由领导或专门的考核主管来充当考核者。但这种方法过于片面，考核者的组成应具有多方面的代表性，及时从不同部门抽调人员参与考核工作。此外，为保证考核的科学性和公平性，对考核者要加强培训。培训内容主要包括四个方面：组织人事制度的讲解、考核基本知识的介绍、说明考核中的种种误区、考核的基本要求。

绩效评价方法主要有图评价尺度法、交替排序法、配对比较法、强制分布法、关键事件法、行为锚定等级评价法和目标管理法，下一节会具体进行介绍。

（四）绩效反馈

绩效考核结束后，直接主管就考核结果与员工讨论。通过绩效反馈面谈，员工能够了解直接主管对自己的期望和自己的绩效状况，认识自己有待改进的方面；同时，员工也可以提出自己在完成绩效目标中遇到的困难，请求主管给予指导和帮助。该阶段重点解决"有什么差距"和"什么原因引起的差距"的问题。完整的考核体系需要对考核结果进行反馈，这种反馈不仅能为被考核者指明努力方向，而且还可以激发其上进心和工作积极性，从而提高组织的整体效益。

第二节　绩效评价技术

尽管有些企业取消了正式的绩效评价（如丰田公司），但是大多数企业为了让员工持续改进，完成目标，还是通过一套有效的绩效评价体系加以规范和指引。对员工进行绩效评价的主要目的在于:（1）绩效评价结果是基本薪酬和职位变动的依据。（2）绩效评价需要上下级间协商一致建立绩效目标和标准，制订完成目标的计划，有助于发现问题和巩固基础。（3）能够帮助员工识别知识的优势和劣势，是职业生涯发展的依据。（4）将个人绩效与团队、部门和组织绩效报酬一致，实现共赢发展。绩效评价结果的应用涉及企业管理的方方面面，表6-5展示了绩效考核数据在各方面应用的频数。

表6-5　绩效考核数据在各方面的应用频数

工资管理	5.85	达到法律要求	4.58
绩效反馈	5.67	决定岗位转换和任务指派	3.66
个人优劣识别	5.41	裁员决策	3.51
为人事决策提供证据	5.15	识别各人培训需求	3.42
认可个人绩效	5.02	决定组织培训需求	2.74
晋升决策	4.80	人事计划	2.72
识别不良绩效	4.96	加强权力结构	2.65
帮助识别工作目标	4.90	识别组织发展需求	2.63
续聘或终止雇用合同决策	4.75	建立可信度研究的标准	2.30
考核目标完成情况	4.72	考核人事制度	2.04

资料来源：Jeanstte N. Cleveland, Kevin R. Murphy, Richard E. Wiliams. Multiple Uses of PA: Prevalence and Correlates [J]. Joural of Applied Psycholog, 1989, 74（1）: 130-135.

现实中直接主管往往承担具体的评价工作，而不是人力资源部门。一位主管对下属评价过高或过低，可能对员工个人和企业双方都造成损害。因此，各级主管应该熟悉绩效评价的技术。人力资源部门是绩效评价的政策制定者、组织者和顾问，可以为直线经理提供建议、协助和培训，但具体的评价决策由部门经理来做。客观、公正和有效的评价至关重要，如果担心被评价者不高兴，或是不愿再招聘新员工，或是照顾下属情面种种，都可能造成绩效评价的偏误。因此，开发科学的绩效评价体

系，培训部门经理熟悉评价工具和方法是十分必要的，本节将对绩效评价方法进行介绍。

一、图评价尺度法

图评价尺度法（Graphic Rating Scale）也称为等级评价法，是最简单和运用最普遍的工作绩效评价技术之一。这种方法的关键在于评价等级的说明和界定，表6-6为导游评价等级说明表，给出了A到E不同等级，从导游的带团数量、受表扬数量、受投诉数量、外语能力和员工忠诚度5个方面进行了定义和描述，然后考核者针对每一个绩效指标、管理要项按照给定的等级进行评估。例如，如果一个导游的考核结果为带团数量很多、受表扬次数很多、受投诉数量无、外语能力很好并且对公司有很高的忠诚度，那么这名导游将被评为A级。

表 6-6　导游图评价尺度法应用举例

等级符号	等级	评价尺度	评价等级说明
A	杰出	100~90分	带团数量很多、受表扬次数很多、受投诉数量无、外语能力很好、忠诚度高
B	很好	90~80分	带团数量较多、受表扬次数较多、受投诉数量无、外语能力较好、忠诚度较高
C	好	80~70分	带团数量多、受表扬次数多、受投诉数量少、外语能力好、忠诚度一般
D	需要改进	70~60分	带团数量少、受表扬次数少、受投诉数量较多、外语能力一般、忠诚度一般
E	不令人满意	60分以下	带团数量很少、受表扬次数无、受投诉数量多、外语能力较差、忠诚度低

那么，应该评价哪些内容？通常来说，可以在图评价尺度法中设计四类与职位相关的评价维度。

一是通用工作维度。例如，沟通、团队合作、知识水平和工作数量等各职位的共性绩效表现。

二是具体工作维度。特定职位的一些主要和具体的工作职责方面的履行情况。例如，表6-7为某星级饭店西餐比萨饼厨师长的一项考核职责。

三是胜任力特征。考查员工是否表现出对于职位来说必不可少的胜任力特征。例如，导游员的胜任力特征可以包括价值观和道德观、环境适应性、主动性等。

四是具体绩效目标。对于一些容易量化的职位，还可以根据员工在实现具体目标方面所取得的成就大小来评价绩效。例如，景区中某娱乐和体育服务项目年销售收入达到50万元。

表 6-7　某星级饭店西餐比萨厨师长的一项考核职责

职位：比萨饼厨师长			
职责：保持充足的比萨饼面团存货	评价等级		
每个比萨饼面团的重量必须在12~14盎司；在放入能够控制温度和湿度的冰箱之前至少应揉两分钟以上，在使用之前要在冰箱中储存5小时以上；库存量必须充足，但是不能超过每天的需求量	需要改进	令人满意	优秀

二、交替排序法

交替排序法（Alternative Ranking Method）也叫个体排序法，是根据绩效考核的要素对绩效最好的员工到绩效最差的员工进行排序。一般情况下，挑出最好的和最差的被考核者，要比绝对地对他们的绩效进行考评要更简单。交替排序法在绩效考核中运用非常广泛。其操作方法是：

（1）将需要进行考评的所有被考核者名单列举出来，然后将不是很熟悉因而无法对其进行评价的人的名字画去。

（2）在被考评的某个方面，挑出最好的和最差的。

（3）在剩下的被考核者中再挑出最好的和最差的。

（4）以此类推，直到所有必须被考评的对象都被排列在表格中为止。

以酒店的服务人员为例，现在对小赵、小钱、小孙、小李、小周和小吴这6位酒店服务人员进行工作态度指标的考核。假定考核者对小钱不是很熟悉，则在名单上去掉小钱。然后对剩下的五个人进行对比，挑出工作态度最好的，假设为小吴，和工作态度最差的，假设为小周。再从剩下的三个中挑出工作态度最好的，假设为小李，工作态度最差的，假设为小赵。最后一轮只剩下小孙了。所以根据交替排序法，对以上5个酒店服务人员的工作态度进行排序，由好到坏依次为：小吴、小李、小孙、小赵、小周。

三、配对比较法

配对比较法（Paired Comparison Method）是指按照评价要素，将每一个被考评者与其他被考评者一一配对，分别进行比较。每一次比较时，给表现好的员工记"+"，另一个员工就记"-"。所有员工都比较完之后，计算每一个人"+"的个数，依次对员工做出评价。谁的"+"的个数多，谁的名次就排在前面。比如，表6-8就是一个景区讲解员工作态度配对比较法应用的例子。

表 6-8 景区讲解员工作态度配对比较法应用举例

姓名 \ 被对比人	小孙	小吴	小李	小周	小赵	"+"的个数
小孙		−	−	+	+	2
小吴	+		+	+	+	4
小李	+			+	+	3
小周	−		−		− .	0
小赵	−		−	+		1

例如，小孙在工作态度方面比小周强，就在对应的栏目中记"+"，不如小李，就在对应的栏目中记"−"。那么这五个员工在这方面的优劣顺序很容易看出来，依次为小吴、小李、小孙、小赵、小周。

四、强制分布法

强制分布法（Forced Distribution Method）可以有效地避免由于考核者的个人因素而产生的考核误差。一般都是按照提前确定的比例将被考核者分别放置到每一个工作绩效等级上去。如表 6-9 所示为景区纪念品销售人员登记评定的强制分布法实例。从表中可以看出，只有纪念品销售量排名前 10% 的员工才能被评定为 A 级纪念品销售人员。

表 6-9 景区纪念品销售人员强制分布法应用举例

等级	对应销售量排名	比例分布
A	10%	10%
B	10%~30%	20%
C	30%~60%	30%
D	60%~80%	20%
E	80%~100%	20%

五、关键事件法

关键事件法（Critical Incident Method）在运用时，被考核者在工作活动中所表现出来的非常好的行为或者非常不好的绩效行为将会被考核者记录下来。然后每隔一段时间，如一个月、季度或者半年，考核者和被考核者根据所记录的关键事件来讨论后者的工作绩效。

　　关键事件法为考核者向被考核者解释绩效评估结果提供了一些确切的事实证据，并且可以使考核者获得一份关于被考核者运用何种途径消除不良绩效的具体实例。表6-10记录了运用关键事件法对一位景区停车管理人员进行绩效评价的实例。

表6-10　景区停车管理人员关键事件法应用举例

工作责任	目标	关键事件
安排游客车辆停车	充分利用停车场中空余车位，及时引导游客停车	停车场中有超过20%的车存在不规范停车的行为，造成停车场资源的浪费
疏通停车通道	在保证车辆能通过的情况下，最大限度利用空间	游客常常抱怨停车通道交通拥堵，没有人员及时疏通
主动引导车辆出库	使入库和出库车流分开，避免碰撞	停车场交通事故率大幅度下降，较去年同期情况减少了30%

六、行为锚定等级评价法

　　行为锚定等级评价法（Behaviorally Anchored Rating Scale，BARS）是使用一些特定的代表优良绩效和不良绩效的具体典型事件，对一个量化的评价尺度加以解释或进行锚定。该方法结合了传统绩效评价和关键事件法，关键事件中的工作行为能够被更客观地描述。行为锚定等级评价尺度的开发通常包括五个步骤，如图6-4所示。

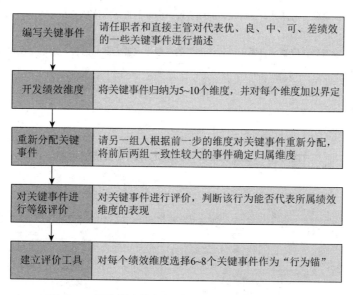

图6-4　行为锚定等级评价法评价尺度的编制步骤

表6-11、图6-5和图6-6分别展示了导游景点讲解、酒店收银员责任感方面和某专卖店售货员在处理顾客投诉的态度和方式方面的行为锚定的等级评价尺度。

表 6-11 导游景点讲解行为锚定等级评价法应用举例

维度：景点讲解能力	
优秀： 5 4	导游能生动形象地介绍景点 当有游客询问有关景点问题时，导游能从容解答
中等： 3 2	导游能清楚简单地给游客讲解 讲解时，导游表现出许多令游客厌烦的习惯
极差： 1	导游在带团时对游客不礼貌

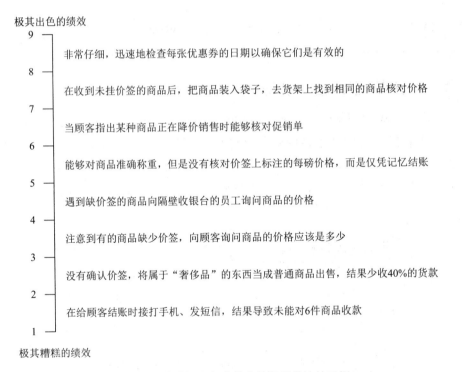

图 6-5 酒店收银员行为锚定等级评价法的示例

156

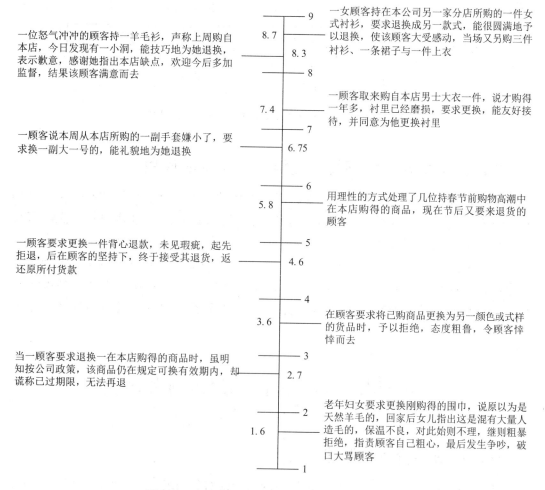

图6-6 专卖店售货员行为锚定等级评分法示例

七、目标管理法

目标管理是彼得·德鲁克在1954年第一次提出来的。目标管理的过程是一个循环的过程，员工参与目标制定的过程是目标管理法的一大特色。依据目标管理法，可以避免员工每天忙忙碌碌，但所做的事却与组织目标毫不相干。它使个人目标和组织目标有机结合起来，可以让员工更多地参与目标设定的过程，可以加强团队内部的关系。目标管理法的具体操作可分为绩效目标设定、确定目标达成的时间框架、实际绩效水平与绩效目标和设定新的绩效目标4个步骤。图6-7为采用目标管理方法对景区市场营销人员进行绩效考评的实例。例如，景点门票销售人员一个月内的绩效目标为销售门票500张，在绩效考核周期结束时他的实际绩效为600张，超出了原来设定的目标，因此对绩效目标做适当调整，设定下一个月的绩效目标为销售景点门票550张。

图 6-7　景区市场销售人员目标管理法的实施过程

八、计算机和互联网技术在绩效评价中的应用

计算机和互联网技术可以有效提高绩效评价的效率。电子化绩效监控是在利用网络技术的基础上，使管理人员能够获取员工的电脑和办公电话中的信息。管理人员能够监控员工从事在线工作的频率、准确性及所花费的时间。例如，人力资源信息技术系统能整合绩效管理过程；目标的电子绩效监控技术可以实时发布绩效状况；目标和项目的优先级可以持续跟踪绩效目标的实现情况。当绩效情况改变时，电子绩效监控工具可以自动通知经理，为管理者提供一个及时指导和反馈的机会。

第三节　对于部门和组织的考核

一、绩效评价系统概述

自 20 世纪初，围绕绩效评价目标导向的改变，部门和组织绩效评价系统成为研究的热点问题。经营环境的变化是部门和组织经营绩效评价体系发生变化的重要原因。绩效评价系统的演进大致分为三个阶段（见图 6-8）。

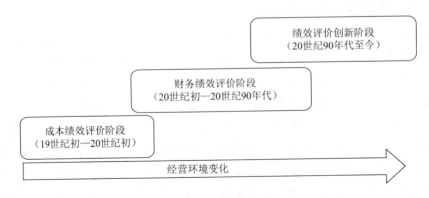

图 6-8　组织绩效评价体系演进过程

（一）成本绩效评价阶段（19 世纪初—20 世纪初）

成本绩效评价阶段主要是以成本为主，其成本评价的基本原理是一种非常朴素的以本求利思想，该时期的绩效评价指标主要是成本。这一阶段可以细分为简单成本绩效评价阶段、较复杂成本绩效评价阶段和标准成本绩效评价阶段。

第一，简单成本绩效评价阶段。早期的成本思想和简单的成本计算是随着商品货币经济的出现而随之出现的。这一阶段的经营业绩评价的重点就是降低生产成本，由此形成了诸如每码成本、每磅成本、每千米成本等的评价指标。这种业绩评价带有统计的性质。

第二，较复杂成本绩效评价阶段。随着手工工厂的出现，原有的以本求利的思想逐渐被如何提高生产效率，以便尽可能多地获取利润的思想所取代，简单的成本绩效评价的基础上出现了较复杂的成本计算和绩效评价，形成了间接成本绩效评价指标体系。

第三，标准成本业绩评价阶段。1911 年，美国会计工作者哈瑞设计了最早的标准成本制度，实现了成本会计的第二次革命。标准成本制度的建立，标志着人们观念的转变，由被动的事后系统反映分析转变为积极、主动的事前预算和事中控制，达到了对成本进行管理的目的。合理的设计标准成本、监控标准成本的执行情况和差异分析结果成为该时期评价部门和组织经营业绩的主要依据。

（二）财务绩效评价阶段（20 世纪初—20 世纪 90 年代）

随着市场自由竞争的不断加剧，部门和组织为控制风险，纷纷从事多种经营，其结果导致跨行业的部门和组织集团大量增加，为部门和组织绩效评价指标体系的改革与创新提供了可能。1903 年，杜邦公司的管理者设计出以投资报酬率为主要内容的绩效评价体系，从而开创了以财务为主体的部门和组织绩效评价方法的先河。

第一，以销售利润为中心的财务绩效评价阶段。20 世纪初，资本主义经济大发展时期，大量的现代公司制部门和组织都处于建立与成长阶段。这时的部门和组织经营管理目标是追求市场份额和销售额的增长，公司通常借助于"利润中心"对公司进行管理与控制，与之相适应，评价部门和组织经营业绩状况的指标主要是销售利润率。

第二，以投资报酬率为中心的财务绩效评价阶段。该阶段围绕着股东价值最大化这一财务管理目标，对部门和组织的绩效评价主要是运用投资报酬率这一指标。此外，还有销售利润率、每股收益、现金流量和内含报酬率等。其中，经营利润和现金流量已成为该时期绩效评价的重要因素。对管理者的补偿也是根据 EPS 及其增长，以及与竞争对手相比的回报指标情况而定的。

第三，以财务指标为主的绩效评价阶段。20 世纪 80 年代，对组织经营业绩的评价形成了以财务指标为主，非财务指标为补充的绩效评价时期。这一时期的重大变化就是将非财务指标如产品生产周期时间、客户的满意程度、保修成本等引入业绩评价体系，通过会计提供的财务数据分析评价公司的整体业绩，依据管理会计、成本会计提供的数

据分析评价过程。

（三）绩效评价创新阶段（20 世纪 90 年代至今）

20 世纪 90 年代，部门和组织的经营环境发生了巨大的变化。经济全球化和世界经济一体化趋势的形成，新经济时期的到来，金融工具的频繁使用及市场的瞬息万变，导致竞争在全球范围内加剧。部门和组织要在市场竞争中生存和发展，就必须将绩效评价与战略规划和远景目标相结合。为了实现组织的战略目标，就必须形成和保持组织的核心竞争优势。为此，组织管理理论与绩效评价理论也应适应环境的要求而发展和变化，从而为组织战略竞争优势的形成和保持提供服务。在这一阶段，组织经营绩效评价指标体系中财务指标及人力资本的评价显得日益重要。

二、部门和组织绩效考核的方法

上一节讨论的方法主要是针对员工个人的绩效考核方法，对部门和组织的考核也同样重要。每个员工都会隶属于某个团队或部门，他们不仅要完成工作说明书的内容，还要在团队或部门中担当自己的角色，开展分工、协调与合作，完成团队、部门和组织目标。对于部门经理而言，他们的绩效结果就是部门目标。可见，整个部门的目标完成情况，是部门经理绩效考核的重要内容。那么对部门应该如何考核？针对部门的考核方法，本节将主要介绍两类——关键绩效指标（KPI）和平衡计分卡（BSC）。

（一）KPI 绩效评价系统设计

KPI 绩效评价系统又称为关键绩效指标评价系统，是依据组织战略，通过分级战略，制定合理的目标，并对其实现过程进行有效的控制，以驱动组织绩效的方法。其中关键绩效指标是指能衡量组织战略实施效果的关键指标。通过指标的层层分解，落实到业务重点上，能够传递组织价值，激励员工为实现组织战略目标奋斗。

1.KPI 指标体系和传统绩效考核的区别

企业在经营过程中，随着市场环境和企业内部状况的变化，经营者、管理者在不同的时期会设定不同的战略目标，管理者在不同时期的关注重点也会有所区别，这种变化必须通过绩效指标的变化和调整来引导，通过引导使员工将注意力集中于企业当期的经营重点。企业的环境变化导致企业战略调整，KPI 指标也会动态地进行调整，因此 KPI 指标体系与一般的绩效评价体系有着明显的区别，具体见表 6-12。

表 6-12　KPI 指标体系与一般绩效考核体系的区别

	KPI 指标体系	一般绩效考核体系
假设前提	假定人们会采取一切必要的行动达到事先确定的目标	假定人们不会采取行动以实现目标；假定人们不清楚应采取什么行动以实现目标；假定制定与实施战略与一般员工无关

	KPI指标体系	一般绩效考核体系
考核的目的	指标体系的设计及运用都是为战略服务的	以控制为中心，指标体系的设计与运用来源于控制的意图，也为更有效地控制个人的行为服务
指标的产生	在组织内部自上而下对战略目标进行层层分解产生	通常是自上而下根据个人以往的绩效与目标产生的
指标的来源	来源于组织的战略目标与竞争需要	来源于特定的程序，即对过去行为与绩效的修正
指标的构成及作用	通过财务与非财务指标相结合，体现关注短期效益、兼顾长期发展的原则；指标本身不仅传达了结果，也传递了产生结果的过程	以财务指标为主，非财务指标为辅，注重对过去绩效的评价，指导绩效改进的出发点是过去的绩效存在的问题，绩效改进行动与战略需要脱钩
收入分配体系与战略的关系	与KPI指标的值、权重相搭配，有助于推进组织战略的实施	与组织战略的相关程度不高，但与个人绩效的好坏密切相关

因此，运用KPI指标体系对企业绩效管理有着非常重要的意义：使KPI指标体系不仅成为员工行为的约束，同时发挥战略目标的导向作用；通过员工的个人行为、目标和企业战略相契合，使KPI指标体系成为企业战略的实施工具；传统绩效考核是以控制为中心，而KPI指标体系则以战略为导向，强调战略在绩效考核中的核心作用。

2. 关键绩效指标评价系统构建的步骤

下面以一家旅游公司为例介绍构建关键绩效指标评价系统的步骤：

（1）建立组织KPI。明确组织战略目标，利用头脑风暴或者鱼骨分析找出业务重点，从而找出关键业务领域的关键绩效指标。运用鱼骨图对该旅游公司的关键成功要素进行分析，根据企业战略目标——提升客户满意度，分析出了该公司作为旅游公司的关键成功要素有：市场领先、客户服务、利润增长、组织建设。

（2）建立部门KPI。根据组织KPI，由各部门主管建立部门级KPI，确定相关的要素目标，绩效驱动因素。以该旅游公司的市场部为例，则市场部门的关键成功因素是市场领先，分析出部门KPI为市场竞争力、市场拓展力和品牌影响力（见图6-9）。

（3）部门KPI分解。进一步分解部门KPI，将部门KPI落实到职位的业绩衡量指标。对该旅游公司市场部部门KPI逐步分解，得到更加细化的KPI指标，例如，市场竞争力可分解为：当期接待团次、当期接待人数和当期营业收入。

（4）设定指标评价标准。规定指标是在哪几方面进行衡量的，即"考核什么"，并且指出在每个指标上应达到什么水平。

（5）对关键绩效指标进行审核。目的是为了确保这些关键绩效指标能够全面、客观地反映被考核者的绩效，而且易于操作。

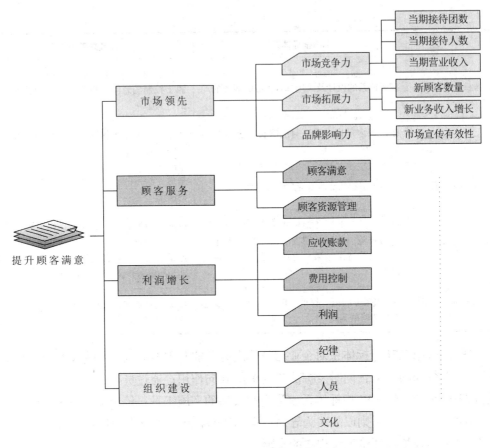

图 6-9 某旅游公司关键成功要素分析

3. 关键绩效指标法的优劣分析

关键绩效指标法具有以下几个优点:

（1）有利于实现企业战略目标。KPI 体现了组织当前的战略目标和个人岗位职责的结合，通过 KPI 的整合和控制可以使员工绩效行为与组织目标要求的行为相吻合，避免出现过大偏差，有力地保证了组织战略的实施。

（2）有利于传导压力。每个企业都面临着来自市场的压力，企业战略是对压力的一种应对。为应对得当，企业需要将各种压力有效地传达给每个员工。KPI 体系的建立，可以使责任到位，结果明确，促使每个员工在领会企业战略、接受企业目标的同时，真实地感受市场压力，将努力的方向聚焦到企业的要求上来。

（3）有利于部门、岗位间的团结协作。KPI 体系是连接每个岗位与企业战略目标的纽带。通过 KPI 体系，部门和岗位不再孤立地以各自发展为目标，而是集中到共同的目标上，从而加强了部门之间的协作，促进了不同业务领域中员工的分工合作。

（4）有利于明确部门、岗位工作的重点和目标。通过 KPI 来衡量各部门、岗位的绩效行为，可以使每个部门和每个员工都明确自己的责任、目标，抓住工作重点，从而使每一个绩效行为都能为企业整体经营目标的实现提供支撑，消除无效的工作行为对企业经营管理和绩效提升的影响。

关键绩效指标法也存在一些缺陷和不足，主要表现在：

（1）指标体系过于庞大。关键绩效指标法对每一项对战略有重要意义的工作都会提取相应的 KPI，导致指标体系过于庞杂。在当今多变的社会环境下，战略也跟着改变，而这种指标体系过于庞大，因而应变性较差，很难跟上战略的变化，直接影响到实施的效果。

（2）指标的创建和量化较难。关键绩效指标法所要求设计的 KPI 必须是明确的、可测量的，然而现实情况是组织中存在大量难以量化的关键行为和指标，这就使得关键绩效指标法在指标的创建和量化方面非常困难。

4. 关键绩效指标法的适用范围

关键绩效指标法比较适用于组织战略目标有着紧密联系、对组织的增值或未来发展潜力有直接贡献的岗位，如总经理、副总经理、研发人员、销售人员、生产人员等，而对于事务性岗位，则不太适合。

（二）平衡计分卡

平衡计分卡是由哈佛大学商学院的 Robert S. Kaplan 教授和波士顿咨询公司顾问 David P. Norton 于 1990 年开发的（见图 6–10）。他们指出，由于现在的企业面对的竞争环境已经从工业时代过渡到了信息时代，传统的财务绩效考核办法就不像以前那样能够准确反映企业的运营状况了。平衡计分卡最突出的特点是，将企业的愿景、使命和发展战略与企业的绩效评价联系起来，它把企业的使命和战略转变为具体的目标和评测指标，以实现战略和绩效的有机结合。表 6–13 为某旅游公司基于平衡计分卡的绩效评价体系。

1. 平衡计分卡的四个维度

作为一种新的绩效考评体系，平衡计分卡包括四个维度：财务、顾客、内部流程和学习与成长。

（1）财务。虽然传统的仅偏重财务指标衡量企业业绩的体系存在种种缺陷，但是这并不等于是否定财务衡量指标。其目标是解决"怎样满足股东"这一问题。告诉管理者他们的努力是否对企业的经济收益产生了积极的作用。因此，在平衡计分卡绩效评价体系中，财务指标是其他维度的出发点和落脚点。它反映了企业战略的全貌，从企业长远的财务目标开始，将它们同企业一系列行动相联系。

（2）顾客。其目标是解决"顾客如何看待我们"这一问题。平衡计分卡要求管理者把为顾客服务的抽象目标转化为具体的测评指标，这些指标能够反映真正与顾客相关的因素，核心的衡量指标有：市场份额、老顾客回头率、新顾客增长率、客户满意度和顾客利润率。其中，客户满意度决定了新顾客增长率和老顾客回头率，后两者决定市场份

额的大小，前四个指标共同决定了顾客利润率。

（3）内部流程。内部流程管理着眼于企业的核心竞争力，应本着满足顾客需要的原则来制定业绩衡量指标。其目标是解决"我们必须擅长什么"这一问题。例如，早期的内部流程是以产定销式的，重视的是改善已有的流程；现在的流程是以销定产式的，常常要创造全新的流程，通常包括产品开发过程、经营过程和售后服务过程，以顾客为基础的指标十分重要。管理者应该关注这些使公司能满足顾客需要的关键内部经营活动。内部流程方面的指标应该来自对顾客满意度有最大影响的业务流程，包括影响循环期、质量、员工技能和生成率的各种因素。

（4）学习与成长。其目标是解决"怎样提高并创造价值"这一问题。以顾客为基础的测评指标和内部业务流程测评指标确定了公司竞争取胜的重要参数。但是，环境和竞争要求公司不断改进现有产品和流程，企业必须不断学习，建立学习型组织，才能不断地开发出新产品，企业才能进入新市场，提高可持续发展能力，增加企业收益。

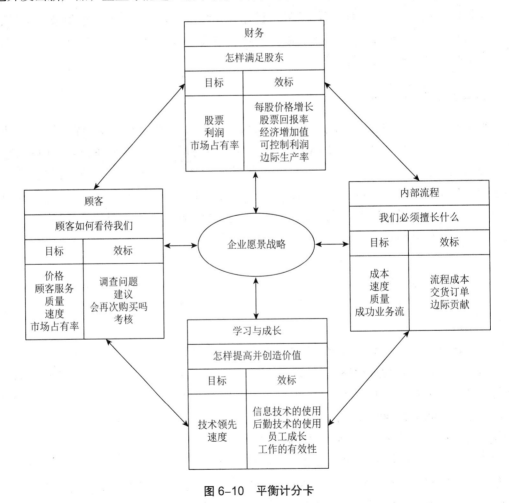

图 6-10　平衡计分卡

表6-13　某旅游公司基于平衡计分卡的绩效评价体系

维度	目标	关键成功要素	评价指标
财务	提高旅游服务的财务价值	增加旅游收入	旅游服务净资产收益率
		降低成本费用	成本费用收益率
		旅游服务能力	旅游收入增长率
		旅游服务潜力	旅游净利润平均增长率
	提高旅游服务的潜在价值	提高旅游形象	旅游知名度
顾客	与游客建立伙伴关系，并让他们对服务感到满意	游客满意	游客的满意度
			游客的投诉率
	增加游客数量和质量	游客收益性	游客人均消费额的提升率
		获得新游客能力	日游客量的提升率
内部流程	提高旅游服务水平	旅游服务建设	以游客需求为导向的服务建设程度
			服务的方式和效率
			设施设备
		旅游服务创新	旅游服务创新数量和程度
		旅游追踪服务	定期回访获取的好评率
			投诉处理效率
学习与成长	增强学习能力，保证旅游企业的组织健康成长	服务人员精神状态	旅游服务人员满意度
		服务人员素质	旅游服务人员的平均学历水平
		服务人员培训水平	旅游服务人员技能培训支出比例和覆盖率
		服务人员工作状态	旅游服务人员工作效率

2. 平衡计分卡的适用范围

（1）面临且感知到较大竞争压力的企业。竞争的压力是企业谋求发展的内在动力，这正好也是平衡计分卡得以实施的内在原因。所以，它适合于面临且感知到较大竞争压力的企业。

（2）以目标、战略为导向的企业。平衡计分卡的设计必须以战略为基础。所以，实施平衡计分卡的企业必须以目标、战略为导向，有明确的组织战略目标。

（3）管理水平较高的企业。平衡计分卡系统要求企业有强大的信息数据搜集功能和清晰的流程，实施起来比较复杂。所以，它适用于管理基础较好、成熟度较高的企业。

第四节 绩效反馈

一、绩效面谈

在绩效面谈（Appraisal Interview）阶段，主管和下属员工对绩效评价的结果进行共同审查，然后共同制订计划来弥补一些绩效缺陷，同时强化绩效优势。可见，绩效面谈中既包括负面反馈，也包括正面反馈，面谈双方需要做到坦诚、包容和客观。

（一）绩效面谈的类型

绩效面谈通常会在如图 6-11 所示的四种类型中进行，每种类型中面谈的目的和方式存在差异。

绩效令人满意+晋升	绩效令人满意+不晋升
目的在于讨论员工的职业发展规划，内容涉及晋升、加薪、在教育和职业开发方面制订具体的行动计划等	目的是促使员工维持现有的绩效水平，内容涉及发掘员工有效的激励方式，强化高绩效行为
绩效不佳+可改善	绩效不佳+不可改善
目的在于制订一套行动计划，以改善绩效，内容包括明确目标、确认胜任力差距等	此种情况下可以跳过绩效面谈，或者听之任之或者进入解雇程序

图 6-11 绩效评价面谈的四种类型

（二）如何进行绩效面谈

绩效面谈前要做充足的准备，同时应：（1）审查被评价者的职位描述。（2）将被评价者的实际绩效与绩效标准进行对照。（3）审阅被评价者以往的绩效档案。（4）通知被评价者提前一周回顾自己的工作。一般来说，低职位者的面谈时间会相对较短，不应超过 1 小时，管理岗位的员工面谈一般要 2~3 小时。面谈过程中要遵照如下原则：

（1）根据客观的工作数据进行面谈。使用缺勤记录、质量记录、投诉记录、事故报告等方面的数据。

（2）不要指责员工。不要直接批评员工，也不要将其与其他员工进行比较。

（3）要鼓励员工多交谈。要注意听听员工要说什么，多提一些开放性问题。

（4）达成一致。确保员工能够明白他的日常表现哪些是对的，哪些是错的，就未来工作目标、改进方案和行动计划达成一致。

二、360° 反馈评价

（一）360° 反馈评价概述

360° 反馈评价，也称为全方位反馈评价或多源反馈评价。它是一种从来自各个层面的相关人员手中收集关于被评价者的信息，然后从多个视角对员工进行综合评价和反馈的方法。传统的绩效评价，主要由被评价者的上级对其进行评价；而 360° 反馈评价则如图 6-12 所示，包括被评价者的上级、同事、下属、客户和自己。

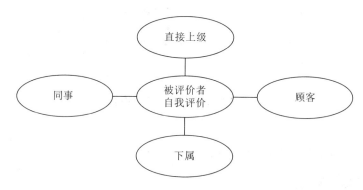

图 6-12　360° 反馈评价示意

上级考评，由被评价者的上级主管进行考评。由于上级领导管理与监督下属人员，所以对被评价者是否完成了工作任务，是否达到了预定的绩效目标等实际情况比较熟悉了解，而且在思想上也没有更多顾忌，能较客观地进行考评。

同级考评，同事通常与被评价者共同工作，密切联系，相互协作，相互配合，被评价者的同事比上级更能清楚地了解被评价者，对其潜质、工作态度、工作能力和工作业绩了如指掌，但他们在参与评价时，常受人际关系状况的影响。

下级考评，下级作为被评价者的下属，更了解被评价者的工作作风、行为方式、实际成果，对其一言一行有亲身的感受，而且有其独特的观察视角，但他们对被评价者又容易心存顾虑，致使评价的结果缺乏客观公正性。

自评，自评指被评价者自己对自己进行的绩效考评，容易受到多种因素的影响，因此具有一定的局限性。

客户考评，外部人员是指被评价者所在部门或小组以外人员，如直接服务的客户，他们虽能较客观公正地参与绩效评价，但他们很可能不太了解被评价者的能力、行为和实际工作的情况，使其评价结果的准确性和可靠性大打折扣。

作为一种新的业绩改进方法，360° 反馈评价得到了广泛的应用。世界 500 强所有的企业都已经采用了这种评价方法。目前，国内的一些企业也开始采用这种评价方法。但是，有一些公司斥巨资进行 360° 反馈评价，却收效甚微，甚至适得其反，造成评价者和被评价者关系紧张，给公司带来了不利的后果。因此，国内公司在引进、实施 360° 反馈评价时，一定要特别谨慎。

有一点要着重强调，那就是此种评价方法反馈回来的信息适合应用于员工开发方面，而不适合应用于员工加薪和升迁。调查数据也显示，绝大多数的企业管理者认为该方法是员工发展和绩效导辅的工具，不应该被用于企业人力资源管理的其他目的。360° 反馈一般采用问卷的形式，问卷包括的内容如图 6-13 所示。

> - 领导力
> - 自我管理
> - 价值观和愿景
> - 决策
> - 驱动力
> - 团队角色和人员管理
> - 沟通
> - 组织技巧
> - 专业知识和技术
> - 适应性

图 6-13　360° 反馈问卷内容

（二）360° 反馈评价的优缺点

1. 360° 反馈评价的优点

（1）评价的全面性。提供更多客观有效的有关员工工作表现的讯息，它不仅重视员工的工作成效和结果或对组织的贡献，并重视员工平常的工作行为表现。

（2）信息质量的可靠性。由于同事平时朝夕相处，因此有较多的机会观察，因此对每个人的表现都十分清楚，他们的评价可作为主管评价员工的重要参考。同事与部属的反馈可以拓展主管的视野，平衡由传统评估方式中主管个人的喜恶形成的偏差，因此综合被评价者上司、同事、部属的评价，即可看出一个人的真实全貌。

（3）加强了团队精神。通过全体成员参与的方式，达到激励员工的效果，并通过运用这些正确、客观、有效的信息，不但可以指出员工个人本身的优缺点与未来努力的方向，而且可诊断出组织目前和将来可能面临的问题，进而谋求解决之道。

（4）增强员工的自我发展意识。授权给员工让其参与考评，不仅使员工有参与感，更可以将他们训练成为未来的优秀主管。

总而言之，360° 反馈评价无论是对员工本人、团体士气、主管或整个组织的效能，都要比传统的单一主管考核的方式正确、客观、公平、有效。

2. 360° 反馈评价的缺点

（1）考核成本高。360° 反馈评价涉及各个部门、每位员工，在众多人员参与的情况下，时间和金钱成本都较大。

（2）可能导致信息失真。一方面由于大部分是采取匿名的方式进行，参加人员可能由于个人原因对相关信息进行保留或者提供虚假信息。另一方面由于使用目的不同，也有可能导致 360° 反馈评价系统信息出现失真。

（3）形成不利的非正式组织。由于该系统具有公开的一面，容易形成不利的非正式组织。

（4）考核难度大。由于 360° 反馈评价所应用的信息来源的多元性，反馈信息来自不同方面，导致信息繁多，考核者要理解从不同渠道传来的信息，但这些信息并不是完全一致的，造成信息处理困难。

（三）360° 反馈评价的操作过程

1. 准备阶段

准备工作影响着评价过程的顺利进行和评价结果的有效性，因此非常重要。准备阶段的主要目的是使所有相关人员，包括所有评价者与被评价者，以及所有可能接触或利用评价结果的管理人员，正确理解企业实施 360° 反馈评价的目的和作用，进而建立起对该评价方法的信任。

2. 评价阶段

（1）组建 360° 反馈评价队伍。必须注意评价要征得被评价者的同意，这样才能保证被评价对最终结果的认同和接受。

（2）对评价者进行 360° 反馈评价技术的培训。为避免评价结果受到评价者主观因素的影响，企业在执行 360° 反馈评价方法时需要对评价者进行培训，使他们熟悉并能正确使用该技术。

（3）实施 360° 反馈评价。分别由上级、同级、下级、相关客户和本人按各个维度标准，进行评价。评价过程中，除了上级对下级的评价无法实现保密之外，其他几种类型的评价最好是采取匿名的方式，必须严格维护填表人的匿名权及对评价结果报告的保密性。

（4）统计并报告结果。在提供 360° 反馈评价报告时要注意对评价者匿名需要的保护。还有重要的一点，要确保其科学性。例如，报告中列出各类评价人数一般以 3~5 人为底线；如果某类评价者（如下级）少于 3 人的话，则必须归入其他类，而不得单独以下级评价的方式呈现评价结果。

（5）企业管理部门针对反馈的问题制订相应措施。

3. 反馈和辅导阶段

向被评价提供反馈和辅导是一个非常重要的环节。通过来自各方的反馈可以让被评价者更加全面地了解自己的长处和短处，更清楚地认识到公司和上级对自己的期望及目前存在的差距。根据经验，在第一次实施 360° 反馈评价时，最好请专家或顾问开展一对一的反馈辅导谈话，以指导被评价者如何去阅读、解释及充分利用 360° 反馈评价方法和反馈报告。具体见表 6-14，该表为某旅游企业中层管理者季度考评汇总。

表6-14　某旅游企业中层管理者季度考评汇总

姓名		岗位		考评时间	年　月　日 — 年　月　日		
考评关系	考评人	评分（100分）		平均分	权重	加权分	合计
述职自评					10%		
上级考评					40%		
同级互评					20%		
下级考评					20%		
外部客户考评					10%		
被考评人的主要优缺点 （直接主管填写）							
被考评人绩效改进计划 （双方沟通后填写）							
绩效等级评定		A□　　B□　　C□　　D□　　E□					
绩效等级 评定人签名、日期			被考评人签名、日期				

（四）360° 反馈评价的适用范围

360° 反馈评价适用于知识型员工较多的企业或信息化程度较高的企业。生产型和销售型企业，由于指标比较清晰，没有必要采用此种评价方法，而知识型员工占多数的企业由于绩效指标中定性指标较多，所以适合采用此种评价方法来进行全方位评价。由于 360° 反馈评价需要搜集处理对某一员工全方位评价的数据后方可正确评价某一员工的绩效，因而在实际操作中往往需要用人力资源管理信息系统来做技术支撑。从被考核对象看，由于 360° 反馈评价是对考核者全方位的考核，要求被考核者既要有上级和服务对象，又要有下级和同级（或供应商），加之考核成本较高，所以只适合对公司的中高层进行考核。

 【复习思考题】

1. 什么是绩效？绩效考核与绩效管理有什么区别？
2. 绩效管理包括哪些主要环节？
3. 常见的绩效考评方法有哪些？应该注意哪些问题？
4. 如何设计绩效评价系统？

 【案例分析】

酒店绩效考核的案例

某酒店成立于 2003 年，组织结构中除了一线的客房部、餐饮部、后厨部外，还有相应的职能部门（财务部、人力资源部、办公室）及工程部、工程维修部、林果部等部门。其中，工程维修部门主要的维修内容是：修灯泡、换水管、刷墙、修门、开锁等各种事项；其员工大都是老员工，平均年龄在 35 岁左右，在酒店工作达 5 年以上，随着年龄增加，这些员工在企业的工作积极性越来越差，"老油条"的员工越来越多。其他部门对该工程维修部门的意见也越来越大，主要反馈他们工作服务不及时。反映这个问题最多的是客房部，主要是客房部向工程部提出服务需求，程序如下：入住酒店顾客在使用客房过程中，发现电话不通、网络不通、锁头坏了、水管漏水等事项，向客房服务员提出，客房服务员然后将这个信息转发给工程部，工程部随后派人去维修。工程维修部认为：客房部的服务员被动工作，往往很简单的事情都让工程部维修中心支持。这样就造成工程维修部出现工作繁忙、维修工作顾不过来的局面；同时，维修部工种主要分为水工、电工、木工，各工种各管自己工种的事情，这样在维修过程中，当客房部出现灯泡损坏或者水管损坏的问题时，维修部门往往是各工种的人员维修各工种的工作，使得工作效率低下。

讨论题： 如何提高工程维修部门的工作效率，以及如何调动起大家的工作积极性？

第 ⑦ 七 ⑧ 章

薪酬与福利管理

 本章导读

薪酬和福利管理是旅游人力资源管理的主要组成部分，是企业吸引人才、留住人才和激励人才的重要工具，并进而影响整个旅游企业的绩效和竞争力，具有战略性的地位。本章通过对薪酬的概念、影响因素，薪酬体系设计、薪酬预算、薪酬调整和福利等相关内容的介绍，能够使读者了解相关知识，使旅游企业对薪酬和福利管理有更充分的认识。

【学习目标】

1. 明确薪酬体系设计的步骤，掌握薪酬调查的应用和方法、职位评价的方法、薪酬策略的定位；

2. 掌握薪酬的基本概念、功能和影响因素，薪酬管理的原则和薪酬体系的分类；

3. 掌握薪酬预算的作用、方法和影响因素，薪酬调整的依据、方式及效果分析，高级人才的薪酬管理；

4. 掌握有关福利的特点、作用、构成及弹性福利制度。

【导入案例】

金星饭店薪酬改革

金星大饭店在当地是一家成立较早、影响较大的国营大饭店，几年前饭店就成立了公关销售部，销售人员不坐班，有打折权，与各式各样的客户交往，是饭店最令人羡慕

的部门。

现在饭店经过几年的改造，其规模在当地具有相当的影响。但是销售部的销售额不见上升，反而有所下降，有人说，销售部的人不销售，营业额才没有上来。但是，销售部的人却认为，市场今非昔比，两年时间里，两家五星级饭店相继开业，饭店引以为豪的康乐中心，现在又面临即将开业的有40条球道的日月保龄球中心，以及附近一家五星级饭店的水上乐园的威胁。销售人员还认为自己薪金低，在饭店不被重视，各部门也不给予支持，工作起来很难。

饭店总经理王力想让公关销售部充分发挥作用，但是有些能力不足的工作人员让他很头疼，为了调动销售人员的工作积极性，他打算建立一套优胜劣汰的奖励制度，不但调动优秀员工的积极性，同时使一些不合格的人员从此不再认为公关销售部是个好地方，彻底离开。

金星大饭店原来公关销售部实行的是固定薪金制，由于销售人员被认为是"用处不大"，所以薪金与文员薪金相同，这比同星级饭店销售人员薪金要低200~400元。饭店薪金改革目标非常明确：（1）建立公平分配机制，形成竞争压力调动销售人员的工作积极性。（2）以薪金改革代替裁员，避免员工冲突，实现优胜劣汰。（3）以薪金相对优势形成地位相对优势，赋予销售部更多实际权力，使其工作有更大的自主权。

根据王总的指示，财务部和人事部对5年来金星饭店的销售收入进行了统计，确定了新的薪金改革方案。根据销售部的工作分工及淡旺季不同，薪金分为三类。

旅行社组：旺季（1、2、6、7、8月）

完成定额25（含）万元，得基本薪金600元。

完成定额25万~30万元，得基本薪金+岗位津贴合计1000元。

完成定额30（含）万元以上，每超额2万元，获得销售奖200元。

以此类推如下表所示：

薪 酬		基本薪金600元	基本薪金+岗位津贴1000元	销售奖获200元
旅行社组定额	1、2、6、7、8月	25（含）万元以内	25万~30（含）万元	30万元以上，每超额2万元
	3、4、5、9、10、11、12月	10（含）万元以内	10万~15（含）万元	15万元以上，每超额1万元
散客组定额	全年	7（含）万元以内	7万~10（含）万元	10万元以上，每超额1万元

此外，薪金方案中还规定，连续三个月不能完成定额的人员将自动辞职；销售人员在特别情况下享有与总经理一样的打折权。

方案一出台，立刻招致强烈反对，理由有四条：

（1）定额太高，根据现在变化的市场形势无法实现。

（2）星级饭店中实行效益薪金的几乎没有，饭店要求太苛刻。

（3）如何分工分区，在一些非商业区，根本没有充足的客源，而有充足客源的区域，由于饭店地理位置的限制也极少到此消费。

（4）饭店产品不具有吸引力，销售部好不容易请来的客人，或因为服务不佳离去，或因为产品单一而不愿再次光顾，因此饭店应该首先提高产品质量。

尽管很多人不满这一薪金方案，但是在饭店的坚持下，薪金按此方案进行。半年后有人提出辞职，据说还带走了一些客户，他负责的区域在他还没有正式辞职时就被其他的销售人员分了。

资料来源：旅游人力资源管理案例点评［EB/OL］. http：//papers.9first.com/document_detail-49485.html.

第一节　薪酬与福利管理概述

一、薪酬的概念和作用

（一）薪酬的概念

报酬（Rewards）一般指员工因为个人贡献从企业得到的各种有价值的东西，包括内在报酬（Intrinsic Rewards）和外在报酬（Extrinsic Reward）。前者指从企业获得的非物质收益，后者指物质性收益。广义的薪酬（Compensation）可以等同于外在报酬，指员工由于雇佣关系而获得的所有形式的经济性报酬，包括直接经济报酬（Direct Payments）和间接经济报酬（Indirect Payments）。直接报酬包括奖金和工资等，间接报酬一般指各种福利，如生活福利、有偿假期、个人福利和公共福利等。报酬系统的分类模型如图7-1所示。

支付给员工的直接经济报酬可以根据工作时间支付，也可以根据绩效支付。多数酒店和景区企业的薪酬计划是以工作时间为支付薪酬的基础，如酒店财务人员、部门经理和领班等，通常是按月或年来领取报酬的。根据具体情况，一线服务员可以按小时或日领取报酬。现实中，旅行社导游员的工资除基本薪酬外，还会有小费、佣金、出团补贴、自费项目和景点提成等。

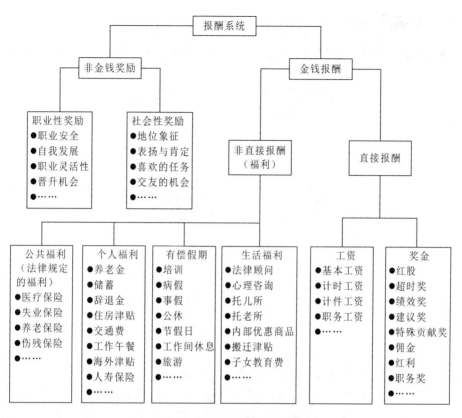

图 7-1 报酬系统的分类模型

【知识链接 7-1】

德西效应（Westerners Effect）

心理学家爱德华·德西在 1971 年以大学生为被试者通过完成一定数量的智力难题，做了一个关于内在和外在激励效应的实验。实验有三个部分：先是所有的被试者都无奖励；再将被试者分成两组，实验组的被试者每完成一个难题可得到 1 美元的报酬，控制组的被试者无报酬；最后，让被试者在原地只有活动和休息，他们可以自由选择是否继续解题（以此判断被试者对解题的喜爱程度）。第二阶段中的实验组确实十分努力地解题，但进入第三阶段中该组继续解题者却很少，由此推断他们的兴趣和努力的程度在减退。与此不同，控制组在第三阶段中有更多人继续解题，表现出兴趣和努力程度提升。

从实验中发现：人们在外在报酬和内在报酬兼得的情况下，工作动机可能受到外在报酬的负面影响。不当的外在报酬，不仅会增加企业的用工成本，还可能改变员工的关注点，减弱内在动机的驱动效果。

（二）薪酬的功能

薪酬的功能可以从社会层面、企业层面和员工层面进行划分，具体如图7-2所示。

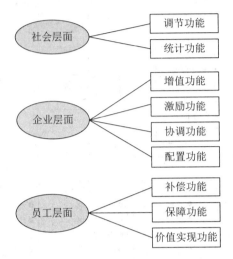

图 7-2　薪酬的功能

从社会层面看，薪酬主要有调节功能和统计功能。

（1）调节功能。薪酬的调节功能主要是促进人力资源的合理流动。当旅游业某一企业、某一层次的人才短缺时，薪酬水平就会上升促进人才从其他行业、企业、层次向短缺的地方流动，通过这种流动就可以达到一种平衡，从而促进人力资源的合理配置。

（2）统计功能。薪酬的统计实际上是对劳动量和消费量的统计。统计薪酬支付量，有助于国家从宏观上合理安排消费品供应量与薪酬增长的比例，以及薪酬增长与劳动生产率增长、国内生产总值增长的比例。

从企业层面看，薪酬主要有增值功能、激励功能、协调功能和配置功能。

（1）增值功能。薪酬是一种人力资本的投资。企业通过购买劳动力成本，为企业带来大于成本的预期收益。正是因为预期收益才能使企业正常运行。

（2）激励功能。薪酬决定了企业可以招募到的员工数量和质量。员工为了得到更多的薪酬会不断提升自身素质，以求能够提供数量更多、质量更高的劳动力。因此，薪酬可以激励员工提高自身水平，有利于企业招募到更加优秀的员工，促进企业发展。

（3）协调功能。协调功能主要体现在两个方面。一方面，通过薪酬水平变动，协调员工和组织之间的关系，促进员工为组织贡献更多的力量。另一方面，通过合理的薪酬差距和结构，化解员工之间的矛盾，协调人际关系。

（4）配置功能。由于薪酬水平的差别，员工更加倾向于薪酬水平高的工作，引导人才的流动方向，促进人力资源的有效配置。

从员工层面看，薪酬主要有补偿功能、保障功能和价值实现功能。

（1）补偿功能。员工不仅在劳动过程中会有体力和脑力的损耗，而且在提升自身素质的同时还要进行教育投资。员工获得薪酬后可以换取物质、文化生活资料，补偿劳动力和教育支出。

（2）保障功能。薪酬不仅需要满足员工衣、食、住、行等方面的支出，还应该支持员工娱乐方面的支出，以保证员工的正常生活。

（3）价值实现功能。薪酬是个人价值实现的重要标志，很多情况下可以直接用员工的薪酬水平的高低来衡量员工对公司的贡献的大小。通过价值实现，员工会产生满足感和成就感，进而激发出更大的工作热情。

二、薪酬管理的原则

薪酬管理（Compensation Management）是根据企业总体发展战略的要求，通过管理制度的设计与完善和薪酬激励计划的编制与实施，最大限度地发挥各种薪酬形式，如工资、奖金、福利等激励作用，为企业创造更大的价值。从本质的意义上说，薪酬是对人力资源的成本与吸引和保持员工的需要之间进行权衡的结果。有效的薪酬管理应遵循的原则如图 7-3 所示。

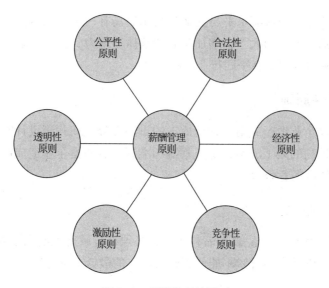

图 7-3　薪酬管理的原则

（一）公平性原则

公平性既包括横向公平又包括纵向公平。横向公平主要是与其他员工进行比较，即员工得到的报酬应与其他相同性质员工获得的报酬相同。纵向公平主要是与员工自身相比，即自己现在获得的工资水平应该高于或者等于以往的工资水平。薪酬的公平性在一定程度上有利于员工积极开展工作，防止不公平现象造成员工积极性降低。此外，公平性原则还包括外部公平和内部公平。

（二）透明性原则

薪酬方案应当是公开和透明的，让员工清楚地了解其薪酬收入与贡献、能力和绩效表现间的联系，从而通过薪酬系统充分激发员工的工作热情，让员工积极投入到自己的工作当中，做好岗位规定的工作。如果薪酬方案不够透明，会让员工迷茫于自己的工作表现与获得的经济利益回报的相互关系，得不到薪酬上的反馈会使员工缺乏目标激励。

（三）激励性原则

有效的薪酬管理应能够激励员工努力工作，多做贡献。应当注意的是如果企业的薪酬水平设置得过低，不但不能起到原有的激励作用，相反还会因为过低的薪酬水平损害员工的工作积极性，甚至出现员工怠工、缺勤或离职的现象，严重影响企业的经营绩效。因此，薪酬发挥激励作用的前提是薪酬水平具有竞争力，要等于或者高于其他企业的薪酬水平。

（四）竞争性原则

竞争性原则即公司的薪酬水平与其他公司相比具有一定的竞争优势。这有利于企业吸引、保留和激励高素质的人才，增加企业的整体竞争力。当然，处于行业领导地位的公司整体薪酬水平应该明显高于同行业的跟随者。

（五）经济性原则

员工薪酬构成企业生产成本和管理成本的重要部分。在薪酬设计时应该充分考虑经济性原则，避免过高的人工成本，防止薪酬标准制定过高给企业造成高成本负担，影响企业服务和产品的市场竞争力。

（六）合法性原则

旅游企业制定和执行的薪酬和福利体系，必须符合政府的有关法律和法规。例如，企业在制定最低薪资标准的时候不能低于政府制定的最低工资标准。

三、薪酬的影响因素

合理的员工薪酬能够向求职者和员工传递积极的信号，既可以表达出旅游企业对员工的重视和肯定，也会传递出企业与员工的共同的发展前景。然而，劳资双方、收益与成本之间存在着博弈。高工资在体现了员工劳动价值的同时，却相对减少了股权人的收益；过高的员工工资一方面能够吸引和激励员工，另一方面却使企业面临人员成本的压力。因此，只有充分考虑内、外各方面因素的综合影响，才能够构建出一套符合旅游企业和员工共同利益的薪酬体系。具体而言，薪酬受到如下因素的影响。

（一）外部因素

1. 市场工资水平

企业在制定薪酬时，大多数会以市场工资水平为参照。市场工资水平如果上升，员工的薪酬也会有一定程度的提高。为了充分吸引优秀员工来企业工作或者保留住核心员工，企业在制定薪酬政策的时候会制定更具竞争优势的薪酬水平。

2. 企业竞争环境

在企业之间的竞争越来越激烈的大背景下，要使企业获得竞争优势，就必须吸引和留住优秀员工，增强企业的核心竞争力。员工薪酬水平的高低会直接或间接地影响员工是否愿意留在企业工作，为企业做出贡献。

3. 物价水平

消费品物价上涨会导致员工生活费用的增加，致使员工的生活压力增大，不能全身心地投入到企业的日常工作当中，为了维护员工的基本生活水平，企业应该根据物价的上涨水平及时对员工的薪酬进行调整。

（二）内部因素

1. 企业生产经营状况

组织的生产经营状况在一定程度上决定了员工的薪酬水平。一般来说，企业的经营状况较好，员工往往有较高工资；反之，员工的工资就低。但是基本不会设置过低的薪酬水平，防止薪酬水平过低造成员工的离职。

2. 组织的薪酬政策

一个组织的薪酬政策是决定员工薪酬水平的直接因素。根据组织的内外竞争和组织的用人政策，企业相应地制定高于市场工资水平的政策或者持平的政策，以保证企业的薪酬制度能够对员工起到积极的激励作用。

3. 企业的工资管理制度

组织的薪酬管理制度能够直接或间接地影响薪酬的发放时间、支付方式等。而薪酬的发放时间和支付方式能够在很大程度上影响员工的工作积极性和员工的工作效率，一般来说不同企业的工资发放时间不同，但是支付方式基本相同。

4. 员工的绩效状况

员工的薪酬与工作绩效是紧密联系的。一个员工对公司做出的贡献大，其薪酬水平就高；相反，薪酬水平肯定就低。例如，酒店的高级管理人员和服务员的薪酬水平明显不同，很大程度上是员工的绩效水平不同。

（三）个人因素

1. 员工工龄

由于旅游业的竞争激烈的特点，企业不惜高薪招聘资深专业人员。一般来说员工的工龄越高，员工的工资水平就会越高，并且企业员工的工龄与薪酬挂钩，能起到稳定员

工队伍，降低流动成本的作用。

2. 学历水平

不同岗位对学历的要求不同，一般岗位级别越高，学历的要求越高。只有达到岗位的学历水平，才能够竞争上岗。

3. 个人能力

由于旅游企业的人才离职比率较高，企业越来越重视专业人才，个人能力水平的高低直接影响员工的薪酬，个人能力高的员工应该获得更高的薪酬，不然，能力相差悬殊的两个人得到相同的薪酬，会严重影响员工的士气。

四、薪酬体系分类

旅游企业的薪酬体系可以分成五类，分别是基于岗位的薪酬体系、基于绩效的薪酬体系、基于技能的薪酬体系、基于市场的薪酬体系和基于年功的薪酬体系。

（一）基于岗位的薪酬体系

基于岗位的薪酬模式是以岗位的价值作为支付工资的基础和依据。在确定薪酬标准时，应对岗位本身的价值做出客观的评价，再根据评价结果制定相应薪酬水平。不同岗位的薪酬水平的高低不同，岗位的相对价值高，其工资也高。

优点：（1）实现了同岗同酬，有利于形成组织内部的公平。（2）职位晋升，薪级也晋级，员工会为了得到职位的晋升而提高自身素质，有利于企业的发展。

缺点：（1）对于长期在某一职位的员工来讲，会影响其工作积极性。（2）公司更看重内部岗位的价值忽略员工自身价值，不利于吸引急需的专业人才和管理人才。（3）薪酬模式比较僵化，灵活性不足。

表7-1是一个基于岗位的薪酬体系的例子，当然实际上很少有企业完全依照该表设计薪酬，大多会在此基础上添加如绩效奖金、工龄工资等薪酬单元。

表7-1　基于岗位的薪酬体系举例

工资级别	岗位	薪酬水平（元）
......	......	......
20	运营经理	5000
19	前厅经理	4500
18	客房经理	4300
17	销售经理	4200
16	餐厅主管	3800
15	客房领班	3500
......	......	......

（二）基于绩效的薪酬体系

基于绩效的薪酬模式是以员工的工作业绩作为支付工资的基础和依据。员工会围绕绩效目标开展工作，为实现目标会竭尽全力，力求创新。对于旅游业的销售人员、管理人员来说，基于绩效的薪酬模式尤为突出。

优点：（1）员工收入与工作目标的完成情况直接挂钩，激励效果明显并且让员工感受到公平。（2）员工目标明确，有利于企业总目标的实现。（3）对于低绩效的员工给予低的工资水平，有利于企业合理控制人工成本。

缺点：（1）员工过度考虑自身的绩效造成恶性竞争，不利于团队协作。（2）绩效评估往往很难做到客观准确，造成不公平。（3）绩效标准的制定存在难度，低的绩效标准对员工起不到很好的激励作用，过高的绩效标准又会造成人工成本过高。

表7-2中列举了实行年薪制的酒店高管的薪酬组成，包括三部分：基本年薪、绩效年薪和风险收入。

表7-2 基于绩效的薪酬体系举例

收入单元	基本年薪	绩效年薪	风险收入
比例	16万元	24万元	不确定
确定依据	生活费	是否完成考核指标	超指标情况

（三）基于技能的薪酬体系

基于技能的薪酬模式是以员工所具备的能力或者技能作为工资支付的基础和依据。这种模式认为员工获得报酬的差异主要来自员工自身的能力水平而不是职位等级和职位价值的高低。

优点：（1）员工注重能力的提升，增加了自身的发展机会也有利于企业的发展。（2）此种薪酬模式下更看重员工的技能，有助于留住专业技术人才。

缺点：（1）相同岗位的不同技能人员的薪酬不同，造成不公平。（2）高技能的员工未必有高的产出，增加人工成本。（3）界定和评价技能的管理成本过高。（4）员工只着眼于提高自身技能，可能会忽视组织的整体需要。

表7-3列出了不同级别的导游员所获得的不同薪酬。

表7-3 基于技能的薪酬体系举例

员工姓名	技能等级名称	薪酬水平（元）
张三	特级导游	4800
李四	高级导游	3900
王五	中级导游	3300
秦六	初级导游	3000

（四）基于市场的薪酬体系

基于市场的薪酬模式是以市场价格确定企业薪酬水平，根据地区及行业人才市场的薪酬调查结果，来确定岗位的具体薪酬水平。旅游业作为人才流动比较频繁、竞争激烈的行业，应该更多地考虑市场导向的薪酬模式，以保留优秀人才。举例如表7-4所示。

优点：（1）制定高于市场的薪酬水平有利于吸引和留住关键人才。（2）调整非关键人才的薪酬水平，提高企业的核心竞争力。（3）参照市场制定工资标准，减少企业内部的矛盾。

缺点：（1）要求企业良好的发展能力和盈利水平，否则难以支付和市场接轨的工资水平。（2）市场薪酬水平信息收集比较困难，不利于制定出合理的薪酬水平。（3）完全按市场付酬，企业内部薪酬差距会很大，会影响组织内部的公平性。

表7-4　基于市场的薪酬体系举例

所需人员	市场中位数（元）	企业定价（元）
……	……	……
市场总监	8000	9000
人力资源部经理	7000	8000
运营经理	4000	5000
餐厅主管	3800	3800
厨师长	3500	3700
客房领班	3400	3500
……	……	……

（五）基于年功的薪酬体系

基于年功的薪酬模式是按照员工为企业服务期的长短而支付或者增加薪酬的管理制度。工作时间越长，薪酬水平越高，反之则薪酬越低。举例如表7-5所示。

优点：工龄和工资水平直接挂钩，有利于提升员工的忠诚度和发挥员工价值。

缺点：（1）工资刚性太强，弹性太弱，不易调整。（2）容易形成论资排辈的氛围，不利于人才的发展。（3）由于起始薪酬水平不高，不利于吸引新入职人员。

表7-5 基于年功的薪酬体系举例（单位：元）

岗位	工资级别			
	1级 （工龄：1~3年）	2级 （工龄：4~8年）	3级 （工龄：9~15年）	4级 （工龄：15年以上）
运营经理	5000	7000	10000	14000
前厅经理	4500	6000	8000	12000
客房经理	4300	5800	7800	11000
销售经理	4200	5700	7500	9500
餐厅主管	3800	5000	6500	8500

【知识链接7-2】

凯利服务于1946年成立，是财富500强公司的人力资源解决方案和劳动力管理解决方案的世界领导者，提供全套招聘、外包和咨询服务。下面是它对酒店业的薪资调查数据。

2016年酒店业薪资表

级别	职位名称	学历要求	工作年限	年工资（元）	
				最低工资	最高工资
管理	营运副总裁	研究生	20+	1.8m	2.5m
	区域总经理	研究生	15+	1.2m	2.0m
	酒店总经理	大学本科	10+	460k	600k
	业务发展副总裁	研究生	20+	1.8m	2.5m
	人事副总裁	研究生	20+	1.5m	2.0m
运营	营运总监	研究生	15+	380k	480k
	房务部总监	研究生	10+	300k	420k
	客房服务部总监	研究生	9~15	180k	300k
	行政管家	研究生	5~8	120k	180k
	餐饮总监	研究生	8~12	250k	350k
	前台经理	研究生	3~8	150k	200k
	采购总监	研究生	10~15	350k	400k
	人力资源部总监	研究生	12+	300k	420k
	人力资源部经理	研究生	8+	150k	200k
	客户关系经理	研究生	3+	70k	100k
	培训经理	研究生	8+	200k	300k

续表

级别	职位名称	学历要求	工作年限	年工资（元）	
				最低工资	最高工资
销售和市场	大区市场营销总监	研究生	10~15	500k	700k
	市场营销总监	研究生	8~15	300k	500k
	销售总监	研究生	6~8	180k	250k
	市场总监	研究生	5~8	180k	250K
	销售经理	研究生	5~8	120k	150K
	市场传讯经理	研究生	5~8	120k	150K
	公关经理	研究生	5~8	120k	150K
	收益经理	研究生	5+	150k	250k

数据来源：Kelly Services In China，m 代表百万，k 代表千.

第二节 薪酬体系设计

一、薪酬体系设计的步骤

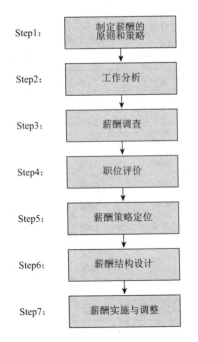

Step1: 制定薪酬的原则和策略
- 是企业文化的重要内容
- 包括对员工人性和整体价值的认识
- 涉及企业对效率和公平的认识

Step2: 工作分析
- 是人力资源管理的基石
- 包括工作内容、环境、要求等多种信息
- 是收集、分析和综合工作信息的过程

Step3: 薪酬调查
- 是企业知己知彼、收集信息的过程
- 包括薪酬水平、结构、动态等内容

Step4: 职位评价
- 评价各职位对企业的贡献，是相对价值
- 科学、公平、规范的衡量职位价值
- 辨识薪酬要素，建立统一标准

Step5: 薪酬策略定位
- 决策企业薪酬水平在市场中的位置
- 受企业薪酬战略和理念、支付能力和市场动态等因素影响

Step6: 薪酬结构设计
- 各岗位间薪酬水平的比例关系
- 同一等级中薪酬的变动比率
- 薪酬等级间的交叉和重叠关系

Step7: 薪酬实施与调整
- 依据实施中的问题、市场行情和可替代性进行调整
- 权衡薪酬体系的稳定性和动态性

图 7-4 薪酬体系设计的步骤

（一）制定薪酬的原则和策略（Step1）

管理层应该制订一套整体的薪酬计划，以帮助企业战略目标的实现。整个薪酬计划应包括工资、奖金和福利等方案，激励员工有利于组织发展的行为表现。薪酬计划应该符合企业的文化和战略定位。比如，某顶级酒店可以制定一种政策，即将酒店新雇用的前台接待、一线服务人员、厨师等岗位的起薪定在高于市场通行工作水平10%的层次。如果某旅游企业倡导绩效导向的文化，那么员工薪酬总额的浮动比例设置就应该大一些。

企业战略和薪酬体系是相互影响的。企业总的指导方针、人力资源制度、薪酬制度都是为实现企业战略而服务的，企业战略决定了企业人力资源制度的结构和规模。企业战略实施的关键在于人才，而人才作用的发挥离不开薪酬设计。当企业战略和薪酬设计相匹配时，通过有效的管理，能够增强员工的责任感和使命感，从而有助于企业战略的成功实施。因此，一个设计良好并具有导向性和激励性的薪酬制度应当与企业发展战略相适应。

1. 成本领先战略下的薪酬设计

采用成本领先战略的企业在建设有效规模的生产设施后会全力以赴降低成本，严格控制成本和管理费用以最大限度地降低研究、服务、推销、广告等方面的支出。成本领先战略要求组织和责任结构以严格满足定量目标为基础，以最低的薪酬吸引最合适的员工。因此，成本领先战略下的薪酬设计应该多激励生产部门，支付的基础更加倾向于职业，支付的组合属于激励性低的调和型组合。

2. 差异化战略下的薪酬设计

企业差异化战略要求公司提供的产品或服务标新立异，在行业中具有独特性。它主要强调高超的质量、非凡的服务、新颖的设计、技术的专长或者不同凡响的品牌形象而非产品或服务的成本，这就要求企业能够引入创新型的员工，而这种员工往往需要较高的薪资。因此差异化战略下的薪酬设计应该多激励研发和营销部门，支付的基础更倾向于知识和能力，支付的组合属于激励性高的高弹性组合。

（二）工作分析（Step2）

工作分析是确定完成各项工作所需技能、责任和知识的系统过程。对于基于职位的薪酬体系而言，工作分析与薪酬的关系尤为紧密，它是评价职位价值和确定薪资水平的前期工作。薪酬管理需要通过工作分析确定不同的工作所承担的内容、工作环境和工作输入、输出情况，以及岗位间的相互关系，以保证薪酬给付的依据合理和内外部公平。

（三）薪酬调查（Step3）

知己知彼，百战不殆。如果不了解其他企业，尤其是竞争者中员工的薪酬水平，将

很难制定本企业的薪酬水平，很难保证本企业薪酬体系的有效性。薪酬调查（Salary Survey）是指通过各种正常的手段收集同地区或同行业其他企业的薪酬信息，从而确定市场薪酬水平的过程。薪酬调查的目的主要包括：为新参加工作人员制定起点薪酬标准；为企业查找内部工资不合理的岗位；了解同行业企业有关薪酬变动的最新动态；了解当地工资水平并与本企业薪酬比较，以制定合理的薪酬水平；了解工资动态与发展趋势；保持企业处于公平和具有竞争优势地位。

1. 薪酬调查的应用

薪酬调查的应用至少表现在三个方面：标杆职位的定价、通行职位的定价和确定薪酬组合的内容和比例。

（1）标杆职位的定价。旅游企业需要锚定出部分标杆职位，这些职位对于本企业来说是稳定的、重要的，并且在职位体系中分布均匀。其他职位要根据各自对于企业的相对价值，围绕标杆职位确定他们的位置。

（2）通行职位的定价。旅游企业中的相当一部分职位具有可比性，也就是那些在同行业的各企业中都会有的职位。这方面对于旅游企业尤其普遍，例如，服务员、领班、大厨、总厨、行李员、服务中心服务员、酒吧员、前台接待等岗位在星级饭店都普遍存在；旅行社中的导游、票务、计调、接待等岗位也是通行职位；旅游景区中也普遍设有售票验票、咨询投诉、导游讲解、保安清洁等岗位。企业通过正式或非正式调查，可以直接确定通行岗位的薪资水平，无须通过本企业中的标杆职位确定价值和薪酬。

（3）确定薪酬组合的内容和比例。通过调查了解其他企业某些职位的固定和浮动薪酬的比例（如基本工资、职位工资、技能工资、业绩工资、奖金等比例），薪酬形式的组合（如工资、津贴、奖金、福利等的组合），为本企业类似职位的薪酬和福利提供决策依据。

2. 薪酬调查的途径和方法

企业可以从多种渠道获得外部薪酬数据的有关信息，常见的方法有：

（1）企业之间相互调查。企业通常会与战略合作伙伴进行信息分析，因为与同行竞争者相比它们之间有亲密的合作关系，比较容易获得所需要的薪酬信息，也不必担心企业之间的恶意竞争。具体方法可以采取座谈会、调查问卷、茶话会等形式进行。然而，毕竟薪酬信息属于商业机密，很多旅游企业有保密制度。因此，企业间调查薪酬信息，应该先征得本企业高管的同意，借助自身的信息资源与其他企业开展信息互换和交流。例如，可以通过搭建人力资源信息共享平台，共同参与薪资调查合作，以及分享信息。

（2）委托中介机构调查。委托调查是指委托专门的薪酬调查公司进行调查。由于薪酬调查专业机构有很好的专业知识，能够比其他的调查方法更加完善和全面地掌握薪酬情况，为本公司薪酬的制定提供很好的保障。此种途径的优点在于数据准确、信息全面，缺点在于调查时间长、费用高。

（3）收集公开的信息。公开的信息是指政府、行业协会或某些专业咨询机构等发布的薪酬信息。这些信息大部分都不是特别完善且存在滞后性，从而造成这种调查方法的准确性不高。

（4）从应聘者处获取信息。通过与应聘者在甄选环节中的互动，也可以询问他们以前的职位、前雇主和薪酬情况等信息，此外，通过应聘者的期望薪酬也大概能判断该职位的市场薪酬水平。当然，人力资源部门要考虑应聘者的能力放大和薪酬要求过高的现象。

（四）职位评价（Step4）

职位评价是指组织基于工作分析的结果，系统地确定职位之间的相对价值，从而为组织建立一个职位结构的过程。公司可以根据岗位系统科学的评价，确定各岗位的薪酬等级。职位评价的基本程序是将一个职位与其他职位进行比较，判断某一职位的价值高低，最终结果是工资等级或薪酬等级。

1. 报酬要素

在对比职位价值时，可以根据直觉进行判断，主观判断某一职位较另一职位更为重要。当然，更好的方法是探究职位间重要性的影响要素。这些影响职位价值的公共基础要素，称为报酬要素。报酬要素决定着一个职位如何与其他职位进行比较，从而判断每一个职位的相对价值。虽然，有些公司会自己开发报酬要素，但是大多数企业使用通用的报酬要素来考量职位价值。美国的《公平薪酬法》规定了四种报酬要素，即技能、努力程度、工作责任和工作条件。合益（Hay）公司则规定了知识、解决问题的能力和责任三类要素。对于同一类工作，为了实现横向比较，应通过相同的报酬要素建立起职位间的可比性。

当然，企业也可以根据自身特点辨识报酬要素，例如，可以根据其通用性，分为三个层次：通用型、共用型和专用型，分别代表公司所有岗位都适用的要素，某一类岗位共用的要素和一部分岗位适用的要素。根据企业需要，有针对性地取舍各类要素中的指标。详见表7-6。

表7-6　常用的报酬要素

通用要素	共用要素	专用要素
决策能力	创造性	人员管理
工作协调	知识多样性	管理技能
学历要求	风险控制	工作多样性
工作经验	成本控制	专业难度
负责范围	体力消耗	危险性

通用要素	共用要素	专用要素
工作环境	熟练期	人际关系
工作关联性	工作时间特征	语言表达

资料来源：杜永全，萧鸣政.中国企业岗位评价工作中存在的问题及对策［J］.人力资源管理，2011（9）：40-43.

2.评价方法

（1）职位排序法。排序法是一种最简单的职位评价方法，一般依据某些总体性要素（如工作难度）对各职位的相对价值进行比较。排序法通常所遵循的步骤如表7-7所示。表7-8描述了一个排序的举例，此表为一家小型康养服务机构中的部分职位按薪酬水平由高到低的排序。

表7-7　排序法的步骤

步骤	内容
1	由有关人员组成评定小组（最好有组织高层领导、主管部门领导和人力资源管理者参加），并做好各项准备工作
2	了解情况，收集有关岗位方面的资料、数据
3	评定人员事先确定评判标准，对公司同类岗位的重要性逐一做出评判，最重要的排在第一位，然后按照次要的、再次要的顺序依次往下排列
4	进行排序意见讨论
5	将经过所有评定人员评定的每个岗位的结果加以汇总，得到序号和，然后将序号和除以评定人数，得到每一岗位的平均序数，最后按平均序数的大小，由小到大评定出各岗位的相对价值的次序

表7-8　某康养服务中心职位排序

排序	月薪水平（元）
经理	5000
首席护士	4700
簿记员	3900
护士	3700
厨师	3500
护士助理	3100
清洁工	2500

（2）职位分类法。职位分类法的应用比较广泛，应用该法前人力资源部门需要将职位划分为多个职位群，每个职位群的所有职位在薪酬方面具有类似的价值。如果这些职位群的职位都类似，则这些职位群称为职级；如果职位群中的各个职位工作难度类似，其他方面不同的话，则这些同处一群的职位称为职等。例如，一个3级看护和一个1级内科医生同属于第5职等。在这里有两个概念也需要说明，职系指一些工作性质相同，而责任轻重和难易程度不同的职位群（如机械工程职系）。简言之，一个职系就是一个专门的职业；职组指工作性质相近的若干职系综合而成的职位群。职系、职组、职级和职等的关系，如图7-5所示。职位分类法的常见步骤如表7-9所示。

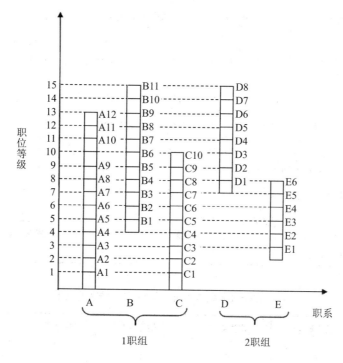

图7-5　职位分类结构示意

表7-9　职位分类法的步骤

步骤	内容
1	组成评定小组，收集各种有关的资料
2	选择报酬要素
3	确定合适的职位等级数量，可将企业的全部岗位分成几个大系统，再将各个系统中的各岗位分成若干层次，最少分为5~6档，最多的可分为15~20档
4	根据职位所包含的报酬要素的数量或水平，编制职位等级的描述
5	对所有职位进行审查，通过与各职位等级的描述进行比对，确定将职位归入适当的职位等级中

（3）因素比较法。因素比较法是对排序法的一种完善。排序法是对职位的整体工作难度进行排序，而比较法是在将职位区分多种报酬要素的基础上，针对各个报酬要素对各职位进行排序。在因素比较法中要对每一个职位进行多次排序，每有一个报酬要素就要对职位进行一次排序。详细步骤如表7-10所示。

表7-10 因素比较法的步骤

步骤	内容
1	在工作分析的基础上，获取职位信息（如脑力要求、体力要求、技能要求、责任、工作条件等）
2	选择关键的标杆职位。挑选15~20个关键职位，关键职位的选择要求具有代表性，其价值能被广泛接受，分布均匀能够起到尺子刻度的作用
3	根据每种报酬要素，分别对职位进行排序，小组成员各自排序，再协商统一，例如，通过此步骤得到表7-11的排序
4	将薪酬水平分配到每一个报酬要素上，将支付给每一关键职位的薪酬分配到五种关键要素上
5	根据每一个报酬要素的薪酬水平对职位进行多次排序，如表7-12所示
6	比较按报酬要素排序和按薪酬分配排序的结果是否一致，如表7-13所示，如果两者排序不一致，则需将该职位从标杆职位中剔除，更换其他职位作为标杆职位，然后重复5~6的步骤
7	构建职位比较表，如表7-14所示
8	应用职位比较表，将需要评价的职位，按照五种报酬要素分别与标杆职位进行比较，选择应处的位置上，例如，某一职位的脑力要求介于售票员与保安员之间，根据两者间的薪酬水平确定给予该职位脑力要求的付薪

表 7-11 根据报酬要素对部分职位进行排序的结果

职位	脑力要求	体力要求	技能要求	责任要求	工作条件
设备操作员	2	2	1	1	2
讲解员	1	3	2	4	3
售票员	3	4	4	2	4
保安员	4	1	3	3	1

表 7-12 根据报酬要素的薪酬水平对部分职位进行多次排序的结果

职位	月工资（元）	脑力要求	体力要求	技能要求	责任要求	工作条件
设备操作员	4000	2（500）	2（200）	1（2000）	1（1000）	2（300）
讲解员	3000	1（1000）	3（100）	2（1500）	4（200）	3（200）

续表

职位	月工资（元）	脑力要求	体力要求	技能要求	责任要求	工作条件
售票员	2000	3（400）	4（50）	4（900）	2（500）	4（150）
保安员	2500	4（300）	1（500）	3（1000）	3（300）	1（400）

表 7-13　要素排序和薪酬水平排序的比较

职位	脑力要求		体力要求		技能要求		责任要求		工作条件	
	F	$	F	$	F	$	F	$	F	$
设备操作员	2	2	2	2	1	1	1	1	2	2
讲解员	1	1	3	3	2	2	4	4	3	3
售票员	3	3	4	4	4	4	2	2	4	4
保安员	4	4	1	1	3	3	3	3	1	1

表 7-14　职位要素比较

付薪（元）	脑力要求	体力要求	技能要求	责任要求	工作条件
50		售票员			
100		讲解员			
150					售票员
200		设备操作员		讲解员	讲解员
300	保安员			保安员	设备操作员
400	售票员				保安员
500	设备操作员	保安员		售票员	
700					
900			售票员		
1000	讲解员		保安员	设备操作员	
1500			讲解员		
2000			设备操作员		

（4）因素计点法。因素计点法的应用非常广泛，它要求确定有哪些报酬要素，赋予各报酬要素相应的权重，还要对每一种报酬要素进行分级，再确定职位在每一种要素上的级别，得到相应的点值。最后每个职位的薪点，就是加权后各项报酬要素点值的加

总。计点法的具体操作步骤如表 7-15 所示。

表 7-15　因素比较法的步骤

步骤	内容
1	确定将要评价的职位族，职位要求各不相同，应先将企业中的职位分成销售类、管理类、技术类等职位族，再针对各职位族开发相应的评价计点体系
2	收集职位信息，依据工作说明书中的工作描述和工作规范的内容
3	选择报酬要素，各个职位族应该选取各自的解决问题的能力、身体要求、技能要求等作为要素
4	定义报酬要素，仔细对各个报酬要素进行定义，通常由人力资源专家来拟定
5	定义报酬要素的等级，对每一个报酬要素不同等级进行水平界定，使评价者能够判断职位所对应的等级
6	确定不同报酬要素的权重，每种报酬要素对于特定工作族的重要性是不同的，本步就是确定工作族中每种要素的重要程度
7	确定各报酬要素不同等级的分值，将报酬要素分成几个合理的等级，分配给各等级不同的点数
8	编制评价手册和体系，开发的计点方案，以计点手册或评价手册的形式规定下来
9	实施评价，确定每个职位各报酬要素的等级，记下对应的点值，然后加总形成该职位的计点

假设某一个职位的职位要素主要包括决策、解决问题、知识三类报酬要素，三者的重要性分别是 100%、85% 和 65%。那么，三者占总分的比例就为 40%、34% 和 26%，这就是权重。如果方案总点值为 1000 点的话，那么决策要素就是 400 点，解决问题要素是 340 点，知识要素是 260 点。如表 7-16 所示，各个报酬要素可以分不同的等级，每个等级的得分平均分布。如决策要素的 400 点，分成 5 个等级，每个等级间距就是 80 点。如果，某一职位在决策上得到 160 点，在解决问题上得到 170 点，在知识上得到 156 点，那么该职位的总点数就是 160+170+156=486 点。

表 7-16　各报酬要素及其不同等级对应的评价点值

	一等	二等	三等	四等	五等
决策	80	160	240	320	400
解决问题	一等	二等	三等		四等
	85	170	255		340
知识	一等	二等	三等	四等	五等
	52	104	156	208	260

四种职位评价方法的优缺点对比，如表 7-17 所示。

表 7-17   四种职位评价方法的优缺点

职位评价方法	优点	缺点
职位排序法	简单易行、费用低、容易解释	主观性太强，评价标准不一
职位分类法	解决大量类似的职位评价	很难建立通用的职位等级定义
因素比较法	结果精确、简单易行、具有较强的说服力	适用领域单一，只适用于岗位种类多的大型企业
因素计点法	评价结果精确、评价尺度可操作性强	方案的设计和应用耗时较长

（五）薪酬策略定位（Step5）

薪酬水平策略主要是指面对当地市场薪酬行情和竞争对手薪酬水平，企业如何决定自身的薪酬水平。根据企业薪酬水平和市场水平的比较情况，供企业选择的薪酬水平策略主要有市场领先型策略、市场追随型策略、市场滞后型策略、混合型策略。如图 7-6 所示。

市场领先型策略 支付比竞争者更具竞争力的薪酬	市场追随型策略 支付与同行业平均水平的薪酬
市场滞后型策略 支付低于同行业平均水平的薪酬	混合型策略 视情况而定，制定不同的薪酬水平策略

图 7-6   薪酬水平策略分类

1. 市场领先型策略

采用这种策略的企业大都具有以下特征：

（1）处于垄断地位的企业。处于垄断地位的企业意味着该行业内竞争对手较少，企业不会因为提高产品的价格而导致消费者对产品和服务需求的减少。在这种情况下，实行高水平的薪酬是可行的。

（2）投资回报率较高。投资回报率较高的企业之所以能够向员工支付较高薪酬，主要是因为其回报率高，能够获得高额利润。

（3）人力成本在企业经营总成本所占的比率较低。当人力成本在企业经营总成本中所占的比率较低时，薪酬支出在总成本支出中不再处于敏感的地位。

2. 市场追随型策略

市场追随型策略是一种最常用的薪酬策略，实施这种薪酬策略的企业一方面希望确保人力成本与竞争对手保持一致，不至于产品价格过高，在市场上陷于不利地位；另一方面又希望自己能够有一定吸引和保留员工的能力，不至于在人力资源市场上输给竞争

对手。采取这种薪酬策略的风险可能是最小的，但也丧失了在吸引和保留优秀人才方面的明显优势。

3. 市场滞后型策略

采用市场滞后型策略的企业往往处于竞争性行业，边际利润比较低，企业投资回报率较低，承担不起高额人力成本带来的负担。

市场滞后型策略固然可以因为工资大大低于市场平均水平而在短期内节约成本，但由于这种薪酬水平策略会导致企业很难招募和保留高素质的员工，短期的成本节余会被长期的其他成本所抵消。如果企业要采用这种策略，可以提高企业对员工的承诺度，从而以长期回报来吸引优秀员工。例如，在旅游行业中，一些企业的员工薪酬低于市场平均水平，但是员工可以合理的价格购买企业股票或者股票期权，这种将薪酬与未来高收入组合在一起的薪酬策略不仅不会影响企业吸引和保留员工，反而会激励员工更加努力工作。

4. 混合型策略

混合型策略是指企业根据岗位类型或者员工具体情况来确定薪酬水平而不是对所有岗位和员工均采用相同的薪酬水平定位。例如，某些旅游公司针对骨干员工采用市场领先的薪酬策略，针对容易招聘到的基层员工实行市场追随型的薪酬策略。

混合型薪酬策略的优点在于其灵活性和针对性，对于企业希望保留的稀缺人才及关键岗位人才采用薪酬领先型策略，而对于人力资源市场中的富足人员采用追随型甚至滞后型策略，不仅有利于控制企业的人力成本，而且还有利于企业在劳动力市场上保持竞争力。

结合前期薪酬调查的结果，企业应该绘制出薪酬趋势曲线，结合本企业各职级的薪酬水平和本行业其他企业的薪酬水平，确定本企业所给付的薪酬在行业中的地位，如图7-7所示。结合上述四种薪酬策略确定本公司要选择哪种策略和相应的调整薪酬。

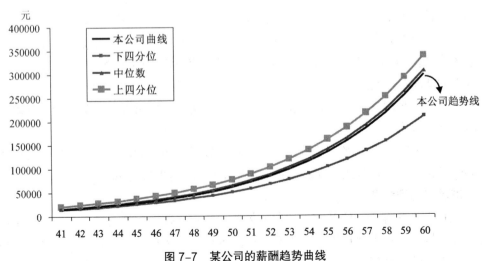

图7-7 某公司的薪酬趋势曲线

（六）薪酬结构设计（Step6）

在确定每个职位的相对价值后，就要确定各职位的薪资水平。对于一个规模较大的旅游企业来说，人力资源部门为成百上千个职位确定薪酬水平需要大量的工作，而且不易于管理。这时通行的做法是将职位划分到不同薪酬等级中，再分别确定这些薪酬等级对应的薪酬水平就可以了（通常会确定 10~20 个薪酬等级）。因此，在同一职等中职位具有相近的工作难度和相似的重要程度。如果是因素计点法，它们的薪点处于某一区间之中；如果是排序法，它们的序号是相邻的；如果是分类法，各职位已被分配到各自归属的职等中了；采用因素比较法，同一职等中都是薪酬水平位于某一特定浮动区间的职位。

为每一个薪酬等级确定一个薪酬水平，通常需要画一条工资政策曲线，其描述了每一个等级所得到的点数和排序情况。位于曲线上的薪酬水平通常是企业当前实际支付的薪酬水平。运用工资政策曲线要遵循的步骤如表 7–18 所示。

表 7–18　运用工资政策曲线需遵循的步骤

步骤	内容
1	找到每一薪酬等级对应的薪酬水平
2	将每一薪酬等级对应的薪酬水平用散点描绘出来
3	画出将上述散点连接起来的曲线，即政策曲线
4	根据政策曲线，对职位进行定价
5	如果某职位当前定价高于或低于曲线，应该采取措施提高或冻结该职位薪酬
6	对各薪酬等级的薪酬水平进行微调

（七）薪酬实施与调整（Step7）

大多数企业不会对同一薪酬等级中的职位支付一个水平的薪酬，它们会为每个薪级建立一个垂直的薪酬区间。薪酬区间包括最低薪酬水平、最高薪酬水平和中间薪酬水平，如图 7-8 所示。处于某一薪酬等级的某一职位获得多少薪酬取决于该职位受雇时确定的薪档、工作年限和绩效加薪等。工资政策曲线一般会成为某一职级的薪酬水平的锚定点，企业可以据此确定该级别薪酬区间的最低、最高薪酬（如高 20%，低 20%）。某一薪酬等级中的一个资深员工可以支付最高薪酬，新入职者可以支付最低薪酬。

薪酬变动比率=（薪酬最大值－薪酬最小值）÷薪酬最小值×100%

一般情况下，薪酬最大值和最小值是根据薪酬中位值以及薪酬变动比率计算出来的：

薪酬最小值=薪酬中位值÷（1+薪酬变动比率÷2）

薪酬最大值=薪酬中位值÷（1+薪酬变动比率÷2）×（1+薪酬变动比率）

薪酬中位值=（薪酬最大值+薪酬最小值）÷2

薪酬体系的执行过程中，可能会发现某些职位的薪酬水平过低或过高的情况，即超

出了薪酬区间的范围，这时就应该对这些职位的薪酬进行调整。一般可以采取冻结薪酬过高职位和提升薪酬过低职位的方法，使之进入薪酬区间的范围。对于薪酬实施过程中出现的问题要及时进行调整，薪酬调整是薪酬设计的重要环节，也是保证薪酬制度发挥作用的关键环节。

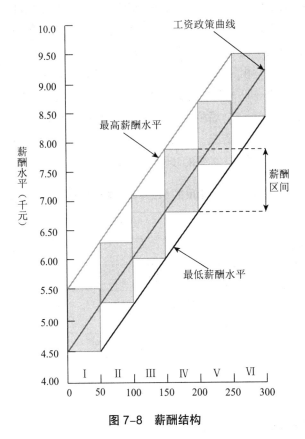

图 7-8　薪酬结构

二、薪酬组合

一般来讲，薪酬的形式主要包括如下七种，不同薪酬形式的作用存在差异。在薪酬组合设计时，一方面借鉴同行业的其他企业的薪酬组合形式，另一方面根据本企业的文化、战略和管理特点等。企业应该针对企业性质、发展阶段、企业规模、不同职位的特点，对这七种薪酬形式进行合理的组合，使之起到最佳的激励效果。图 7-9 展示了某个职位的薪酬组合。

（一）基本工资

基本工资是根据劳动合同约定或国家及企业规章制度规定的工资标准计算的工资，一般是为了保障员工的基本生活需要，即保证员工作为社会人基本的生活需要。基本工资具有公平性、公开性、固定性等特点。

（二）岗位工资

岗位工资是根据企业的职务／岗位而确定的工资。主要特点是对岗不对人，即相同岗位的人员的工资水平是相同的。主要有岗位效益工资制、岗位薪点工资制、岗位等级工资制。

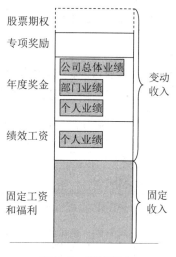

图 7-9　薪酬组合

（三）绩效工资

绩效工资是企业根据员工的实际工作结果及给企业创造经济效益而支付给员工的工资。绩效工资可以分为个人绩效工资、团队绩效工资。绩效工资一般没有固定的标准，企业可以根据自身特点制定绩效工资的发放标准。

（四）年薪

年薪是以年度为单位，依据企业的生产经营规模和绩效，确定并支付给管理者的工资发放方式，在旅游业中使用年薪的薪酬支付方式的员工主要是总经理以及副总经理等中高层管理者。年薪包括基础年薪和绩效年薪。

（五）补贴补助

补贴补助是保障员工生活的某一或某几个方面而以固定的金额作为补贴补助的一种工资形式，例如，餐费补贴、车费补贴、学费补贴、驻外补贴、房费补贴、旅游补贴等。

（六）法定福利

法定福利是政府要求企业为员工提供的一系列保障计划。如养老保险、失业保险、医疗保险、工伤保险、生育保险、住房公积金等。法定福利具有强制性、保障性、防范

性等特点。

（七）股票期权

股票期权是在未来一段时间内按预定的价格购买一定数量本公司股票的权利，来激励员工的留职和吸引外来优秀员工。采用这种方式激励的对象大多都是高级管理人员，通过以较高的报酬来刺激员工对企业的发展做出积极的贡献。表7-19为某餐饮管理公司的薪酬组合。

表7-19　某餐饮管理公司薪酬组合

薪酬组合	岗位名称	职系
年薪+补贴补助+股票期权+法定福利	总经理和副总经理	高级管理者职系
基本工资+绩效工资+补贴补助+法定福利	各部门负责人	中层管理者职系
基本工资+绩效工资+补助补贴+法定福利	店铺经理	基层管理者职系
岗位工资+附加工资+法定福利	预算员、工程监理员、技术员	业务职系
岗位工资+法定福利	规划员、企划员、信息员、采购员、会计、库管员	职能职系
基本工资+法定福利	厨房厨工、单店厨工、配送员	生产职系
基本工资+法定福利	收银员、服务员	其他

第三节　薪酬管理

一、薪酬预算

薪酬预算是指企业管理者在薪酬管理过程中进行的一系列成本开支方面的权衡和取舍。薪酬预算是薪酬控制的重要环节，准确的预算可以保证企业在未来一段时间内的薪酬支付得到一定程度的协调和控制，并且可以合理控制员工流动率、降低企业人力成本、激励员工有更好的绩效表现。

（一）薪酬预算的作用

1.合理控制员工流动率，同时降低企业的劳动力成本

薪酬预算是薪酬制定的重要环节，有效的薪酬预算有助于企业制定合理的薪酬标准：既能满足员工对薪酬的要求，又能够给企业带来最小的薪酬支出。依据经济学找到边际劳动力成本等于边际劳动力收益的点，即达到所谓的均衡状态。薪酬预算最为重要的目标就在于找到这一均衡点，以实现劳动力成本和企业收益之间的平衡，保证企业所有者的收益最大化目标能够得以实现。

198

2. 有效影响员工的行为

具体说来，薪酬预算影响的员工行为主要包括两个方面，即员工的流动率和绩效表现。

（1）员工的流动率。旅游行业的员工流动率一直远远高于其他行业，造成企业人力资源成本的不断增加，企业期望与大多数员工建立起长期而稳定的雇佣关系，以充分利用组织的人力资源储备，培养忠诚的员工，并节约在招募、筛选、培训和解雇方面所支出的费用；而员工通常会要求得到至少等于或最好超过其自身贡献的回报，否则就有可能会终止与企业的雇佣关系。鉴于此，企业在进行薪酬预算时，应考虑如何才能有效地控制劳动力成本，同时还能保持一个较合理的员工流动率。

（2）员工的绩效表现。把绩效要求与特定岗位结合在一起，能够充分调动员工的积极性，并且当员工在与企业建立起雇佣关系时就已经明确了其需要达到的绩效标准。这样能使员工对自己的绩效目标有充分的了解，从而有利于员工的工作活动的开展。

（二）薪酬预算的方法

1. 自上而下法

自上而下法的主要过程是：对下一年度企业的计划活动进行评估后，以企业过去的业绩和以往年度的薪酬预算作为预算的根据，按照企业下一年度总体业绩目标，确定出企业该年度的薪酬预算。

2. 自下而上法

自下而上法的主要过程是：根据企业确立的预算期目标提出该部门在预算期内的人员数量、标准，以及员工薪酬调整建议，找出薪酬水平变动的影响因素，确定出适合于本企业的薪酬水平增长率，依据上述数据和建议，确定出部门的员工数量及薪酬水平，从而确定出该部门预算期内的薪酬预期总量，汇总各部门的数据，算出企业的薪酬预算。

在制定预算的实际操作中，应把"自上而下法"与"自下而上法"结合起来使用。将通过两种方法做出的结果进行比对，对两种方法得出结果的差异进行分析后，找出计算过程中数据的不合理之处，经过反复讨论推敲修改，最终得到通过两种计算方法基本一致的结果，这时可以确定出趋于科学合理的薪酬预算。

（三）薪酬预算的影响因素

1. 内部环境

主要取决于组织既有的薪酬决策和在招募、挽留员工方面所花费的费用。内部环境主要包括薪酬策略、薪酬结构、人力资源流动情况、招聘计划、晋升计划、薪酬满意度。

2. 外部环境

主要取决于组织外部的其他企业和市场的薪酬情况。外部环境主要包括工资的市场行情及目标增长的幅度、物价的增长幅度、市场薪酬水平、市场薪酬变化趋势、标杆企

业或竞争对手的薪酬支付水平。

二、薪酬调整

薪酬调整是指公司薪酬体系运行一段时间后，随着企业发展战略及人力资源战略的变化，对企业薪酬管理做出的系统的诊断，确定最新的薪酬策略，同时对薪酬体系做出调整的措施。

（一）薪酬调整依据

薪酬调整是在企业战略调整过程中利益的再分配，是薪酬管理过程中的非常重要的环节。当前企业的竞争归根结底还是人才的竞争，为了使企业人才水平保持一定竞争力，企业定期进行薪酬调整是很有必要的。企业的薪酬调整主要包括两个方面。

一方面，根据市场薪酬水平的变化趋势、企业营运支付的能力、企业的发展状况、经营管理模式的调整及战略重心的转移对现行薪酬体系进行调整。其中，企业营运支付的能力是薪酬调整的重要因素。另一方面，根据员工职位变动、个人业绩、能力等对员工的薪酬水平进行调整。一般来说，对员工的薪资调整可能会基于员工的总体表现，来做出不同程度的薪酬调整。

（二）薪酬调整的方式

1.薪酬水平调整

薪酬水平调整是指在薪酬结构、薪酬构成等不变的情况下，对薪酬水平进行调整的过程。薪酬水平调整包括薪酬整体调整、薪酬部分调整及薪酬个人调整三个方面。薪酬水平调整是为了公司更好地适应社会的变化，保持公司在人才方面的实力，同时也能够更好地吸引人才的加入。

（1）薪酬整体调整。薪酬整体调整，通常情况下是指根据国家政策、物价水平等因素的变化，以及行业、地区竞争状况和企业的实际情况等，公司对所有在岗位人员的薪酬水平进行调整。

（2）薪酬部分调整。薪酬部分调整是指根据公司发展战略、公司效益、部门及个人业绩、人力资源市场价格变化、年终绩效考核情况对某一类岗位任职员工进行定期或者不定期的调整。薪酬调整的范围不同，可以是整个部门的员工，也可以是某一岗位的员工。

（3）薪酬个人调整。薪酬个人调整是由于个人岗位变动、绩效考核或者为公司做出突出贡献，而对岗位工资等级做出相应的调整。调动员工岗位或者试用期满转正后，根据新岗位对其工资等级进行确定；依据绩效管理制度，对于绩效考核优秀的通过晋升，进而提高工资等级，反之降低工资等级；对于那些为公司做出巨大贡献的员工，通常给予晋级奖励。例如，某餐饮管理公司根据员工职称、学历和工龄的变化，重新计算员工的基本工资。

2.薪酬结构的调整

薪酬结构的调整指岗位工资、绩效工资、技能工资和辅助工资等配置比例的调整。

薪酬结构调整的目的是适应组织内外部环境的变化，以保证公司内部薪酬的公平性。主要包括纵向薪酬结构的调整和横向薪酬结构的调整。

3. 薪酬组合的调整

薪酬组合调整就是调整固定工资、绩效工资、奖金及津贴补贴的比例关系。每种工资的调整依据不同，一般情况下，固定工资和绩效工资是依据岗位工资比例来调整的，奖金根据企业效益情况及市场价格进行调整，津贴补贴项目根据企业的经营情况进行调整。对薪酬组合进行调整的主要目的是提高员工的工作积极性。

【知识链接 7-3】

以下是《中国饭店》杂志公布的 2004—2013 年 10 年间酒店和餐饮业薪酬平均增长率的变化情况：

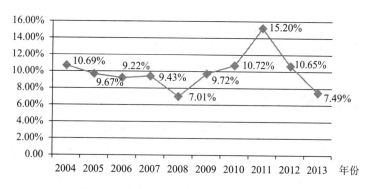

2004—2013 年中国酒店业薪酬平均增长走势

2004—2013 年中国餐饮业薪酬平均增长率走势

数据来源：《2013—2014年度中国饭店业薪酬调研报告》.

三、薪酬调整效果分析

（一）薪酬调整是否符合企业的战略

对薪酬进行调整之后，还要观察薪酬的调整是否符合企业的战略，上一章节已经说明了薪酬设计和企业战略的关系。薪酬调整和企业战略相适应，能够促进企业更好地发展。

（二）薪酬调整是否体现公平

薪酬调整之后应该考虑新的薪酬制度是否体现公平性原则，在企业中，公平在很大程度上影响员工的绩效水平。如果员工遭遇不公平的薪酬待遇，会降低他们的工作积极性，甚至出现离职的现象。

（三）薪酬调整是否有效调动员工积极性

企业进行薪酬方面的调整主要是充分调动员工的积极性，让员工以饱满的热情参加到工作中，为企业创造更多的价值。企业可根据员工每个月的绩效表现来判断薪资的调整对调动员工积极性的程度。

（四）薪酬调整是否有利于人才的引入

现在竞争中，人才的竞争越来越激烈，如何能够吸引高素质的人才，在很大程度上决定着企业的未来发展状况，而薪酬在很大程度上会影响人才的招聘，所以应关注调整后的薪酬是否对员工有吸引力。

四、高级人才的薪酬管理

（一）高级人才激励的基本理念

现代的旅游企业越来越看重人才的培养，而高级人才更是各个企业竞相追逐的目标。纵观企业的发展阶段可以看出，不同的时期企业所要遵循的高级管理人才的薪酬激励体系的基本理念基本相同，主要遵循以下两个基本理念。

1.强调价值创造的人力资本理念

高级人才激励的主要目的就是让高级人才能够留在企业，并为企业努力工作。通过设置有针对性的薪酬激励制度促进人力资本的最大作用，充分调动高级人才的积极性和创造性，从而为企业和社会创造更大的价值增值和更多的财富积累。

2.强调价值平衡的利益相关者理论

利益相关者与企业的生存和发展密切相关，有的分担了企业的经营风险，有的为企业的经营活动付出了代价，而高级人才作为利益相关者的一部分，企业的经营决策必须考虑他们的利益或接受他们的约束。

（二）高级人才薪酬体系

高级人才是企业的核心人才，往往掌握着企业的核心技术，能够对企业的发展产生积极的作用，企业为了保留这些高级人才，往往对他们采用高水平的薪酬管理制度。除了基本工资和法定福利之外，还有绩效奖金、年度奖金、长期奖励等，有的还为高级人才如总经理设置年薪。

1. 绩效工资

绩效工资是企业根据员工的实际工作结果及给企业创造的经济效益而支付给员工的工资。绩效工资一般没有固定的标准，企业可以根据自身特点制定绩效工资的发放标准。对于高级人才的绩效工资的额度明显大于一般普通员工的额度。

2. 年度奖金

高级人才可以参与公司的各种年度分红、分享计划等，这些构成了高级人才的年度奖金。与基本薪酬相比，近年来年度奖金的比重越来越大，主要根据对公司所做的贡献评定年度奖金的比例。

3. 长期奖励

为了确保高级人才不被其他猎头公司挖走，企业通常会对高级人才实施长期奖励。长期激励的优势在于让高级人才不仅仅关注企业现有的经营目标，而是从长远角度来规划企业的发展。

第四节　福利管理

福利管理是指选择福利项目、确定福利标准、制定各种福利发放明细表等福利方面的管理工作。福利管理有利于企业获得社会声望，增强员工的信任感和责任感。

一、福利的特点

福利是指企业以组织成员的身份为依据，而不是以员工的劳动情况为依据支付给员工的间接薪酬。企业福利具有五大特点。（1）补偿性：是对公司员工提供劳动的一种物质性补偿，是工资的补充形式。（2）均等性：与工作绩效不相关，每位成员均等享受公司福利。（3）集体性：一般采用集体福利的形式，即公司员工都可以享受到公司提供的福利。（4）多样性：表现形式有社会保障、失业保险、带薪假期、医疗保健等多种形式。（5）人性化：福利形式很多，具体采用哪一种，是根据员工需要而定的。

二、福利的作用

福利是留住人才的一种有效手段，尤其是当今社会，核心人才对企业的发展至关重要。采用贴近员工需求的福利形式，能够体现公司对员工的关怀，使员工产生归属感，

让员工全身心地为企业工作，积极发挥自己的才能为企业多做贡献。

（一）有助于企业吸引和保留所需要的员工

现在的求职者越来越关注福利方面的因素，如五险一金：养老保险、医疗保险、失业保险、工伤保险和生育保险及住房公积金。有较高福利待遇的企业往往比其他同行业企业更具有竞争优势，更能吸引和保留所需要的员工。

（二）有助于发挥员工的积极性和主动性

好的福利制度可以有利于提高有战略价值的员工的积极性。例如，企业组织员工出国学习，并报销路费、会议费和住宿费等相关费用，可以提高他们的潜在创造力和提供有利于企业发展的贡献力。

（三）有利于节省企业的人工成本

一方面企业可以通过为员工提供福利而得到税收的优惠，另一方面好的福利制度能够提升员工的归属感和培养对企业忠诚的员工，降低员工的离职率，减少由于员工离职造成的成本。

（四）鼓励员工的合作

福利具有普遍、平均的享有、集体性等特点，不会引起员工之间因为福利的发放不平等原因而造成的恶性竞争，相反，他们会积极合作创造更多的价值以期得到更多的福利。

（五）传递企业的文化和价值观

福利是体现企业的管理特色、传递企业对员工的关怀、创造企业所希望的氛围和组织环境的重要手段，好的福利制度能够让员工积极地融入企业的文化之中，并将企业的文化传递下去。

三、福利的构成

（一）法定福利

法定福利是政府要求企业为员工提供的一系列保障计划，具有强制性、保障性、防范性等特点。如养老保险、失业保险、医疗保险、工伤保险、生育保险等。

1. 养老保险

养老保险全称为社会基本养老保险，是国家和社会依据一定的法律和法规，为解决劳动者在达到国家规定的解除劳动义务的劳动年龄界限或因年老丧失劳动能力而退出劳动岗位后而建立的一种保障其基本生活的社会保险制度。主要的作用是为老年人的生活提供保障。养老保险费用由企业和被保险人按不同的缴费比例共同缴纳。

2. 失业保险

失业保险是指国家通过立法强制实行的，由社会集中建立基金，对因失业而暂时中断生活来源的劳动者提供物质帮助的制度。失业人员只限定为在法定劳动年龄内有劳动能力的就业转失业的人员。

3. 医疗保险

医疗保险是国家和社会根据一定的法律法规，为向保障范围内的劳动者提供患病时基本医疗需求保障而建立的社会保险制度。具有参加人数最多、覆盖面最广的特点。

4. 工伤保险

工伤保险又称职业伤害保险或伤害赔偿保险，是指依法为在生产工作中遭受事故伤害和患职业性疾病的劳动者及其亲属提供医疗救治、生活保障、经济补偿、医疗和职业康复等物质帮助的一种社会保险制度。不同风险行业的工伤保险缴费率不同。

5. 生育保险

生育保险是指妇女劳动者因怀孕、分娩而暂时中断劳动，而获得生活保障和物质帮助的一种社会保险制度。主要包括两项：一是生育津贴；二是生育医疗待遇。

【知识链接7-4】

以下是迈点旅游研究院做的酒店业员工法定保险的投保比例。由图中数据可知，绝大多数酒店都不同程度地为员工提供了法定福利，其中养老保险和医疗保险所占总保险费用比例最大，均为21%，其次是工伤保险和失业保险，分别为19%和17%。

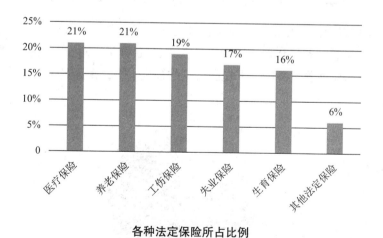

各种法定保险所占比例

数据来源：迈点旅游研究院. 2012年酒店人福利现状调查报告.

（二）非法定福利

非法定福利是企业根据自身的发展需求和员工需求选择提供的福利项目。如住房性福利、交通性福利、饮食性福利、带薪节假等。不同企业的非法定福利的内容不一样，一般而言，规模越大的企业，非法定福利的种类和数量越多。非法定福利有利于改善人际关系、增加员工满意度和安全感、吸引和留住优秀的人才。在现在的市场中，组织要赢得竞争优势，必须对其所需要的劳动力的数量和类型具有足够的吸引力。一般说来，劳动者选择组织除了考虑工资和奖金水平外，还会考虑工作条件的优劣、福利待遇的高低、能否发挥作用等因素。

从图 7-10 的数据可以看出，32% 的酒店提供带薪休假，26% 的酒店提供内部员工优惠，20% 的酒店提供培训福利，14% 的酒店提供旅游福利。

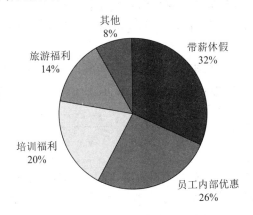

图 7-10　其他福利所占的比例

数据来源：迈点旅游研究院.2012年酒店人福利现状调查报告.

从图 7-11 可以看出，45% 的参与调查员工满意度一般；表示不满意的占 47%，其中 17% 表现出很不满意；对福利现状满意的仅占 8%。目前员工对于酒店提供的员工福利的满意度不高，酒店应该着重考虑一下提高员工的福利水平，提高员工的工作积极性。

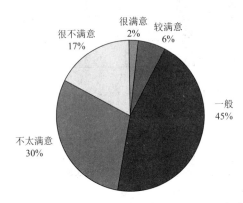

图 7-11　对酒店目前提供的员工福利的满意度

数据来源：迈点旅游研究院.2012年酒店人福利现状调查报告.

四、弹性福利制度

弹性福利制度是企业在固定的福利费用预算内，针对不同层次员工的个性化福利保障需求，设计和实施多样化的福利项目供员工选择，使每个员工的福利保障需求得到最大满足的制度。

（一）弹性福利制度的类型

1. 附加型弹性福利

附加型福利是在现有的福利计划之外，再提供一些福利项目或者提高原有的福利水平。例如，原来的福利计划包括住房补贴、交通补贴等，实行附加型弹性福利后可以在执行上述福利基础上，额外提供附加福利，如免费午餐等。

2. 选择型弹性福利

企业在原有的固定福利的基础上，再提供几种项目不等、程度不同的福利组合供员工选择。一般来说，不同企业的选择型弹性福利不同。

3. 核心加选择弹性福利

核心加选择弹性福利是由核心福利和弹性选择福利共同组成的。核心福利是所有员工都有的基本福利，不能随意选择；弹性选择福利可以随意选择。

4. 弹性支出账户

弹性支出账户是指员工每年可以从税前收入中拨出一定数额的款项作为自己的"支出账户"，并以此账户去选购各种福利项目的福利计划。拨入"支用账户"的金额不需要扣缴所得税，不过账户中的金额如未能于年度内用完，余额就归公司所有。

5. 福利套餐型

企业同时推出不同的"福利组合"，每一个组合所包含的福利项目或优惠水准都不一样，员工只能选择其中一种。

（二）弹性福利制度的原则

1. 战略导向性原则

弹性福利制度的设计应该与企业的总体战略目标相匹配，当企业的战略目标进行调整和改变时，弹性福利制度也应该进行相应的改变。

2. 恰当性原则

企业的福利水平对外要具有竞争性，对内要具有公平性，并且要根据企业的特点制定适合企业发展的弹性福利制度。

3. 激励性原则

弹性福利制度应该起到激励的作用，让员工积极参加到工作中，有积极性的员工才能为企业创造更多的利益。

4. 灵活性原则

企业要根据企业自身的特征合理制定弹性福利制度，让弹性福利制度能够很好地为企业服务。

5. 合法性原则

弹性福利制度应该符合国家的相应的法律法规，切实保护员工的合法权益，这是最基本的原则。

【知识链接 7-5】

2015 年旅游行业薪酬现状

1. 旅游行业非高管层薪酬差距不明显

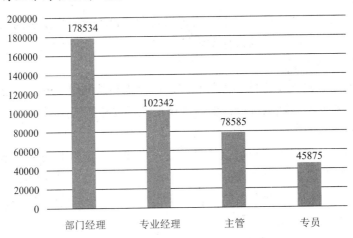

旅游行业层级薪酬水平分析（单位：元/年）

　　根据上图可知，行业专员和主管层级年薪中位值分别为 45875 元和 78585 元，专业经理和部门经理年薪中位值分别超过 10 万元和 17.5 万元，与其他行业相比，层级之间的薪酬差距并不明显，导致行业职位晋升和职业生涯通道的建设缺乏一定的激励作用。未来随着更多的职业经理人进入该行业，这种现象会有减弱趋势，对行业整体薪酬水平的竞争性也会利好。

2. 行业部分紧缺岗位薪酬涨幅预计超过 12%

　　2014 年旅游行业整体薪酬涨幅只有 7.5%，低于全行业平均水平，但是对于某些急缺岗位，涨幅还是较为明显，为了提高市场影响力，如何做好营销及打造品牌都是旅游企业的重点工作，而这两类员工的薪酬涨幅也领先行业内其他类型的员工，2015 年销售和品牌营销序列预计涨薪超过 12%。与此同时，计调涨薪也达到 12.1%，接待和酒店服务也是提高口碑的好方法，企业对这些方面也特别重视，大客户接待和酒店会务涨薪超过 11%。值得我们注意的是，导游的薪酬并没有明

显的涨幅，规范和建立以消费者满意为导向的激励性薪酬福利体系对旅游行业规范性运营会起到至关重要的作用。

资料来源：《2015 年旅游行业薪酬现状及预测》.

 【复习思考题】

1. 论述薪酬的概念和作用。
2. 论述薪酬管理的原则。
3. 分析影响员工薪酬的因素。
4. 论述薪酬体系的分类和各自的优缺点。
5. 概述薪酬体系设计的步骤。
6. 简述制定薪酬的原则和策略。
7. 分析职位评价的方法。
8. 简述薪酬调查的应用和方法。
9. 简要分析薪酬策略的定位方法。
10. 简述薪酬预算的作用、方法和影响因素。
11. 分析薪酬调整的依据和方法。
12. 简述高级人才的薪酬管理理念。
13. 概括福利的特点和作用。
14. 概述福利的分类。
15. 概述弹性福利制度的原则和类型。

 【案例分析】

酒店薪酬激励体系设计方案

某高级度假村位于郊区，是集餐饮、客房、娱乐为一体的休闲、度假、旅游、会议接待场所，始建于 20 世纪 80 年代。该度假村具有事业单位性质，下属于某市政府，承担接待重要官员的任务。

该度假村硬件条件非常好。其占地面积 3000 余亩，三面环山，一面临水，环境优美，风景如画。度假中心设施完善而舒适，建有标准客房、高级标准客房、高级套间、别墅。设有会议室、多功能厅供顾客会议娱乐。配备中央空调、卫星接收电视、程控电话、电子门锁等现代安全设施。餐厅经营川、鲁、粤等各式菜肴。娱乐项目多样，有保龄球馆、台球、乒乓球、壁球馆、室内网球馆、室内羽毛球馆、室内游泳馆、健身房、自动棋牌室等。

该度假村有一定的历史，薪酬激励体系比较落后，特别是技术人员的薪酬激励方

面，存在着诸多问题。因此，该度假村求助于人力资源顾问专家期望改进薪酬激励体系来解决问题，获得长远发展。

一、现状问题

该度假村的技术人员主要指厨师、工程维修人员。原先，度假村技术人员的基本工资采用的是岗位加能力的工资制，按照岗位级别和能力级别发放工资。能力级别的区分则是基于个人是否拥有能力证书和拥有证书的等级，对于厨师来说，评价标准就是厨师等级证书。无论实际烹饪水平如何，厨师长比普通厨师的工资高，有厨师证书的工资比没有证书的高，特一级的厨师工资就比一级别的厨师高。工程维修人员也是如此。度假村领导本以为这种工资制度能够有效激励员工提高工作能力，但实际工作中却发现，诸多人员通过买卖证书，而非提高自身能力来获得高薪酬，员工持有假证书的现象普遍。此外，技术工人的流失率也居高不下。基于证书的能力工资制似乎并没有起到预期的作用。

此外，由于度假村的服务多样，客房、娱乐设备齐全，工程维修人员的工种设置也很全面，包括水工、电工、管道工、木工，等等。一方面，度假村花费了较高的成本雇用这一批维修人员；另一方面，当某地同时出现几个维修问题时，往往需要派出多个维修人员同时前往。由于度假村占地面积广，各设施之间距离间隔较远，一来一回需花费较长时间，因而度假村时常出现工程维修人员短缺或维修不及时的问题，严重影响了度假村的有序经营。

二、问题分析

通过对该单位存在问题的深入分析之后，发现造成这种问题的原因主要有以下两个方面。

首先，技术工人薪资没有与实际工作能力挂钩。技术工人薪资的多少依赖于有无技能证书及技能证书级别高低，而证书却不能代表员工的实际工作能力。低能力者通过买卖证书获得高薪酬；有能力而不愿意购买假技能证书的员工，薪酬反而比一些能力不及自己的员工高。薪酬激励体系没有真正体现实际工作能力，无法起到激励作用，部分有能力技术工人感到受到不公平对待，再加上该度假村的薪酬水平普遍偏低的现状，不少技术工人选择跳槽到给出更高薪资和发展前景的企业或单位，员工流失率高。人才的流失无疑是企业的损失，极大降低了该单位实际工作效率和质量，还带来了重新招聘和培养新员工的高额成本。

其次，薪酬激励体系未能激励技术工人一专多能。调查发现，该单位工程维修人员普遍技能单一。依照该单位原有的薪资制度，技术能力多样的技工，能够完成相对较多的任务，但其拿到的钱却与其他员工没有区别，因为工资的高低只与是否拥有证书和拥有证书的等级有关，而与个人的工作量无关。因此对技术工人而言，拥有一项专长就足够了，没有必要去学习其他类别的技能、承担更多的工作。再加上度假村各区域之间路途较远的现状，度假村不得不雇用很多工种的工人，但仍然时常出现人员短缺的现象。如果一个技工能同时拥有多项能力，当某处出现多种问题，管理人员就可以只派一人前往处理问题，而其他的人员则可派往其他的地方处理另外的问题。不仅可以减少雇用人数，还能提高维修效率。因此，工程维修人员不能一专多能给该单位精减人员、优化分配资源、提高服务效率和质量带来了不少问题。

讨论题：

1. 从上述问题中你明白了什么道理？

2. 如果你是人力资源顾问专家，你应该如何解决上述薪酬激励的问题？

激励理论与实践

通过了解人的行为周期发生模型，可以理解激励对于促成特定工作行为的重要作用；通过学习激励理论、方法及其应用，可以帮助人力资源管理者更好地开展激励工作；对于旅游企业的人力资源管理者，还要重点分析对于旅游行业从业人员形成激励的重要因素。

【学习目标】

1. 了解行为周期的模型，以及内在需要与外在需要的不同及其各自的内容；
2. 了解旅游企业形成员工激励的重要因素；
3. 掌握重要的激励理论及其应用，以及员工行为矫正的主要方法；
4. 理解文化激励、标杆激励、工作激励、领导行为激励的重要作用。

【导入案例】

"优秀员工"称号与 NBA 荣誉称号

在很多企业，都有类似于年度优秀员工评比这样的活动，但我国的企业评比存在着项目少、内容笼统、针对性不强、个性化较弱的问题。一般企业大多数奖项是诸如优秀管理者、优秀员工、先进单位、先进企业、员工满意单位等，在国有企业更多的是信得过单位、先进党组织、优秀党员、先进单位、先进集体等综合类项目。这些活动，一方面奖项较少，另一方面给人以"华而不实"的感觉，更重要的是对个人的激励性不大，所以亟须改进。

我们经常看 NBA 比赛，NBA 明星中为什么有那么多人有荣誉称号？比如，最佳助攻手、最佳三分扣篮手、篮板王、MVP、最佳新人、最佳第六人等，究竟哪个人是最佳？

还有奥斯卡颁奖礼，有最佳导演奖、最佳舞台灯光效果奖、最佳服装设计奖等。但是，虽然有这么多的奖项，却一点也没有"虚"的感觉，因为每个奖项都具有针对性。

从 NBA 和奥斯卡的奖项设置中，可以总结出这样一个道理，即奖项并不怕多，但一定要实在，要有针对性。所以，我国的企业在设立奖项时，最好不要用优秀员工、优秀党员、优秀干部等词语，应该针对性强些，比如，用最佳质量奖、最佳销售奖、成本降低最佳奖、最佳焊接手、最佳裁剪标兵等词语。但需要注意的是，这些奖项的设立要像 NBA 和奥斯卡设立奖项一样，要具有唯一性，不可滥用。

除此之外，使用非业绩性荣誉也是一种很好的激励方法。"经常提起别人的长处，可以让他更优秀。"这个道理是实践证明了的行之有效的激励方式。例如，多开展一些非业绩性奖励，以丰富员工的生活和获取多种荣誉。也可以将各项活动与公司的主要经营活动相结合，如"顾客第一"主题征文大奖赛；"质量是制造出来的"辩论赛；"爱厂爱家"歌唱大赛……

资料来源：中国人力资源开发网 [EB/OL]. http://www.chinahrd.net/tool/2016/03-24/39465-1.html.

第一节 激励概述

一、激励及其重要意义

激励，从其英语的字源学角度分析，来自动机一词。人的行为中只有很少数是本能性、反射性、无动机的，从管理所关心的人的工作行为来看，都是有动机的。所谓激励，从语义学来定义，便是激发人的行为动机，通俗地说，就是激发士气、鼓励干劲，也就是人们常说的调动积极性。

激励对管理，特别是人力资源管理的重要性不言而喻。人力资源管理的基本目的有四点，即吸收、保留、激励、开发企业的人力资源，其中激励显然是核心，因为如果能激发员工的干劲，就必能吸引来并保留住他们，而开发本身即是重要的激励手段。

激励的重要性不仅在于能使员工安心和积极地工作，还在于能使员工认同和接受本企业的目标与价值观，对企业产生强烈的归属感。

然而激励是一种复杂而多因的现象，研究起来难点很多。它涉及动机，而动机是看不见的，无法直接测量。动机的多因性使同样的行为可发自不同动机，而同一动机却可有不同的行为表现。此外，动机还受个性等个人特点及文化等环境特点的制约。正因为

激励研究的复杂和困难，至今还没有一个能全面且准确地说明所有主要激励因素的理论和模型。学者们已提出了百余种的激励理论，管理者们也在实践了许多激励方法后，积累了很丰富的经验。

二、激励与绩效

行为周期的基本模型行为的发生不是无端的，而是有目标的，有其生理性和心理性的基础，如图 8-1 所示。

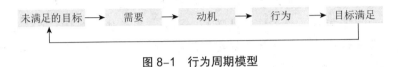

图 8-1　行为周期模型

（一）需要

需要是指感知某种必要的生活与发展条件匮乏时的心理状态。缺乏这种条件时，心里会产生紧张与不安，心理状态失去平衡。为了消除紧张，恢复心理平衡，人就会采取某种行动，所以需要是行为的出发点。

（二）动机

需要使人的内心产生行为的驱动力，这就是动机。动机并不就是需要，但动机这种内驱力是以需要作为基础的。

（三）目标

行为是指向一定目标的，那就是能够满足其需要的资源。这种目标导向行为可能成功，即达成了目标，那便是目标实现行为。当所需的资源获得后，需要满足了，心理平衡恢复了，人们便体验到满足感。若未能获得所需资源，就不会有目标实现行为，需要未能满足，心理仍处于失衡状态，心理就会产生不满感，又叫挫折感。

（四）满意感

这是获得了所需资源，使需要得到满足，紧张感及因之而产生的行为内驱力（即动机）消失时的内心体验。满意感是一个行为周期的终点与归宿。

（五）反馈

内心体验到满意感，会反馈至行为周期的起点，即需要导致的心理紧张消失，于是一个行为周期便结束了。只有新的需要产生时，才会重新开始新的行为周期。若未能实现目标，产生了不满感，也会反馈到行为起点。此种反馈可以是积极的，即使得动机更强烈；也可是消极的，即让动机暂时被抑制下来。

（六）外界刺激

它能加强或削弱动机，但外因只是条件，内因才是依据。内心感觉不到需要，外界刺激是无法引发行为的。

从以上分析可知：（1）行为是因感受某种需要而产生的动机驱使发生的。（2）行为是有方向性的，是为了获得能满足其需要的资源。（3）行为终止于需要的满足。已满足了的需要不再具有激励性。（4）要激励起行为，一要了解被激励者有何需要，二要掌握有何需要可以满足。

第二节　激励理论

一、内容型激励理论

内容型激励理论研究的重点是工作动机的构成因素。由于该理论的内容大都围绕如何满足需求进行，故又称为需求理论。它主要包括马斯洛的需求层次理论，赫茨伯格的双因素理论，奥德弗的生存、关系、成长理论（ERG 理论）等。

（一）马斯洛的需求层次理论

美国人本主义心理学家马斯洛提出：人有一系列复杂的需求，按其优先次序可以排成梯式的层次。马斯洛把需求分成生理需求、安全需求、社交需求、尊重需求和自我实现需求五类，依次由较低层次到较高层次排列（见图 8-2）。

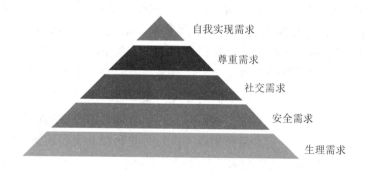

图 8-2　马斯洛需求层次理论

1. 生理需求

对食物、水、空气和住房等的需求都是生理需求，这种需求的级别最低，人们在转向较高层次需求之前，总是尽力满足这类需求。一个人在饥饿时不会对其他任何事物感兴趣，他的主要动力是得到食物，即使在今天，还有许多人不能满足这些基本的需求。管理人员应该明白，如果员工还在为生理需求而忙碌时，他们所真正关心的问题与他们

所做的工作无关。当努力通过满足这类需求来激励下属时，是基于这种假设，即人们为报酬而工作，主要关心收入、舒适等。所以激励时，可尝试利用增加工资、改善劳动条件、给予更多的业余时间和工间休息、提高福利待遇等来激励员工。

2. 安全需求

安全需求包括对人身安全、生活稳定及免遭痛苦、威胁或疾病等的要求。和生理需求一样，在安全需求没有得到满足之前，人们唯一关心的就是这种需求。对许多员工而言，安全需求表现为安全而稳定，以及有医疗保险、失业保险和退休福利等。需要实施安全需求激励的对象，其在评估职业时，把"职业"看作不致失去基本需求满足的保障。如果管理人员认为对员工来说安全需求最重要，那么就在管理中着重利用这种需要，强调规章制度、职业保障、福利待遇，并保护员工不致失业。如果员工对安全需求非常强烈，管理者在处理问题时就不应标新立异，而应该避免或反对冒险，让员工循规蹈矩地完成工作。

3. 社交需求（爱和归属的需要）

社交需求包括对友谊、爱情及隶属关系的需求。当生理需求和安全需求得到满足后，社交需求就会凸显出来，进而产生激励作用。在马斯洛需求层次中，这一层次是与前两层次截然不同的另一层次。这些需求如果得不到满足就会影响员工的精神，导致高缺勤率、低生产率、对工作不满及情绪低落。管理者必须意识到，当社交需求成为主要的激励源时，工作被人们视为寻找和建立温馨和谐人际关系的机会，能够提供同事间社交往来机会的职业会受到重视。管理者感到下属努力追求满足这类需求时，通常会采取支持与赞许的态度。

4. 尊重需求

尊重需求既包括对成就或自我价值的个人感觉，也包括他人对自己的认可与尊重。有尊重需求的人希望别人按照他们的实际形象来接受他们，并认为他们有能力胜任工作。他们关心的是成就、名声、地位和晋升的机会。当他们得到这些时，他们就赢得了人们的尊重，其内心充满自信。不能满足这类需求他们就会感到沮丧。如果别人给予的荣誉不是根据其真才实学，也会对他们的心理构成威胁。在激励员工时应特别注意有此需求的管理人员，应采取各种奖励和表扬的方式。布置工作要特别强调工作的艰巨性及成功所需要的高超技巧等。颁发荣誉奖章、在公司的刊物上发表表扬文章、公布优秀员工光荣榜等手段都可以提高人们对自己工作的自豪感。

5. 自我实现需求

自我实现需求的目标是自我实现或是发挥潜能。达到自我实现境界的人，接受自己也接受他人。解决问题能力增强，自觉性提高，善于独立处事，要求不受打扰。要满足这种尽量发挥自己才能的需求，应在某个时刻部分地满足其他的需求。当然自我实现的人可能过分关注这种最高层次需求的满足，以至自觉或不自觉地放弃满足较低层次的需求。自我实现需求占支配地位的人，会受到很强的激励，从而在工作中运用最富于创造性和建设性的工作技巧。

（二）赫茨伯格的双因素理论

双因素理论是美国心理学家赫茨伯格于 1959 年提出来的，全名为"激励、保健因素理论"。通过在匹兹堡地区 11 个工商业机构对 200 多位工程师、会计师调查征询，赫茨伯格发现，受访人员列举出的不满的事项，大多同他们的工作环境无关，而感到满意的因素，则一般都与工作本身有关。据此，他提出了双因素理论（见图 8-3）。

传统理论认为，满意的对立面是不满意。而双因素理论认为：满意的对立面是没有满意，不满意的对立面是没有不满意。因此，影响职工工作积极性的因素可分为两类：保健因素和激励因素。这两种因素是彼此对立的，并且以不同的方式影响人们的工作行为。

所谓保健因素，就是那些造成职工不满意的因素，这些因素如果得到改善能够解除职工的不满，但不能使职工感到满意并激发起职工的积极性。保健因素主要指企业的政策、工资发放、劳动保护、工作监督及各种人事关系处理等。由于保健因素只起到维持工作现状的作用，因此也被称为"维持因素"。

所谓激励因素，就是那些使员工感到满意的因素，唯有其改善才能让职工感到满意，才能给职工以较高的激励，才能调动积极性，提高劳动生产率。激励因素包括：有工作表现机会、工作本身的乐趣、工作上的成就感、对未来发展的期望、职务上的责任感等。

双因素理论与马斯洛的需求层次理论是相吻合的。马斯洛理论中最低层次的需要，相当于保健因素，而高层次的需要相似于激励因素。

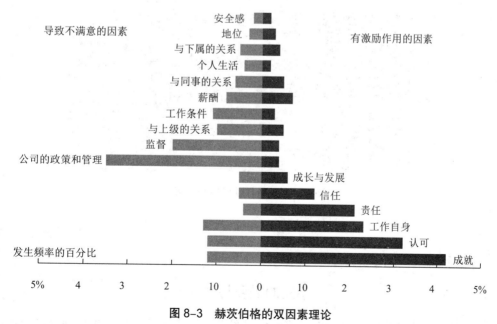

图 8-3 赫茨伯格的双因素理论

（三）奥德弗的生存、关系、成长理论（ERG 理论）

奥德弗认为，人的核心需求有三种，即生存的需求、相互关系的需求和成长的需求。

生存需求是指人全部的生理需求和物质需求，也是最基本的需求。组织中的报酬、对工作环境和条件的基本需求等也包括在生存需求中。这一类需求大体上和马斯洛需求层次中的生理需求和安全需求相对应。

相互关系的需求是指在工作环境中对人与人的相互关系和交往的需求。这一类需求类似于马斯洛需求层次中部分安全需求、全部社交需求及部分尊重需求。

成长的需求是指人要求得到提高和发展的内在欲望，表现在：人不仅要求充分发挥个人潜能，有所作为和成就，而且还有开发新能力的需求。这一类需求可与马斯洛的需求层次中部分尊重需求和整个自我实现需求相对应。

奥德弗认为，各个层次的需求得到的满足越少，则这种需求越为人们所渴望；较低需求越是能够得到较多的满足，对较高层次的需求就越渴望得到满足；如果较高的需求一再遭受挫折而得不到满足，人们就会重新追求较低层次需求的满足。例如，成长需求长期受挫，有时也会导致人际关系需求，甚至生存需求的急剧上升。因此，奥德弗的这一理论不仅提出了需求层次的"满足—上升"趋势，而且还提出了"挫折—回归"的趋势。这一原理更贴近现实中人们行为的特点，也为心理学研究所证实，在管理实践中具有较强的启发意义。三种激励理论的对比如图 8-4 所示。

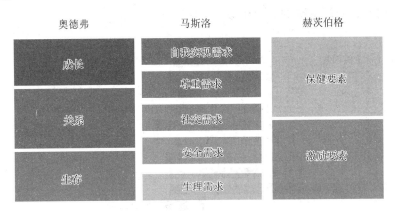

图 8-4　三种激励理论的对比

【知识链接 8-1】

不同的需要与激励

需要与其对应的资源和由它驱动的激励是密不可分的，所以需要的分类，也就是资源的分类。通常人们总把需要分为物质性需要与精神性需要两大类，但在人力资源管理中，更多的是分为外在性需要和内在性需要，激励也对应地分为两大类。

外、内在性需要的区别在于，外在性的需要不能从工作活动本身求得满足，能满足外在性需要的资源存在于工作之外，即控制在组织、领导与同事手中，因而工作是手段性的，如金钱和表扬（分别为物质性与精神性的）。内在性需要则相反，它们的满足是通过工作活动的体验才能实现，如领会工作活动中的趣味及任务完成时的成就感等（都是精神性的），因而工作活动本身便具有目的性。满足内在性需要的资源就存在于工作过程之中，因而其满足至少不直接掌握在工作以外的环境之中，充其量环境只在是否提供条件上具有某种间接影响力。

1. 外在性需要的分类

外在性需要又可进一步分为两亚类：（1）物质性需要，如工资、奖金、福利等。（2）社会—感情性需要，如上级和同事给予的信任、尊重、关怀、友谊、表扬、认可、赏识等较抽象的需要。这里的"社会"译自英语的"社会"一词，带有"人际"的含义。

应当看到，以上两种外在性需要的界线并不太分明，对有些资源的需要是兼具两重性质的，往往是社会—感情性资源会同时具有一定的物质性，如晋升职位和职称、培训、出国、考察、进修等。

然而，物质性需要与社会—感情性需要在性质上，虽同具外在性，却有不少差异。从资源转移过程来看，前者多发生于经济性交往中，后者则多在社会交往中；从成本发生、资源有限性及资源需要者与资源控制者间的关系来看，前者有成本发生，因为资源总是有限的，需要者与控制者间关系便具有竞争性，即你多了我便少了，而后者基本无成本，资源几乎是无限的，双方关系则是互惠性的、投桃报李式的；此外，在资源本身的性质上两者也有微妙的不同，物质性资源是通用性和泛指性的，即任何获得这种资源的人均可享用，而社会—感情性资源则是专用的和特指的，即它们只能对特定的人才能发挥效用，如对某人的感情与信任，是无法转移给别人或为别人所使用的。这些微妙的差异，对想要利用它们的管理者，是不应忽略的。

2. 内在性需要的分类

内在性需要也可进一步地分为两亚类：

（1）过程导向的内在性需要。这种需要可单纯地在工作活动过程中得到满足，例如，由于活动有趣而得到的快感，以及工作具有挑战性而感受到因有机会使用自己的聪明才智、发挥个人潜能和因自己得到锻炼与提高所产生的兴奋与愉快等。反之，工作单调乏味，过分简单，感觉大材小用，无处施展，会因此感到沮丧和不满。这种内在性需要只关心工作过程，而不关心结果，即使工

作任务未能圆满完成，也不影响其对工作活动的兴趣，是"只事耕耘，不问收获"的。

（2）结果导向的内在性需要。它指因工作取得积极成果，从而体验到某种成就感、贡献感与自豪感的追求，这只有在任务完成之后才能获得。要注意的是，这种成就的大小是当事者自身的主观评价，不是别人给予的认可与赞扬。

3. 内、外在需要与激励间的关系

可以认为，外在性激励是源于外在性资源（不论是物质性的还是社会感情性的）所产生的牵引力；内在性激励则是工作内部蕴含的资源（不论是活动过程本身还是活动的结果）所具有的驱动力。现实生活中，人们往往只注意外在性资源的利用，而忽略创造条件使内在性资源的激励作用充分发挥，其实后者不但是强有力的，而且是低成本甚至是无成本的。

最后要指出，在两大类激励的四亚类分类中，只有第一亚类才是物质性的，其余三亚类都是精神性的。笼统地只分为物质性与精神性两大类，就会认不清内、外在性需要在激励本质上的差别而导致使用失当。

二、过程型激励理论

过程型激励理论着重研究的是从个体动机产生到采取具体行为的心理过程。这类理论试图弄清人们对付出努力、取得绩效和奖酬价值的认识，以达到激励的目的。这种理论主要包括弗鲁姆的期望理论、洛克的目标设置理论和斯金纳的强化理论等。

（一）弗鲁姆的期望理论

美国心理学家弗鲁姆认为：人们只有在预期行为有助于达到某种目标的情况下，才会被充分激励起来，产生内在的激发力量，从而产生真正的力量，这种激发力量的大小等于该目标对人的效价与人对能达到该目标的主观估计（期望值）的乘积。

激励的过程由三个环节构成：其起点是以需要为基础的激励动力，它驱使人付出相应的努力；中间的环节是这种努力所产生的一定绩效；作为过程终点的最后环节便是奖酬，是激励所指向的目标，即可以满足其需要的资源。当事者的目标并非绩效，而是所想得到的奖酬。这样，绩效只是具有工具性的一阶结果，而奖酬这个二阶结果才是真正的目标。

弗鲁姆在这过程中找到了决定激励强度的三个重要变量：

（1）期望值（E）。期望值指具有一定强度的激励，在推动人们朝所选定的目标付出相应努力后，能达到所期望的绩效水准的主观概率。

（2）工具值（I）。工具值指达到期望的绩效水准后，便能获得所需奖酬的主观概率，即个人判断或估计出的成功把握。E 与 I 既然本质上都是概率，其取值范围为 0~1。

（3）奖酬效价（V）。奖酬效价指不同奖酬在当事者心目中相对价值（重要性）的大小。量度其大小，可任取一个价值标尺，但对任何奖酬的效价均需用同一标尺来衡量。效价取值范围是 -m 至 +m，m 是当事者在评估效价时所设标尺的刻度。负号表明，奖酬的价值可以是负的，即不但无益，反而有害。弗鲁姆指出，一个人为获得目标奖酬的积极性（激励强度）是 E、I、V 三个变量的乘积。当所追求的奖酬（二阶结果）不止一种而是 n 种时，其总激励强度（M）是各激励分项的代数和。其公式为：

$$M = E \sum_{i=}^{n} I_i V_i$$

（二）洛克的目标设置理论

美国马里兰大学心理学教授埃德温·洛克在一系列调查和实验的基础上，于 1968 年提出了目标设置理论。

目标设置理论认为，目标是行为的最直接的动机，设置合适的目标会使人产生希望达到该目标的成就需求，因而对人有强烈的激励作用。

目标设置理论认为，任何目标都可以从三个维度来进行分析。第一，目标的具体性，即目标能够精确观察和测量的程度。第二，目标的难度，即目标实现的难易程度。第三，目标的可接受性，即人们接受承诺目标和任务指标的程度。研究表明，从激励的效果出发，有目标比没有目标好，有具体的目标比空泛的目标好，能被执行者接受而又有较高难度的目标比唾手可得的目标更好。此外，给予员工工作情况的及时反馈，使得员工对自己工作的完成情况有更清楚的认识，将有助于目标的实现。

目标设置理论是组织行为学中较重要的激励理论，它认为合适目标的设置是管理过程中最直接和最有效的激励方法和技术，对人力资源管理具有重大的意义和价值。

其一，目标是一种外在的可以观察并且可以测量的标准，管理者可以直接设置、调整和控制目标，作为激励员工的重要手段和技术。

其二，管理者在为员工设置目标的过程中，首先应该尽量使员工参与目标设置，了解并且认同组织目标；其次帮助员工设立具体的，并且有相当难度的目标；最后，对目标的实现应该采取各种形式的激励和肯定，以强化和调动员工完成目标的积极性。

其三，积极做好目标的反馈。信息的反馈可以增强员工实现目标的积极性，并且使员工及时发现问题，调整方向，从而更好地实现目标。

其四，促进目标管理的实现。目标设置理论认为管理中采用的目标管理技术提供了心理学的理论依据，促进了目标管理的实现。

某商店，每天早上店员们都要开会，汇报自己今天的销售目标；晚上十一点钟关门

的时候，再开一次会，总结今天是否达到目标，然后进行奖惩，达到目标的奖十块，没达到目标的罚五块。

然而，这种方法的激励效果并不明显，这时，店长想出了另外一个激励的方法：在月销售额还差一半没有完成的时候，将没有完成的部分按照一个礼拜的时间，分解到每个人头上，平均每人每天必须赚一千块钱。如果每天到了晚上十一点还没赚到一千块，就加上明天的一千块钱累计起来。结果奇迹发生了，这个店一个礼拜就完成了一半以上的月销售额。

这说明：目标越短，就越有力量，压力越大，越能够激发员工的积极性。

（三）斯金纳的强化理论

斯金纳所倡导的强化理论是以强化原则为基础的关于理解和修正人的行为的一种学说。所谓强化从其最基本的形式来讲，指的是对一种行为的肯定或否定的后果（报酬或惩罚），它至少在一定程度上会决定这种行为在今后是否会重复发生。根据强化的性质和目的强化可分为正强化和负强化。在管理上，正强化就是奖励那些组织上需要的行为；负强化就是惩罚那些与组织不相容的行为，从而削弱这种行为。正强化的行为包括给予学习和成长的机会等。负强化的方法包括批评、处分、降级等，有时不给予奖励也是一种负强化。强化理论具体应用的一些原则如下：

1.经过强化的行为趋向于重复发生

经过强化，某种行为在将来重复发生的可能性增加。例如，当某种行为的后果是受人称赞时就增加了这种行为重复发生的可能性。

2.要依照不同对象采取不同的强化措施

人们的年龄、性别、职业、学历、经历不同，强化方式也应该不一样。例如，有的人更重视物质奖励，有的人更重视精神奖励，就应区分情况采用不同的强化措施。

3.小步子前进

分阶段设立目标，并对目标予以明确规定和表述。对于人的激励首先要设立一个明确的、鼓舞人心而又切实可行的目标，只有目标明确而又具体时，才能进行衡量和采取适当的强化措施。同时还要将目标进行分解，分成许多小目标，完成每个小目标都及时给予强化。这样不仅有利于目标的实现，而且通过不断激励可以增强信心。如果目标一次定得太高，会使人感到不易达到或者说能够达到的希望很小，这就很难充分调动人们为达到目标而做出努力的积极性。

4.及时反馈

所谓及时反馈就是通过某种形式和途径，及时将工作结果告诉行动者。要取得最好的激励效果就应该在行为发生以后尽快采取适当的强化方法。一个人在实施了某种行为以后，即使是领导者表示"已注意到这种行为"这样简单的反馈也能起到正强化的作用。如果领导者对这种行为不予注意，这种行为重复发生的可能性就会减小以至消失。所以，必须利用及时反馈作为一种强化手段。

5.正强化比负强化更有效

在强化手段的运用上，应以正强化为主。同时必要时也要对坏的行为给予惩罚，做到奖惩结合。

强化理论只讨论了外部因素或环境刺激对行为的影响，忽略了人的内在因素和主观能动性对环境的反作用，具有机械论的色彩。但是许多行为学家认为，强化理论有助于对人们行为的理解和引导。因为一种行为必然会有后果，而这些后果在一定程度上会决定这种行为在将来是否重复发生。那么，与其对这种行为和后果的关系采取一种碰运气的态度，还不如加以分析和控制，使大家都知道最好的后果应该有什么。这并不是对职工进行操纵，而是使职工有一个最好的机会在各种明确规定的备选方案中进行选择。因而，强化理论已被广泛地运用在激励人的行为的改造上。

【知识链接 8-2】

员工行为矫正

1.行为矫正的含义

行为矫正是指在旅游企业严密的规章制度的基础上，调整与矫正员工的行为，时刻遵章守纪，完成旅游企业的工作目标。严格地讲，员工行为矫正是一种员工被动激励的措施。

2.行为矫正的手段

行为矫正的手段通常可以归为两类：一类是惩罚手段，即消极矫正；另一类是指导性培训，即积极矫正。

（1）消极矫正。很多管理者认为，当员工违反了旅游企业的规章制度时，就必须加以惩处。这样，该员工不仅不会再犯错误，而且能达到"杀一儆百"的作用。这种通过惩罚而进行的消极矫正的效果被绝大多数旅游企业管理者所肯定。他们认为旅游企业的工作性质和员工的心态决定了使用严格规章、严格惩罚的良好效果，这是实现高质量服务的唯一手段。

但是，消极矫正，存在一些弊病。首先，消极矫正只是达到了惩前毖后的目的，却没有从根本上解决员工的问题。其次，惩罚经常会引起员工的尴尬、逆反、愤怒、敌对情绪，从而导致员工集体与管理者之间的心理对抗，破坏彼此之间的沟通和合作。最后，消极的矫正导致消极的结果，这就可能使惩罚无终止地进行，造成一种恶性循环。

消极矫正通常采用的模式可归纳为四个步骤：

①口头警告。警告员工不要再犯。

②书面警告。告诉员工已两次违反，下次违反必将付出代价。

③惩罚。采用物质性惩罚，如扣奖金、扣工资；或采取精神性惩罚，如当众

批评、记过、降职等。

④开除。如果员工屡教不改或严重违反规章制度，给旅游企业带来巨大的经济损失，则考虑给予开除处分。

（2）积极矫正。在旅游企业运转中，员工出现的违纪现象也有两类不同的性质：一类是明知故犯；一类是非故意和由于无知导致的违纪。如果不看问题的性质一律采用消极矫正手段，确实会导致不良后果。因此，积极矫正正在被很多旅游企业管理者所重视。

积极矫正通常采用的模式归纳如下：

①口头提示。友好地指出员工的工作失误，解释这种错误的不利后果，让员工制订改进工作的措施。

②书面提示。当该员工再次违纪时，应找到员工，态度严肃地与其单独谈话，找出再次违纪的原因。以书面形式将该员工的违纪情况做记录，放入员工档案。此外，要与员工达成一份改进工作的计划。

③停职反省。当员工第三次违纪时，管理者要严肃地指出员工的错误，再次强调规章制度，表示不愿失去这位员工，但要么必须改正错误，以后不犯，要么离职。为了使员工反省，旅游企业可停止该员工的工作，但依然发放工资，在几天内等待该员工的回答。许多员工当其在该旅游企业工作时，并没有感到有什么值得留恋的，一旦失业回家，则很快发现原来的工作难得。停职的时间就是让员工反悔，自己来决定未来。一旦员工返回工作岗位，可谓"浪子回头金不换"，很有可能成为一个合格的员工。

④开除。如果停职反省的员工最后决定不上班，那就是自己开除了自己而不是旅游企业开除了他。即使员工离开了这家旅游企业，该员工也依然感到旅游企业的宽容与大度。管理实践发现，70%的员工会自动返回工作岗位，愿意遵守规章制度，并接受规章适度所做出的处罚。

积极矫正的最大益处莫过于建立起了管理者与员工之间良好的合作关系，削弱了双方的敌对冲突，降低了员工的流动率，提高了领导者的威望。因此，现代旅游企业管理者应注意积极矫正方法的运用，这是旅游企业管理发展的新趋势。

3. 行为矫正中应避免的失误

管理者在对下属进行行为矫正时，往往容易出现以下一些失误。

（1）行为矫正简单化。特别是一些新上任的管理者，往往对行为矫正缺乏经验，对员工的违纪行为要么要求过严，小题大做，要么采取宽容的态度，对违纪行为视而不见。这两种倾向都会给今后的工作带来极为不利的影响。特别是后一种宽容态度，当管理者无可容忍时，则要采取严厉的措施，管理者态度的转化会招致下属的反感。因此，作为管理者来说，要想强化规章制度，就要态度始终如一。

（2）矫正态度没有保持冷静。管理者大发雷霆，其结果容易激化问题，招致员工的反抗，而且管理者也会说出过头的话，或出现过头的行为。该项失误容易降低管理者的威信。

（3）威胁而不采取行动。"雷声大，雨点小"是一些管理者常采取的行为。如果管理者总喊"狼来了"，但"狼没来"，人们也就不再相信了。

（4）越级越权处理违纪员工。越级越权处理违纪员工是错误的。例如，某一部门经理下令开除某一违纪员工，最后这一员工并没有被开除，因为在该旅游企业开除员工是总经理的权利，那么这位经理的威信就会降低。

（5）逃避问题会失信于民。一些管理人员在发现问题后，自己不去处理，唯恐得罪该员工，或者将问题上交，或者交给下属去处理。这种方法往往容易失去员工的尊重和信任。

（6）迫使员工辞职离职。迫使员工辞职离职不一定是明智之举。之前，一些旅游企业管理者既想开除员工，又唯恐员工恨自己或带来一些其他麻烦，所以采取了"空职法"，即解除员工的一切职务，让其终日无所适从，迫使其另谋高就。在人际关系极为复杂的企业，这种方法会给管理者带来一种"保护"。但是，在完全自主经营的企业，这种方法由于对该员工失控、照发工资等会给企业造成负面影响。

总之，激励是现代旅游企业管理的重要手段，旅游企业工作性质在很大程度上决定了激励的作用。旅游企业管理者要针对自身的特点，广泛吸收现代化激励理论的精华，采取行之有效的手段，有效激发员工的积极性与创造性，创造良好的经济效益。

第三节　旅游企业员工激励管理的措施

一、挖掘员工自身的激励因素

激励的效果取决于激励的手段和激励的对象这两个基本要素。因此，研究和寻找有效的激励手段之前，首先要真正了解被激励的员工。

（一）认识员工

管理者很容易将认识员工的工作简单化，认为在休息时间谈上两句，午餐时到员工的身边问上两句就可以了，而且认为员工之所以来本企业工作的原因不外乎养家糊口而已。管理者如此认识员工，则很难发现员工的内在要求，也就无法恰当地使用激励

手段，使员工的工作热情得到极大的激发。认识员工的最佳方法是观察员工，如观察其工作情况、对管理者的态度、对同事的态度、对顾客的态度、在讲话及听讲时的表情、什么事情使其高兴、什么事情使其沮丧等。根据以上观察，管理者要挖掘员工的真正需求、欲望、动机和目前的状况。同样，员工的工作能力、兴趣、爱好都是要观察的内容。

（二）建立对员工的信任

信任是对员工进行管理和建立一个高效组织的基本要素。信任是建立所有其他关系的基础。如果员工感觉上级并不相信他们能够很好地完成自己的工作任务，那么只要没有获得批准，他们就不愿意额外做任何事情。相反，如果员工感觉到上级信任他们能把工作做好，他们就会主动和自然地把工作做好来回报对他们的信任。

（三）重视员工的需求

管理者通过观察和了解员工，不难发现不同员工的需求分别是什么。在此基础上，则要采取有针对性的措施考虑和处理员工的需求。例如，有些员工安全需求尚未满足，其表现往往是焦虑不安，对待这类员工，管理者要给予帮助，用表扬奖励加以鼓励，反馈工作成绩的信息等，这些行为都能很快消除员工的不安全感。如果员工的社交需求尚未得到满足，管理者则要考虑三个方面的情况：一是满足员工的被接受要求。这是指每一位员工都希望受到管理者的重视和尊重。因此，管理者要与每一位员工建立起一种特殊的关系。尽管每一次的交往方式可能不一样，但原则与标准却应是一致的，绝不应该厚此薄彼。二是尊重员工的归属需求。为了强化员工的归属感，管理者首先要使员工在本职工作中取得成绩。同时与员工之间建立起开放式的信息沟通网络，员工能与管理者畅所欲言，从而加强对工作情况的了解。三是要尊重员工的非正式团体。只要这些非正式团体对旅游企业的目标实现无不利影响，就应该尊重员工的选择，信任员工，不要介入其团体之中。

（四）针对年龄区别对待

年龄通常意味着员工的心智和能力。旅游企业是年轻人的天下，青年员工精力充沛，充满朝气，显示出旅游企业的勃勃生机，青年人在工作中具有求知欲、冒险性、情绪性等特点。管理者有效激励青年员工的方法是设置振奋人心的目标，选择具有新鲜感和挑战性的工作，强化奖励手段、必要的关心与帮助。30岁的员工更加成熟，并需要获得稳定的职业，取得工作成绩，自我实现的需求更加强烈。管理者的激励手段则应加大工作责任、晋升职位、加薪，以及提高其身份地位等。四五十岁的员工则希望获得稳定的工作并受到同行的尊重。旅游企业管理者通常应安排他们负责后勤和员工培训工作。

（五）罚不迁列，赏不逾时

"罚不迁列，赏不逾时"出自《司马法·天子之义第二》："罚不迁列，欲民速睹为不善之害也。赏不逾时，欲民速得为善之利也。"意思是说行罚要当场，让百姓迅速看到为非作歹的害处；行赏要及时，让百姓及时得到为善的好处。赏和罚是古今中外将帅治军的一个重要手段，也是现代管理者的用人之道。在现代旅游管理中，惩罚和奖赏都是行之有效的激励手段。惩罚的形式和内容是多种多样的，有以剥夺或削减人的收入为主的物质惩罚；也有如降职、公开处分等形式的剥夺或削减高级需求的精神惩罚。惩罚的关键在于客观、适度。奖励的效果决定于奖励的时间性和奖励形式的有效性。奖励并不一定是多花钱才有效果，管理者的口头表扬、对下属工作的认可，以及证书、福利、带薪度假等都能激发员工的动机。

（六）让员工觉得自己是股东

如果旅游企业希望员工尽其所能地把服务做得让所有的客人都满意，旅游企业希望员工成为最有价值的资产，那么，旅游企业就应该让员工感觉并实实在在成为旅游企业的所有者，让每一个员工都觉得自己是旅游企业的股东。人们一旦感觉某个东西属于自己，就会悉心照料它、保护它，并心甘情愿将自己的心血倾注其中。

二、企业文化激励

（一）企业文化的内涵

企业文化是指一个企业在长期发展过程中，把企业内部全体成员结合在一起的行为方式、价值观念和道德规范，反映和代表了该企业员工的整体精神、共同的价值标准、合乎时代的道德水准和追求发展的文化素质，是增强企业凝聚力、向心力和持久力，保证组织行为的先进性，推动企业成长和发展的意识形态的总和。企业文化具有导向、聚合、激励、教化和规范的功能。企业文化主要包括三个层次：表层、中层、深层。表层的企业文化指可见之于行、闻之于声的文化形象，即所谓外显部分，如店貌、店旗、店歌、服务形象、员工风貌等；中层文化是处于表层、深层之间的那部分文化，如旅游企业的规章制度、组织机构等；深层的企业文化是指沉淀于企业及其员工心灵中的意识形态，如理想信念、道德规范、价值取向、行为准则等，即所谓内隐部分。上述三个层次中，最为重要的是深层文化，它支配旅游企业及其员工行为趋向，是决定中层文化、表层文化的内核所在。

（二）企业文化激励的心理机制

企业实现持续经营，其关键在于企业的持续发展力与核心竞争力。企业的力量来自于三种力量的整合：一是员工的竞争力；二是团队的凝聚力；三是领导的影响力。

员工的竞争力取决于员工的能力与努力的大小及其发挥，而员工的能力靠培训，努力靠激励。但是，员工个人的积极性调动起来了，整个企业却不一定就有强大的竞争力。个体组成团体，有一个从"无序"状态向"有序"状态的转变过程。许多个"无序"的个体凑合在一起，缺乏统一的价值观念，没有严格的规章制度，那就是一盘散沙。团队要产生凝聚力，依靠组织建设和心理建设。组织建设就是法治，通过权威、刚性的规章制度把人有序地组织起来，分工合作，进行专业化的生产；心理建设就是德治，通过鼓舞士气、民主管理、爱心工程道德教育、职业生涯设计等，员工统一认识、目标、行动，形成强大的凝聚力并产生巨大的行为力。不论是员工的竞争力还是团队的凝聚力，关键靠的是领导者的影响力。领导者一靠权力威信，通过权力统一组织，建立权威，有效地发挥组织的作用；二靠非权力威信，即领导者的品德、才能、专长和员工的情感，让员工心服口服，从服从到认同，最后达到管理的内化境界。企业的这些"力"形成了"力场"，这个力场就是文化。企业文化把三力融合为一体，形成了企业的价值观、企业精神、企业道德和企业形象，对个体和企业产生深刻的影响。

（三）企业文化的激励功能

现代企业文化把组织中的个体看成"全面发展的文化自由人"。从深层意义讲，它比"经济人""社会人"的人性假设更为全面而深刻，强调在破除了"人身依附"概念的现代企业中，由"契约"关系所形成的雇佣观念还不足以调动人的积极性。员工所需要的是一种真正的、全面的人与人之间的信任与平等关系。只有在这样一种工作氛围中，员工的积极性、主动性才能得到最大限度的发挥。

研究激励理论的学者认为，最有力的激励手段是让被激励者觉得自己确实干得不错、发挥出了自己的特长和潜能。至于用什么样的标准去衡量他们是否真的干得不错，那倒是次要的。在一种"人人受尊重，个个被尊重"的文化氛围中，每个人的贡献都会及时得到肯定、赞赏和褒奖，而不会被埋没。这样，员工就能够时时受到鼓舞，处处感到满意，有了极大的荣誉感和责任心，自觉地为获得新的更大成功而瞄准下一个目标。企业文化的激励是着眼于整体的文化建设和人的不断完善，应将之提升到员工创造文化，文化塑造员工的因果循环的高度来看待。

三、标杆激励

（一）标杆激励与标杆管理

标杆管理已经成为现代企业经营管理活动中支持企业不断改进和获得竞争优势最重要的管理方式之一。简单地讲，标杆管理就是确立一个具体的先进榜样，解剖其各项指标，不断地向其学习发展并解决旅游企业自身问题，最终赶上和超过这个榜样的这样一个持续渐进的学习、变革和创新过程。

标杆管理的基本环节是以最强的竞争企业或那些行业中领先和最有名望的企业在产品、服务或流程方面的绩效及实践措施为基准,树立学习和追赶的目标,通过资料收集、比较分析、跟踪学习、重新设计并付诸实施等一系列规范化的程序,将本企业的实际状况与这些基准进行定量化评价和比较,分析这些基准企业达到优秀绩效水平的原因,并在此基础上选取改进本企业绩效的最佳策略,争取赶上和超过对手,成为强中之强。标杆管理方法蕴含科学管理规律的深刻内涵,较好地体现了现代企业管理中追求竞争优势本质的特性。因此,具有巨大的时效性和广泛的适用性。

标杆管理为企业提供了一种可行、可信的奋斗目标及追求不断改进的思路,是发现新目标,以及寻求如何实现这一目标的一种手段和工具。因此,可以看出标杆管理的积极意义还在于能够有效地激励员工不断进取。

(二)标杆激励的主要类型

1. 内部标杆激励

内部标杆激励是简单且易操作的标杆激励方式之一。通过辨识内部绩效标杆的标准,即在旅游企业内部确立主要标杆目标,做到内部信息共享;通过辨识旅游企业内部最佳职能或流程及其实践,然后推广到组织的其他部门,它是为旅游企业绩效提高最便捷的方法之一。

2. 竞争标杆激励

竞争标杆激励的目标是与有着相同市场的旅游企业在服务和工作流程等方面的绩效与实践进行比较,直接面对竞争者。这类标杆激励的实施比较困难,其原因在于除了公共领域的信息容易获得外,其他关于竞争企业的信息不易获得。

3. 职能标杆激励

职能标杆激励是以行业领先者或某些优秀的职能操作为基准进行的标杆管理。这类标杆管理的合作者常常能相互分享一些技术和市场信息,标杆的基准是外部企业(但非竞争者)及其职能或业务的实践。由于不是直接的竞争者,因此合作者往往较愿意提供和分享技术与市场信息。

四、工作激励

工作环境不仅是指工作的物理环境,如卫生、气温、噪声、照明、设备、休息室等,更重要的是指工作的社会环境,如管理者和其他员工之间的关系、工作时间、工资待遇、福利及旅游企业的规章制度等。这些都是赫茨伯格双因素理论中所指的保健因素。无论保健因素是否具有激励作用,作为管理者来说,创造一个良好的工作环境是激励员工的首要工作。在社会环境方面,管理者要重视开放的信息沟通系统的建立,与员工之间建立相互信任的人际关系,尊重每位员工的贡献,以及将工资和福利待遇提高到竞争对手的水平。

员工在完成工作的同时,满足了其兴趣和自我实现的成就欲,即高层次的需求。

因此，工作本身具有激励作用。为了发挥工作激励的效果，在管理中要注意以下几个方面。

（一）人尽其才

这是指人与工作之间达到最佳组合，人在适当的工作岗位上，发挥自己的能力与才干。这就要求管理者深入了解每位员工，根据其兴趣、特点、能力等方面来安排工作岗位。人尽其才往往是最大的工作动力。

（二）工作丰富化

即在特定的工作条件下，改换工作方式，增加工作责任，以便调动员工的积极性。例如，旅游企业的很多工作枯燥、单调、重复性强，每位员工都有剩余的能量，也无必要再继续挖掘工作本身所需要的潜力，这就可以考虑采取诸如缩短工时、调换工作岗位等措施来增加工作的兴趣。工作丰富化在实施初期可能会导致工作效率下降，但在经过一段时间的培训和工作适应后，工作效率则会明显提高。

（三）工作目标激励

在目标管理中，我们已经讨论了工作目标的设置及使其发挥作用的条件。旅游企业有了正确而又有吸引力的目标，就能够激发员工的工作热情。应用目标激励方法应该注意目标效价与期望值，目标过高或过低都会降低员工的积极性。目标的制定要多层次、多方位，但最重要的是制定员工工作目标、晋升目标、嘉奖目标、业务进修目标、业余文化活动目标等。

（四）角色激励

这是指旅游企业的每位从业人员认识并担负起应负的责任，在强烈的责任感的驱使下，员工自觉或主动地去工作。工作参与和授权是进行角色激励的主要手段。

海尔对员工兴趣的激发和培养

海尔的严格管理在我国企业中是有名的，在严格管理中，工作报酬与绩效考核挂钩，用物质利益激发员工的工作动机，引导员工对工作发生兴趣。

但海尔不仅有严格管理的一面，还有追求员工自我管理的一面，注意在精神激励上下功夫。主要做法是：让员工在各自的领域真正处于主导地位。尊重人的价值，提高人的素质，发挥人的主观能动性——力求使每个员工的聪明才智都有用武之地，使他们各得其所、各尽所能，而且是处于自觉的状态中。达到比严格管理更高一层的境界，其实质还是在于充分发挥工作兴趣这一内在动机在人的心理和行为中的积极作用。

一般来说，员工工作兴趣的激发与培养依赖于以下一些因素。

（1）岗位安排：岗位与人的相互匹配有利于员工提高工作兴趣。

（2）目标设置：目标的具体性、挑战性和个人价值性影响人的工作兴趣、水平。目标设置应当遵循具体、难度适中、具有个人价值、可以被个人接受的原则。

（3）激励机制：工作的过程既是实现组织和团体目标的过程，也是实现个人目标的过程，组织目标与员工目标应该相统一。

（4）工作设计：工作设计是否得当对激发员工工作兴趣有重要影响。工作丰富化和工作扩大化对提高工作兴趣具有一定的促进作用。

（5）教育培训：人们对世界的探求和对自我发展的追求是工作兴趣的主要来源，教育培训有利于满足人们的这种需求，而且教育培训也有利于员工更好地适应岗位工作的变化，同时利于保持和提高员工和组织在发展目标上的一致性。

五、领导行为激励

（一）情绪激励

管理者自身的心境和情绪具有传递性和感染力，管理者的情绪能对下属产生影响。管理者高昂的情绪、十足的信心和奋发的斗志往往能极大地调动员工的积极性。因此，管理者在要求员工具有积极性时，自己首先要情绪饱满，斗志高昂。

（二）期望激励

管理者充分信任员工并对员工抱有较高的期望，员工就会充满信心。如果你对工作只有25%的努力，你的下属就只会付出5%的努力；如果你付出100%的努力，下属可能会付出110%的努力。如果管理者仅要求员工较好地完成工作，员工可能会一般通过；如果管理者要求员工严格按照标准一点不差地完成工作，员工就会绝对达到工作标准。管理者的期望直接左右员工的动力。研究表明，在一个组织中，管理者对下属的期望高低与劳动效率、利润率，尤其是与工作动机有着直接的联系。如果管理者对下级员工抱有很高的期望，那么就掌握了一个提高组织绩效和动力的强有力的工具。

工作绩效是期望激励的另一种形式。"你期望我做什么？""我在旅游企业服务中扮演什么角色？""什么叫顾客满意？""我怎样才能达到你所规定的绩效标准？"每一位管理者都必须能够准确地回答员工提出的这些问题。而且，答案应当清楚明确。对员工的期望越具体、越明确，员工实现和超越这些期望的可能性就越大。因此，管理者要注意到对下属的期望也是激励手段。当然，如果对下属期望值过高，使员工无法达到这些目标，也就无法激发员工的工作热情。

（三）榜样激励

领导者的行为本身就具有榜样模仿作用。我国自古就有"上行下效"之说。因而，

领导者自身无时不产生着一种影响力。为了引导下属，领导者必须树立起榜样。领导者的好恶，绝不仅仅是领导者个人的事，必将影响下属的行为。要想有效地激发员工，管理者就不要忘记树立良好的榜样。

【复习思考题】

1. 请描述行为周期的基本模型。

2. 内在需求与外在需求分别包括哪些重要类型？

3. 请用模型描述马斯洛的需求层次理论、赫茨伯格的双因素理论，以及奥德弗的生存、关系、成长理论（ERG 理论）。

4. 请用模型简要介绍弗德姆的期望理论。

5. 请用模型简要介绍强化理论，并说明如何运用强化理论对员工的行为进行矫正。

6. 员工自身的激励因素有哪些？

【案例分析】

松下公司的合理化建议

日本松下公司依靠合理的安排成功地实施了合理化建议措施，在激励员工方面取得了很好的效果。其具体内容包括：（1）成立合理化建议小团队。（2）以小团队而非个人名义提出建议。（3）公司成立成果评价委员会。（4）定期评价建议项目。（5）获奖成果由提出者当众讲解。（6）强调改善成果而非意见。（7）奖励非现金性奖品。（8）奖品归个人，奖分归小团队。（9）持续是关键。

具体做法包括以下几个关键的步骤：

第一步，松下公司通过组建合理化提议小组，使合理化建议活动成为团队性质的活动。具体的分组方法有两种：以原有的行政单位为基础；自愿自发地成立。组建的小组要求有组长和个性化的组名。这种做法一方面强调和培养了员工的团队意识，另一方面也体现了公司对此项活动的重视。

第二步，成立一个固定的改善提案评估委员会，其成员由来自不同的层次的人构成，其中包括公司中有一定权威的管理者，且成员任期都是有限制的，定期更换成员。设置这一机构的目的，一方面是为了体现公司的重视，另一方面就是让更多的人有机会参与进来。

第三步，对评选出的改善提案，相应的小组要派代表进行发言，讲明提案的内容、提案的原因及效果。

第四步，强调建议的执行。对于提出建议者而言，他们不仅要提供建议，而且要执行自己的建议。对于那些有很好效果的建议，将给予较高的分数。

第五步，对提出建议者，特别是较好方案的建议者，给予奖励。这种奖励，不一定是现金，可以是毛巾、茶缸、洗脸盆等物品。

需要注意的是，利用合理化建议进行员工激励要有持续性，松下公司每个月都选出一天，作为改善提案成果发布会。那些提案的发布者，在发布会上，自豪地介绍着自己的提议。松下的这些做法，既保证了员工参与的积极性，也通过提案的实施，提高了企业的效率和效益。

资料来源：中国人力资源开发网 [EB/OL]. http://www.chinahrd.net/tool/2016/03-24/39465-1.html.

讨论题：

1. 目前大多数企业中合理化建议制度效果不佳的原因是什么？

2. 松下公司的合理化建议制度为什么可以很好地激励员工？其中最关键的要素有哪些？

第 九 章

培 训

本章导读

　　培训是人力资源开发的重要措施，不仅是提升员工自身竞争力的重要措施，同时也是提升组织竞争力的重要措施。了解培训的科学流程，可以帮助组织的人力资源管理者避免为他人作嫁衣的尴尬，同时可以提高组织培训的效果。通过业务部门经理和人力资源管理者的共同努力，做好职业生涯管理工作，有利于降低组织内人员流动率，并提升员工满意度。

【学习目标】

　　1. 了解培训的科学流程、学习的方法和培训的方法、职业生涯的概念，以及员工在组织中的职业生涯发展通道；

　　2. 理解直线经理与人力资源管理者在职业生涯管理中的不同角色。

【导入案例】

　　某公司非常注重培训工作，组织了多次的外部培训课程和内部培训课程，在实际的实施中，却遇到了很多的问题。

　　■外部培训课，员工不愿意听，往往借参加培训之名，出去游玩。

　　■内部培训课，员工会找各种借口，不参加。实施内部培训师制度，却找不到愿意做培训师的员工。

　　长久以来，培训成为一种形式，没有起到应有的作用。该公司认真分析了培训工作中的存在的问题，针对问题逐个开展了深入探索和变革，主要包括以下几个方面。

1. 建立内部培训师的激励机制

与外部培训相比，用内部培训师进行培训具有针对性强、易于课后交流和改进提高的优点，所以，内部培训师制度成为很多企业采用的主要培训制度。但是，这种制度在实施中遇到了缺乏培训师或者培训师专业性不强的问题。因此，该公司建立了内部培训师的激励机制，成为此项制度实施成败的关键。具体做法是实施评选制，并结合一套特有的激励机制，如右图所示。

> 多数管理者并不愿意担任公司内部培训讲师，为什么？
> ◆ 只给讲课费是绝对愚蠢的做法
> ◆ 规定必须完成的授课时间也无效
>
> **怎么办**
> ◆ 不要指定而是评选和聘请
> ◆ 颁发董事长签名的聘书
> ◆ 单独接受PPT等专业训练
> ◆ 大力宣传并张贴他们的资料
> ◆ 用人单位向培训师提交试用报告
> ◆ 给中其他只有培训师才有的待遇
> ◆ 授课能力和课时与晋升相关联

2. 实行申请制的外部培训

外部培训是一种重要的培训方式，赋予外部培训以激励作用对于提升培训效果具有重要意义。具体变革方式为：第一，如果成本允许，可以让员工到一个具有吸引力的地方接受培训。第二，必要时考虑将培训、休闲和旅游相结合。比如，在华南地区，很多企业将两天的培训安排为上午培训、下午玩。同时玩的时候，让员工思考一些问题。第三，采用申请制，只有申请的员工才能参加。第四，要求参加培训的员工要带着问题去。在申请表的一边一定要写出你的问题。第五，参加完培训要写心得报告，并在内部讲解。第六，要求培训公司的讲师给学员打分，并寄回公司。第七，内部宣传报道，重点在于培训后的行为。

3. 参观外部优秀企业

让员工参观优秀企业或者上级单位，对员工而言，具有很大的激励作用。在接待参观的过程中，被参观企业通常展现给参观者的是优秀的一面，如果老总能够带领员工参观一些优秀的企业，员工会对参观留下深刻的印象，参观也会成为他们引为自豪的话题。提升参观外部优秀企业的激励作用，需要有四个步骤加以保障：（1）确定资格人员或条件。（2）尽可能地让老总带队。（3）回来后做报告。（4）报道改善行为的结果。

4. 给学员颁发证书并公布

大多数人都喜欢追求成就感。对于参加培训的员工而言，发给他一个培训证书也许对找工作并没有多大作用，但是这个证书往往成为他们引为自豪的东西，因为这些证书给了他们成就感。实际在找工作过程中，很多人喜欢用证书证明自己，就是对这一作用的很好说明。此外，还应该对学员参加的培训进行统计，并在企业内公布。

5. 把听课者拍摄进去

每个人都喜欢看看自己，特别是在一些特殊的场合。所以，在拍摄培训课堂时，摄影师不应该仅仅拍摄培训师，最好将参加培训者也拍摄进去。

6. 将培训与考核/晋升关联

将培训与考核/晋升关联，对于受训者具有很大的激励作用，做起来并不难。但是如果操作不好，往往会出现很多负面效应。具体实施过程中需要注意以下事项：（1）规定不同职务类别、职务等级必须要完成的培训课程或受训课时。（2）将受训课程或课时

完成状况作为晋升的重要条件之一。（3）即使晋升后也必须在规定的时期内补修没有完成的课程或学时，否则试用不合格。（4）年终综合考核时加入受训情况的分数。

资料来源：中国人力资源开发网 [EB/OL]. http://www.chinahrd.net/tool/2015/01-26/36256-1.html.

第一节　培训概述

一、培训及其意义

狭义的培训是指给新员工或现有员工传授其完成本职工作所必需的基本技能的过程。广义的培训是指一切通过传授知识、转变观念或提高技能来改善当前或未来管理工作绩效的活动。从本质来说，培训是一系统化的行为改变过程，这个行为改变的最终目的就是通过工作能力、知识水平的提高，以及个人潜能的发挥，明显地表现出工作上的绩效特征。工作行为的有效提高是培训与开发的关键所在。

培训可以使员工丰富专业知识，增强业务技能和改善工作态度，使职工的素质水准进一步符合企业期望的要求。培训也可以提高员工的工作能力，提高员工对企业的责任感，减少缺勤、浪费、损失和责任事故。同时，培训作为激励的重要手段之一，更能使员工加强对变革本质的领悟，发现自身的潜力，重塑自己的未来，增强信心。

二、培训的科学流程

企业的培训经理在其实践过程中往往会遇到以下困惑。

（一）为谁培训

企业中人才的高流失率使管理培训工作的人面临这样一种困境：花费很多的人力、物力、财力在培训上，培养了需要的人员，最后却成了为他人作嫁衣，得不偿失。就这样，即使认识到培训对企业的特殊意义也会减少对培训工作的投入。因此有的企业干脆对员工不进行任何培训。培训到底是为本企业还是别的企业，很多企业不清楚这一问题。

（二）培训谁

企业中往往存在这样一个困惑：是否人人需要培训？如果不对每位员工都进行培训是不是就代表不公平？还有一些企业只对低学历、低水平的员工培训，而不对中高层管理者或是一线经理进行培训，导致中高层管理者的大量流失，主要原因在于培训对象不清晰。

（三）为什么培训

有些企业处于短期成本收益的考虑，往往在出现问题或企业停滞不前时才被动地去培训，使企业培训工作成了间歇性的整风运动。这些培训仅限于岗位培训，常着眼于当前，没有与企业的长期发展目标联系起来，使得原本优秀的员工正逐步退化成不适应企业发展需求的员工，人才得不到有效发掘。

（四）培训什么

对许多企业的管理者来说，培训工作"既重要也茫然"，企业对员工的培训需求缺乏科学、细致的分析，使得企业培训工作带有很大的盲目性和随意性。例如，社会上流行电子商务、第三方物流等热门培训，有些企业就不管这些培训是否是企业所需的就盲目跟随，导致培训资源的浪费。

为了解决上述困惑，企业的培训经理首先必须了解科学的员工培训流程，应包括以下五个步骤。

1.培训需求分析

培训的需求分析可以从组织、工作和个人三个层面来开展。

组织层面培训需求的信息来源包括：组织目标和公司计划，人事统计，向高层经理咨询，产量、质量和业绩数据，部门布局变化，财政预算，等等。

工作层面的需求分析，也是任务层面的需求分析，需要决定培训内容应该是什么，对任务分析的最终结果应该是有关工作活动的详细描述，包括员工执行任务和完成任务所需要的知识、技术和能力的描述。它与工作分析有所不同，工作分析需要确认工作目的及其组成部分、明确员工为了实现有效的工作业绩必须要学习什么。工作层面的需求分析可采用的方法包括调查表、群体讨论、现场考察、工作日志法，等等。

个人层面培训需求分析是为了了解培训是否能解决员工绩效不佳的问题，并决定组织中谁需要培训的问题。可采用的方法包括绩效评估、会谈、调查表、考察、工作抽样，等等。

2.培训目标的制定

培训目标需要指明培训课程欲改善学员的何种知识技能、此种知识技能必须达到的绩效水准如何、学员必须在何种情境下表现出这些知识技能，以及此知识技能的迁移目标是什么。

一次 Word 培训课程所指定的培训目标

学员在培训课程结束后，在期末实际操作评估时得到 75 分以上的成绩；并必须在工作岗位中使用 Word 软件，能运用课程所教导的八成以上的 Word 文书处理技巧，而且没有错误。

在以上培训目标中，对于学习目标、迁移情景、动作技巧及绩效水平都进行了准确的描述。

3.培训方案组织与实施

在设计培训方案的过程中，应充分考虑成人的学习特点，使用恰当的方式激发学员的学习动机，并注意选择恰当的培训方法及合适的迁移原则。

所谓培训的迁移，就是使培训和发展的结果有效地转移到实际工作上。为了达到良好的迁移效果，组织必须创造迁移的条件，并遵循一定的原则：（1）设计一个与工作环境相似的训练情境。（2）以动作和技巧方面的训练最适合运用此原则，比如，电脑技能的训练，机器的操作和维修。（3）提供所教授的知识技能的原理或通则。（4）训练课程的特性与工作环境特性不尽相同。（5）通过联系作业或提供口诀的方式，帮助员工提取知识。（6）在工作中遇到困难时，可以快速提取记忆，并使用新的知识技能。（7）加入防止衰退的策略。（8）列出可能出现的障碍，相应的排除方法，自我管理技巧。

4.培训效果的反馈与评价

即通过采用客观的评估标准、方法，在合理的时间内，比较受训者在学习前后的情况，考核培训目标的达成情况。需要注意的事项如下：

（1）评估的标准。评估的标准是将培训和发展方案的目标具体化，例如，设定员工生产的产品品质、态度评分和意外事故次数等。

（2）评估的方法。评估的方法可以是多元化的，例如，采用笔试测度知识的获得；态度量表检验态度的改变；工作样本测试检定技术的高低；绩效评估检定行为的改变等。此外，也可以用总体生产品质、生产成本、离职率和意外事故次数等记录，评估水平是否达到企业总体目标。

（3）评估的时间。评估的时间会因培训和发展的目标而不同，例如，在知识和技术的获得上，可以在培训前和培训后立刻测试检定。但行为和态度的改变，或企业的总体目标的达成，则要在一段较长的时间后，才能评估出来。

第二节　培训方法

一、学习的方式与方法

从一般意义上说，存在着两种性质不同的学习。一种是代理性学习。在这种学习过程中，学习者学习到的不是他们直接获得的第一手知识，而是别人获得后传递给他们的间接性经验、阅历和结论。这种学习在传授知识方面效率较高。在知识爆炸的现代，人们不可能也不必事事都体验、证实，可以通过接受别人传来的信息而获得可靠的知识。另一种是亲验性学习。学习者是通过自己亲身的、直接的经验来学习的，所学到的是自己第一手的经历与技能。这种学习有利于能力培养，它有时是不能被代理性学习所代替的。在企业培训中，这两类学习是相辅相成的。

我国常见的学习形式就是教师在课堂上系统地、层次分明地、定义严格地讲授要让学员们懂得的理论和概念，学员们则用心听记，下课后，他们要独自复习课堂所学，完成教师布置的阅读与练习作业，并参加考试。在我国，甚至有人认为这是最有效甚至是唯一可行的教学方式。这符合我国儒家文化所倡导的教师是权威和中心的价值观。这类学习都是代理性学习。

亲验性学习方式则不同，主要包括案例讨论、现场操作、模拟练习、管理游戏、竞赛、角色扮演、心理测试，等等。这些方式是我们很多人所不熟悉的，是之后章节讨论的重点。

二、企业培训中的具体方法

企业培训的具体形式是多样化的，为了达到培训目的，其方法应符合企业经营管理实践的两个特征，除了采用传统的代理式教学培训外，更要注重亲验式的培训方法，如案例分析、讨论交流、现场操作、课堂作业、模拟练习、心理测试、角色扮演、游戏竞争、团队活动，等等。下面着重介绍案例分析法和亲验式练习法。

（一）案例分析法

案例，是指用一定的视听媒介，如文字、录音、录像等，描述的客观存在的真实情景。作为一种研究工具，早已广泛用于社会科学、军事和医学等的调研工作中。自 20 世纪 20 年代起，哈佛商学院首先把案例用于管理教学，形成案例教学法。

案例用于教学和培训时，具有三个基本特点：首先，其内容真实，不允许虚假，为了保密，有关的人名、单位名、地名可以改用假名，称为掩饰。但基本情节不得虚假，有关数字可以乘以某掩饰系数加以放大或缩小，相互间比例不能改变。其次，案例中应包含一定的管理问题，否则便无学习与研究价值。最后，案例必须有明确的教学或培训目的，它的编写与使用都是为某些既定的教学或培训服务的。

案例教学和培训自 20 世纪 80 年代传入我国以来，在管理教育界及企业界已不算陌生，但还有不少人把案例教学和培训狭义地理解为是介绍某一企业的成功经验或失败教训，把该企业解决某种管理问题的前因后果描述出来，供学员学习借鉴，所编写的案例也类似于企业的工作总结。这种方式并不是真正意义上的案例教学，因为它的功能仅在于向学员传授某种知识与信息，这都是他人的经验，于学员则是间接的，本质上仍属代理式学习，目的是在传授知识。作为管理案例，应包含有尚待解决的问题，并无现成的答案。由于管理的权变性，别人的经验并不能照搬，更不存在唯一的最佳方法。所以，案例教学和培训的主要功能不是在于了解一项独特的经验，而是在于在自己探索怎样解决管理问题的过程中，总结出一套适合自己特点的思考问题和分析问题的逻辑方法，学会如何独立地解决问题，做出决策。这种学习是亲验性的，能有效地提高学员的分析决

策能力，并通过其在小组活动中与其他人的频繁交往，提高沟通、说服及群体协调等宝贵的管理技巧。

人们往往把案例归纳为描述评价型和分析决策型两大类。前者描述了解决某种管理问题的全过程，包括实际后果，不论成功或失败。这样，留给学员的分析任务只是对案例中的做法进行"事后诸葛亮"式的评价，以及提出"亡羊补牢"性的建议。分析决策型则只介绍了某些待解决的问题，由学员去分析并提出对策。显然，后者在培养学员分析问题、解决问题能力的功能上强于前者。

其实，这二者存在着一系列过渡状态。试想上述解决问题过程的七个环节，即"找问题—列主次—诊原因—出对策—做权衡—定决策—付实施"，一个案例可以终止于七个环节中的任一个。例如，若到了第三个环节，即问题产生原因已找出，留给学员去做的便是对症下药；若已列出问题的主次，则原因这一环节留待学员去做，学员的任务便加重了，案例的分析难度也相应增加；如此逐步上溯到案例只介绍了头绪纷繁的一种管理情景，那么从第一个环节，即找出此情景中究竟存在哪些问题也留待学员去解决，案例难度为最大。反之，案例中七个环节均已覆盖，即介绍了解决问题的全过程及其后果，学员已能对此做法做一番评价，这便是描述评价型案例了。

典型的案例研讨课通常分为三个阶段，即个人学习、小组讨论及全班的课堂讨论。个人学习是后两个阶段的基础，学员必须首先认真自学。通常先粗读一遍，快速浏览初步梗概；进而精读第二遍，掌握细节后，再按解决问题的七个环节去系统思考。分析案例必须摆脱旁观身份，进入角色，从案例中主要当事者，即决策人的角度去考虑。小组讨论则是一个重要的中间环节，它不仅可使学员间交流观点达成共识，集思广益，而且可以在查找文献、制作图形等方面进行分工配合，在培养学员个人决策能力的同时，也培养了他们的沟通和协作能力。但案例分析的成功主要还取决于最后一个环节，即全班讨论，它是全体教学和培训参与人员的集体贡献。对于大型综合性案例，有的还要求每一学员独立撰写和呈交一份书面分析报告。

（二）亲验式练习法

亲验式练习法主要包括结构性练习、角色扮演与心理测试三类活动，都是独特而有效的教学方法。之所以使用这类练习，主要是因为它们在教学上体现出的有效性。尽管它们比课堂讲授多费时间，但经过学员在这些活动中的亲身体验，结论是自己在活动中观察归纳出来的，因而比单纯接受别人讲授的知识和原理要深刻得多；至于在能力培养方面的效果，更不是讲授所能取代的。

据美国学者胡佛的研究，与传统的课堂讲授法相比，亲验式练习法具有四个特点。（1）教学中学员变成了教学与培训活动的主体与主角。（2）教学的过程不仅是认知性的，而且包含有感性因素。胡佛认为这是亲验式练习很独特的因素，即它需要学员感情和行为上的参与，要求他们去做某件事，并体验所发生的事，而不是仅仅停留在认知的改变上。（3）这种练习是以能力培养为主的，不仅具有传授知识的功能，同时，这种练习还可以传授与改变态度和价值观。（4）能吸引学员更高程度地参与。

1. 结构式练习

这种练习事先安排和设计有十分明确而系统的程序，活动是按部就班进行的。此外，这种练习总是为某种明确的既定教学或培训目的服务的。活动通常是在假设的某一模拟现实中进行的，这一模拟现实的情景较为简化或典型化。学员通过在此情景中的行为表现，借此举一反三式地思考与推理，以便对人们在真实管理情景下的行为规律获得一些有启迪性的结论。这类练习中往往要求学员分成小组，并使活动带有组织竞赛的性质，所以有时被称为模拟性管理游戏或竞赛，这不仅是为增加活动的刺激性与趣味性，而且是因为市场经济中工商管理实践所具有的竞争性，并可借此提倡和培养学员的进取精神。

2. 角色扮演

这种学习方法在西方十分普及，甚至中学教育中也有使用，但在我国却是颇为生疏少见的新形式。角色扮演活动需先设置某一管理情景，指派一定角色，不存在既定详细脚本。角色扮演者在弄清所处情景及各自所扮演角色的特点与制约条件后，即进入角色，自发地即兴进行表演，如交往、对话、主动采取行动或被动做出反应，合情合理地演进，直至教师（导演）发出中止信号时为止。表演虽是自发的，却是按各自对所演角色的说明特点与条件的理解而行的，并不能完全任意发挥。例如，一名"下属"的扮演者在"上级"在场时的举止言谈，便不会如在"同级同事"中那样随便。

与结构式练习相比，角色扮演的情景更具拟真性，与案例分析相比，它要求学员更自发地投入，更认真地参与。同时，它给全体学员提供人们的真实言行，而不是理论分析人们会怎样或该怎样说和做的观察机会，也为人们提供了新行为方式的试验机会。角色扮演尤其能使人了解和体验别人的处境、难处及考虑方式，学会善于移情，即能设身处地，从交往的对手角度想问题，并能使人看出自己和别人为人处世的弱点。

3. 心理测试

这是利用一定的测量工具，通常是某种标准的或专门设计的特殊问卷，让学员各自填写，来测量自己的行为、心理，包括认识、感知、感情、态度等。这种测试与调查可以验证所学过的心理学与行为学的理论，增强学习的兴趣，而且通过自我测试及与别人的测试结果的对照，较深入地了解自己。

总的来说，这种亲验式练习的运作过程，都包含下列几个环节：（1）了解和熟悉"游戏规则"，即练习的目的、性质、程序和限制。（2）进行练习。（3）分析讨论。首先宜在小组内进行，使每个人有机会参与并做出贡献。然后，必要时可再组织全班讨论。这一环节十分重要，因为只有这样，才能尽可能深入地从练习中获得有益的结论与启示，并用此指导未来的生产经营活动。

（三）教学原则

为有效培训员工，必须把握以下重点教学原则。

1. 目标的设定

设定教学目标可以集合学习者和教学者的努力，教学者在培训过程中，按学习的总体目标设定次级学习目标，使目标具体化。目标越具体，学习者越会努力完成，学习效果也越好。

2. 反复操练

操练可以使学习者看见并改正其错误或偏差。操练机会越多，学习效果也越好。

3. 回应和强化

正强化能使学习者倾向重复所学习的动作或行为。负面的回应则应有技巧的运用，以免产生反效果，引起学习者的自我防卫，阻碍学习。

4. 学习的激励

教材若能引起学习兴趣，会提高学习效果，学习的奖励也能提高学习者的认真程度。此外，如果学习者害怕学不好，也会激励学习。适当的激励是有效学习的先决条件。

【知识链接 9-1】

迪士尼是如何培训清洁工的

到迪士尼去游玩，人们不大可能碰到迪士尼的经理，门口卖票和剪票的也许只会碰到一次，碰到最多的还是清洁工。所以东京迪士尼对清洁员工非常重视，训练和教育也多集中在他们的身上。

东京迪士尼扫地的有些员工是暑假工作的学生，虽然他们只工作两个月时间，但是上岗前会对他们进行认真的培训。培训的内容主要包括以下四个方面：

1. 学扫地

第一天上午要培训如何扫地。扫地有 3 种扫把：一种是用来扒树叶的；一种是用来刮纸屑的；一种是用来掸灰尘的，这三种扫把的形状都不一样。怎样扫树叶，才不会让树叶飞起来，怎样刮纸屑，才能把纸屑刮的很好，怎样掸灰，才不会让灰尘飘起来。这些看似简单的动作却都应严格培训。而且扫地时还另有规定：开门时、关门时、中午吃饭时、距离客人 15 米以内等情况下不能扫。这些规范都要认真培训，严格遵守。

2. 学照相

第一天下午学照相。十几台世界最先进的数码相机摆在一起，各种不同的品牌，每台都要学，因为客人可能会让员工帮忙照相，可能会带世界上最新的照相机，来这里度蜜月、旅行。如果员工不会照相，不知道这是什么东西，就不能更好地服务客人，所以学照相要学一个下午。

3. 学包尿布

第二天上午学怎么给小孩子包尿布。孩子的妈妈可能会让员工帮忙抱一下小孩，但如果同工不会抱小孩，动作不规范，不但不能给顾客帮忙，反而会给客人增添麻烦。抱小孩的正确动作是：右手要扶住臀部，左手要托住背，左手食指要顶住颈椎，以防闪了小孩的腰或弄伤颈椎。不但要会抱小孩，还要会替小孩换尿布。给小孩换尿布时要注意方向和姿势，应该把手摆在底下，尿布折成"十"字形，最后在尿布上面别上别针，这些地方都要认真培训，严格规范。

4. 学辨识方向

第二天下午学辨识方向。有人要上洗手间，"右前方，约50米，第三号景点东，那个红色的房子"；人有要喝可乐，"左前方，约150米，第七号景点东，那个灰色的房子"；有人要买邮票，"前面约20米，第十一号景点，那个蓝条相间的房子"……顾客会问各种各样的问题，所以每一名员工要把整个迪士尼的地图都熟记在脑子里，对迪士尼的每一个方向和位置都要非常熟悉。

第三节 职业生涯管理

一、职业生涯的概念

对于职业生涯是什么，有着不同的观点，总体来说，经历了一个由狭义的概念到广义的概念的发展过程。

（1）职业生涯是员工在某一组织内部的流动通道，是在该组织中所担任的一系列职位构成的总体。这种观点将职业生涯局限于某个组织。

（2）职业生涯就是一种专业。这种观点认为，一个人只要从事的是一系列密切相关的工作（教师、咨询顾问、家庭教师），就被认为是在演绎一个职业生涯，而在一系列显然不相关的工作（小说家、政客、广告撰稿人）之间不存在工作内容的一致性，就不能构成一个职业生涯。这种观点将职业生涯局限于某种专业或者职业。

（3）职业生涯就是个人长期从事一系列工作的经历。这种观点将职业生涯定义为一个人从首次参加工作开始到结束职业劳动为止所担任的一连串工作职务的集合。

（4）职业生涯是指与工作或职业相关的整个人生历程。包括从职业兴趣的培养、职业能力的获得、职业的选择、职业的调整，直至最后完全退出职业劳动这样一个完整的职业发展过程。

职业生涯概念的发展源于工作环境的变化和员工的变化。世界正在迅速地、戏剧性地变化着，这些变化——经济的、政治的、技术的和文化的——对工作领域有着意义深远的影响。这些变化带来了相当大的不确定性，使一个人很难再终其一生地服务于某个组织或者坚守某一职业。使职业生涯发生变化的另一个原因来自于员工本身的变化。员工的自主性和独立性越来越强，与组织的依附关系逐渐淡化；工作也不再仅仅是谋求生

存、满足生理需求的一种手段,个人感受、兴趣、追求、价值观、自我实现等因素越来越影响人们的职业选择。

如果基于员工个人的角度,第四种概念无疑是最值得借鉴的,但由于本书是从组织的立场出发探讨人力资源管理,所以对员工的职业生涯管理更多的是局限于本组织内部的发展通道,这种通道可以是纵向的,也可以是横向的。

二、职业生涯管理的责任划分

在职业生涯管理工作中,员工、部门主管以及人力资源部门分别承担了不同的责任。

(一)员工

从传统的角度看,组织在职业生涯管理中承担主要的责任。组织告诉员工职业发展的空间,对员工进行评价,安排培训机会,进行工作轮换,等等;员工则相对被动地接受这一切。然而,正如前面所提到的,工作环境和员工个人都发生了变化,员工在个人的职业生涯规划中负有更多责任,组织也希望员工对自己的职业生涯有较清晰的认识和规划。因此,员工要主动地从各方面获取关于自己优点和不足的信息,增强自我认识,明确自己的职业生涯发展处于什么阶段,确定自己的发展目标,了解组织内部有哪些发展机会,积极地参与组织的职业生涯管理计划。

(二)人力资源部门

在职业生涯管理中,人力资源部门发挥着重要的作用,包括设计组织的职业生涯管理系统,确保职业生涯管理系统与组织战略的一致性,对员工的技能、职业个性、工作动机、职业价值观等进行评估,为各个部门执行组织的职业生涯管理计划提供辅助,直接为员工提供职业发展方面的咨询建议。

(三)部门主管

组织人力资源管理的许多职能,都需要各个部门主管的密切配合。在职业生涯管理中,部门主管仍然是一个重要角色。在多数情况下,员工会经常到主管那里寻求职业生涯发展方面的信息,例如,组织内可能的职位空缺、个人对某项工作胜任的可能、进修和培训发展机会,等等。主管还要明确工作要求,评价工作绩效,根据对员工的个人情况及组织发展目标的了解,为员工提供职业发展方面的建议,并与员工共同制订职业生涯计划。

【知识链接 9-2】

海尔的竞争聘任制

海尔集团的用人制度可用四句话来概括，即"在位要受控，升迁靠竞争，届满要轮换，末位要淘汰"。

在位要受控包括两层含义：一是干部主观上应自我控制，自我约束，有自律意识；二是集团建立控制体系，以控制工作方向和目标，避免犯方向性错误。海尔集团对在职干部进行严格的考评，无论是从集团公司到各职能部门，还是从各事业部到各车间，都在最明显处设置考评栏，下分表扬栏和批评栏。对受到表扬和批评的干部分别给予加分（加薪）和减分（减薪）。对在工作中不思进取，受批评不及时改正，或一年内受到 3 次书面批评的干部，将免去其职务。

升迁靠竞争即对干部的选拔实行公开招聘。海尔集团每月由干部处公布一次空岗情况和招聘条件，鼓励厂内外有志者根据自身能力和特长选择岗位参加竞聘，经严格的笔试、面试，挑选出好学上进和有实践经验的人员走上管理岗位。同时，海尔还设立干部人才库，将一些干部后备资源动态地收录库中，一旦哪个岗位空缺，进入人才库的人员将在公开竞聘中得到优先选择的机会。

届满要轮换对于任期届满的干部，企业有计划地组织岗位轮换。一方面，干部面对全新的工作环境、工作内容和要求，会产生一种新鲜感和应付挑战的亢奋，从而提高工作积极性，以防止干部长期任职于某部门而思路僵化，缺乏创造力与活力；另一方面，轮岗制对年轻干部还可增加锻炼机会，利于他们全面熟悉业务，取得不同岗位的工作经验，迅速成长为业务技术骨干，为企业发展蓄存更多的人力资源。

末位要淘汰就是在一定的时间和范围内，必须有百分之几的人员被淘汰，这在某种意义上说很残酷，但对企业长远发展很有好处。在海尔，无"没有功劳也有苦劳"的说法，无功便是过。可以说，在一定时期一定范围内，按一定比例实行定额淘汰，是海尔内部以竞争保持活力的一大法宝。海尔集团总裁杨绵绵说："在海尔，没有吹吹拍拍、拉势力范围、搞小圈子的现象。管事凭效果，管人凭考核。大家瞄准一个方向，共同努力，产生的合力就非常大。"

三、组织中职业发展道路的运动方向

组织内部往往会建立不同的工作级别，每一级别都是以某种技能或功能为中心。每一工作级别又包括一个系列，形成职业阶梯或者工作流动链。员工在职业阶梯上的移动取决于员工技能、职业兴趣、职业价值观、工作绩效等方面的因素。员

工在不同岗位之间的流动，就构成了不同的职业发展路线。提供各种不同的职业阶梯和职业发展路线是组织职业生涯管理的基础条件，它为员工的职业发展提供可能的空间。

员工在组织中职业发展道路可能的运动方向，通常不外横向与纵向两种。横向运动是指跨职能边界的调动，例如，由工程技术转到采购供应或市场销售等，这种运动有助于扩大个人的专业技术知识与经历，为进一步深入精通某一专业打下较宽广的基础。对于准备将来担当全企业总体管理者的人，这种岗位轮换的锻炼也是很有帮助的。纵向运动是向上的，即沿着组织的等级层系跨越等级边界，获得职务的晋升，其中第一步当然是从纯专业技术职务升到专业中的管理性职位上去。这两类运动可借通常的以职能为横轴、层级为纵轴的两维组织结构系统图来观察。

但美国著名组织行为学家埃·施恩却提出，要想透彻地考察与分析员工在组织中实际的运动模式，除了上述跨职能与跨职级的两类运动，还有一种虽非正式的、却影响颇大的运动方向，即沿"核心度"方向的运动。这指的是员工虽然未获正式授职晋升，仍处于较下层级，却通过某种非正式的联系，例如，在社交场合或业余活动中偶然遇到上级领导，接触投契而产生友谊等，得以接近企业决策的核心从而增大影响力。这种跨越核心圈内、外边界的运动，对员工职业发展的影响不容忽视。施恩提出以图9-1中的三维组织系统模型来表现这三种运动及其相互关系。这些模型中立轴表示等级层次，圆周方向表示职能，径向表示核心度，越接近立轴、核心度越大，影响力越强。员工在组织中的实际运动往往是混合式的，即兼有轴向、周向与径向这三个方向的运动。对个人来说，职业发展道路上每迈一步，必有得有失，因而可能带来矛盾的心理，抉择时是痛苦的。例如，专业技术人员在被提升到另一专业部门主管职位上去时，便要放弃所熟悉和喜爱的技术专业，损失了自己所重视的胜任感、成就感等内在性奖酬，却能换回地位待遇、影响力等其他奖酬作为补偿。

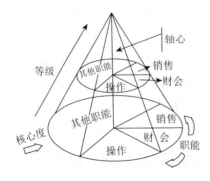

图9-1 施恩圆锥三维职业通道模型

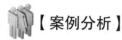【复习思考题】

1. 请简要描述科学的培训流程。

2. 常见的培训方法有哪些?

3. 案例分析法的主要环节是什么?开展案例法的三个主要阶段是什么?

4. 请简要说明员工、部门主管及人力资源部门三者在职业生涯管理工作中的责任划分。

5. 请简要描述施恩的圆锥三维职业通道模型。

【案例分析】

华为员工的职业发展通道

华为在很早以前就设置了两条平行的职业通道:管理类——行政干部,其发展路径为基层业务人员→骨干→基层管理者→中层管理者→高层管理者;技术类——技术专家,其发展路径为基层业务人员→骨干→核心骨干→专家→资深专家。

两类职位的级别基本对应,对应的级别可以享受相同的待遇。这样,华为人就有了更明确的工作目标——选择适合自己或愿意去走的职业上升通道,管理型人才可以走管理专家的道路,技术性人才可以走技术专家的道路。两条职业通道的设置,有效地避免了大家都走管理独木桥的局面。

华为员工的流动性并不小,但很少是被挖走的,大多数是主动出去创业的。华为集团人力资源部的一位经理李元(化名)把这种现象归功于华为对员工的任职资格管理。

任职资格的改革首先是从秘书开始的。华为借鉴英国 NVQ 企业行政管理资格认证,建立了文秘的行为规范,提高了工作效率,还解决了秘书的职业发展通道问题,极大地促进了秘书的积极性。

华为承诺考评合格的申请人可以获得中英机构联合颁发的国际职业资格证书,该证书可以得到社会的认可,对员工来说,这是对他们自身价值的认可。为保证考评工作的质量,华为在试点工作中根据英国 NVQ 体系的要求实行了内外部督考的制度。通过督考工作,公司以推动员工达标为共同的目标,上下协调一致,促进了华为公司各管理层次之间,以及上下级之间关系的改善。

在学习的同时,人力资源部反复探索秘书的任职资格,华为依照英国 NVQ 企业行政管理标准体系建设公司人事管理和人员培训的平台,确定了文秘工作规范化和职业化的目标,并根据公司自己的实际情况修订和细化了文秘资格标准,建立了一套符合华为实际的有多个级别和任职资格考评体系。

资格体系做好后,秘书们终于明白了自己发展的方向。华为秘书的职业能力迅速提高,像电脑管理、文档管理、电话处理,别的单位得招三个人来做,在华为一人足矣。

省下了工资、管理费用、办公空间，效率还更高。

华为还建立了资格认证部，组织培训了专门人员负责文秘人员的考评工作，同时还带动了公司员工的培训工作。

秘书问题解决后，人力资源部成立了两个任职资格研究小组，每组三人，开始制定其他人员的任职资格体系。例如，华为对高级管理者进行任职资格认证活动，一方面是通过对各级干部一段工作的总结与评价，探索资格认证的有效途径，以便为下一步开展各层次、全部岗位的认证工作起到开路先锋的作用；另一方面也是对高级管理者综合素质进行一次摸底，从中区分出各个管理者的不同职业素养和特点，以便进行人才配置的进一步优化。

销售人员任职资格标准的确立，是先在全国各地选出了20名优秀的销售人员，研究小组人员跑到各办事处，看这些优秀销售人员怎么拜访客户、怎样谈判，最后定出一到五级的任职资格标准。

紧接着华为正式成立了任职资格管理部，对各个岗位设立相应的任职资格标准。为了使员工不断提高自身工作能力和价值，有一个更大更广的发展空间，任职资格管理部设计了管理与专业技术双重职业发展通道。员工可以根据自身特点，结合业务发展，为自己设计切实可行的职业发展通道。以李元为例，他当时可以有两个选择：一是走管理岗位通道，进入人力资源系统，以人力资源经理为职业目标；二是走技术岗位通道，坚持做人力资源技术性工作，成为内部的人力资源技术专家。

讨论题：华为为员工设计的职业发展通道的积极意义是什么？请分别从员工个体和组织两个层面进行分析。

第 十 章

劳动关系管理

本章导读

旅游业的蓬勃发展，提供了大量的就业机会。旅游行业中劳动关系问题随着旅游业的快速发展越来越引起人们的关注，如劳动合同、劳动争议处理、劳动保障，尤其是劳动关系中弱势群体——劳动者权益的保护等。另外，旅游业面临着员工流失率（离职率）居高不下，一线服务人员缺乏等问题。可见，旅游业中的离职问题也值得关注。本章的学习，即在学习劳动合同、劳动争议、劳动保障等基本知识的基础上，对员工离职问题有更加深入的了解，借此来构建旅游业和谐的劳动关系，促进旅游经济的健康良性发展。

【学习目标】

1.了解企业中劳动关系的具体内容、关于劳动保障的相关知识，以及员工离职趋势；
2.学习掌握员工劳动合同中的权利义务，以及在出现劳动争议时解决的合理途径。

【导入案例】

为多家旅行社带团的导游的劳动关系如何认定

在现实中，导游是一个季节性比较强的职业，签订劳动合同对于旅行社来说成本高，加上法律确认导游证挂靠导游服务中心这一特殊模式的存在，许多旅行社只是到了旺季才临时找人，使得导游与旅行社之间劳动关系存在短期性、不确定性、随意性，对劳动关系的认定比较困难。

　　贾某是北京 H 旅行社的部门承包人，其为了经营的需要，以旅行社的名义邀请周某为 H 旅行社提供导游服务。周某是在北京京旅导游服务中心注册的导游，未与任何旅行社签订劳动合同，但其通过私人关系自己出资在 Z 旅行社上社保。2009 年 8 月 26 日至 2009 年 9 月 4 日，贾某先后三次派遣周某为 D 村委会组织赴平谷旅游提供导游服务，2009 年 9 月 3 日下午，周某同贾某等人为筹备当日旅游团的晚会，在去平谷采购物品途中发生重大交通事故，贾某在事故中当场死亡，周某在此次事故中多处受伤，对方承担全部责任。周某自己支付了所有 35 万元医药费，而 H 旅行社拒绝向周某支付医药费等各项赔偿，未向周某支付工资，也未和周某签订劳动合同。为确定双方劳动关系，争取工伤待遇，周某向北京市某区劳动仲裁委申请劳动仲裁，请求确认劳动关系。

　　周某认为她是以 H 旅行社的名义为客人服务，虽然双方尚未签订劳动合同，其为 H 旅行社提供了劳动，已经形成事实劳动关系。劳动仲裁委经审理，认定双方存在劳动关系。H 旅行社不服起诉到某区人民法院，法院判决认定双方不存在劳动关系，周某上诉，二审维持原判。

第一节　劳动合同

一、劳动合同概述

　　劳动合同是证明企业和员工建立雇佣关系并规定双方的权利和义务的最为重要的书面文件。劳动关系是从劳动合同生效开始，到劳动合同终止结束。劳动合同是劳动关系的法律凭证。

（一）劳动合同的定义

　　劳动合同又称"劳动契约"或"劳动协议"，是劳动者和用人单位确立劳动关系、明确双方权利和义务的协议。我国《劳动合同法》第十七条规定：劳动合同依法订立即具有法律约束力，当事人必须履行劳动合同规定的义务。

（二）劳动合同的内容

1. 必备条款和协商条款

　　根据《劳动合同法》第十九条规定，劳动合同应以书面形式订立，并包括必备条款和协商条款。必备条款也称法定条款，包括以下内容：

　　（1）用人单位的名称、住址和法定代表人或主要负责人。

　　（2）劳动者的姓名、住址和居民身份证号码或者其他有效身份证件号码。

　　（3）劳动合同期限。

（4）工作内容和工作地点。

（5）劳动保护、劳动条件和职业危害防护。

（6）劳动报酬。

（7）劳动纪律。

（8）劳动合同终止条件。

（9）违反劳动合同的责任。

（10）法律、法规规定应该应当纳入劳动合同的其他事项。

不具备这些条款，合同即不成立。除以上条款外，当事人可以协商约定其他内容。协商条款是指双方依据具体情况协商约定的权利、义务条款。没有协商约定的条款，不影响合同的成立，根据需要视双方情况而定。

2. 劳动合同的期限

我国《劳动合同法》第二十条规定，劳动合同的期限分为有固定期限、无固定期限和以完成一定的工作为期限。劳动者在同一工作单位连续工作满10年以上，当事人双方同意续延劳动合同的，如果劳动者提出订立无固定期限的劳动合同，应当订立无固定期限的劳动合同。另外，第二十一条规定，劳动合同可以约定试用期。试用期最长不得超过6个月。

（1）有固定期限。有固定期限的合同又称定期劳动合同，指双方当事人规定了合同有效的起止日期。劳动合同期限届满即告终止。

（2）无固定期限。无固定期限的劳动合同又称无定期劳动合同，是指双方当事人不规定合同终止日期的劳动合同。订立无固定期限的劳动合同，除法律、法规有规定外，双方当事人应当约定变更、解除、终止合同的期限。

（3）以合作时间为期限。以完成一定工作为期限的劳动合同是指双方当事人将完成某项工作或某项工程作为终止日期的劳动合同。工作或工程完成后，劳动合同自行终止。

二、劳动合同的订立

（一）劳动合同的主体资格认定

劳动合同的当事人，一方是劳动者，即雇工、工人和职员等；另一方是用人单位，即雇主、企事业单位、国家机关等。前者是自然人，后者主要是法人，也包括自然人和家庭。签订劳动合同的主体双方的基本条件是：一方是具有劳动招工权的用人单位，另一方是年满16周岁以上的劳动者。

（二）劳动合同订立的原则

劳动者与企业签订变更劳动合同必须遵循三项基本原则：

第一，平等自愿原则，指签订和变更劳动合同的双方在法律地位上是平等的，并完全出于双方当事人自己的真实意愿。

第二，协商一致原则，指双方就合同的所有条款进行充分协商，达成双方意思一致。

第三，不得违反法律、行政法规的原则，即不得违反劳动合同的合法原则。

我国《劳动合同法》规定，劳动合同应当以书面形式订立，即不承认口头劳动合同是劳动关系建立的法律形式。但劳动和社会保障部《关于非全日制用工若干问题的意见》规定，对从事非全日制工作的人员，劳动合同期限在一个月以下的，经双方协商同意，可以订立口头劳动合同。当劳动者提出订立书面合同时，应当以书面形式订立。

三、劳动合同的履行和变更

（一）劳动合同的履行

劳动合同的履行，是指在劳动合同订立以后，劳动者和管理者双方当事人按照合同条款的要求，共同实现劳动过程、相互履行权利和义务的过程。

1. 劳动合同的履行，分为全部履行和不适当履行两种

全部履行，是指合同双方当事人履行合同的全部义务和实现合同中规定的全部权利；不适当履行，是指合同双方当事人或一方当事人只履行合同中规定的部分义务，或只实现合同中规定的部分权利。劳动合同履行的理想模式是全部履行，双方当事人均实现自己的全部权利和履行全部的义务；但是由于某些原因，包括双方当事人自己的责任、企业经营状况的变化，以及社会宏观经济环境的改变等，都可能使双方当事人不能够或者不愿意按照合同条款一一履行，这时就出现了合同的不适当履行。从政府和立法角度来说，要尽量避免和减少企业劳动合同的不适当履行，促进合同全部履行。

2. 与用人单位存在事实劳动关系的劳动者，也依法享有劳动保障权益

在现实中，一些企业为了减轻负担，逃避责任，合同签订率很低。为了保护劳动者的合法权益，2005 年我国劳动和社会保障部通过了《关于确立劳动关系有关事项的通知》，通知规定，用人单位招用劳动者未订立书面劳动合同，但同时具备下列情形的，劳动关系成立：（1）用人单位和劳动者符合法律、法规规定的主体资格。（2）用人单位依法制定的各项劳动规章制度适用于劳动者，劳动者受用人单位的劳动管理，从事用人单位安排的有报酬的劳动。（3）劳动者提供的劳动是用人单位业务的组成部分。

用人单位招用劳动者符合第一条规定的情形的，用人单位应当与劳动者补签劳动合同，劳动合同期限由双方协商确定。协商不一致的，任何一方均可提出终止劳动关系，但对符合签订无固定期限劳动合同条件的劳动者，如果劳动者提出订立无固定期限劳动合同，用人单位应当订立。用人单位提出终止劳动关系的，应当按照劳动者在本单位工作年限每满一年支付一个月的工资的劳动补偿金。

3. 劳动者不必履行无效的劳动合同

如前所述，由于用人单位违背自愿平等、协商一致原则而订立的无效合同，劳动者不必履行，但对劳动者造成损害的，用人单位应当承担赔偿责任。

4. 用人单位安排劳动者加班加点应符合国家有关规定

加班加点，也称延长劳动时间，是指用人单位经过一定的程序，要求劳动者超过法律、法规规定的最高限制的日工作时数和周工作天数而工作。

禁止安排怀孕7个月以上和在哺乳未满1周岁的婴儿期间的女职工加班加点和夜班劳动。用人单位安排劳动者在休息日加班的，应安排补休；不能安排补休的，应依法支付加班工资。安排劳动者加点或者在法定节日加班的，应依法支付加班点的工资。

5. 劳动者依法享有法定节假日休假的权利

（1）法定节假日。根据国务院《全国年节及纪念日放假办法》规定，我国法定节假日包括三类。第一类是全体公民放假的节日，包括新年、劳动节和国庆节等。第二类是部分公民放假的节日及纪念日，包括妇女节和青年节等。第三类是少数民族习惯的节日。全体公民放假的假日，如果适逢星期六、星期日，应当在工作日补假。部分公民放假的假日，如果适逢星期六、星期日，则不补假。

（2）病假。根据劳动和社会保障部《企业职工患病或非因公负伤医疗期规定》等有关规定，任何企业职工因病或非因公负伤，需要停止工作进行医疗时，企业应该根据职工本人实际参加工作年限和在本单位的工作年限，给予一定的病假期。在病假期间，还应针对不同工作年限和不同病假期限的长短支付一定比例工资。

【知识链接 10-1】

2016 年我国部分省份婚假时间表

省份	婚假	护理假	省份	婚假	护理假	省份	婚假	护理假
北京	10	15	贵州	13	15	宁夏	3	25
上海	3	10	河北	18	15	青海	15	15
天津	10	7	湖北	3	15	山东	3	7
重庆	15	15	湖南	3	20	山西	30	15
安徽	3	10	吉林	15	15	四川	3	20
福建	15	15	江苏	13	15	云南	18	30
甘肃	30	30	江西	3	15	浙江	3	15
广东	3	15	辽宁	10	15	海南	13	15
广西	3	25	内蒙古	18	25			

备注：河南婚假为 21~28 天；黑龙江为 15~25 天。护理假：安徽异地生活 20 天；陕西异地生活 20 天。

2016 年部分省份产假具体规定

省份	产假	省份	产假	省份	产假	省份	产假
北京	128	广东	128	湖南	158	宁夏	158
上海	128	广西	148	吉林	158	青海	158
天津	128	贵州	158	江苏	128	云南	158
重庆	128	河北	158	江西	158	四川	158
安徽	158	黑龙江	180	辽宁	158	浙江	128
甘肃	180	湖北	128	内蒙古	158	山东	158
山西	158						

备注：北京产假可延长 1~3 个月，重庆产假可休至子女 1 周岁，吉林产假可延长至一年。福建产假为 158~180 天，陕西产假为 158~168 天，河南、海南产假为 98 天 +3 个月。

（二）劳动合同的变更

劳动合同变更是在履行劳动合同过程中，由于情况发生变化，经双方当事人协商一致，对已经订立的劳动合同依法进行补充和修改，劳动合同的未变更部分继续有效。与订立劳动合同一样，劳动合同的变更应遵守平等自愿、协商一致原则，不得违反法律、行政法规的规定。经双方协商同意依法变更后的劳动合同继续有效，对双方当事人都有约束力。

劳动合同变更的前提是双方原已存在着合法的劳动合同关系，变更的原因主要是客观情况发生变化，变更的目的是为了继续履行合同。劳动合同的变更一般限于内容的变更，不包括主体的变更。

1. 劳动合同变更的条件

（1）双方协商同意。

（2）订立合同所依据的法律、法规已经修改或部分失效。

（3）劳动合同期限虽满，但依法不终止劳动合同的。

（4）劳动合同订立时所依据的客观情况发生重大变化，致使劳动合同部分条款无法履行的。

（5）符合劳动合同约定的变更条件的。

2. 劳动合同变更的程序

（1）当事人要求变更劳动合同，应当填写《变更劳动合同通知书》，并及时送交对方，由对方当事人在《通知回执》上签收。

254

（2）被通知方接到通知书后，应在 7 日内就是否同意变更劳动合同书面答复通知方，逾期不答复的，视为同意按对方的要求变更劳动合同。

（3）双方同意变更劳动合同的，应及时就变更的条件和内容进行协商；经协商达成一致意见的，应签订《变更劳动合同协议书》一式两份，送劳动行政部门签证后，由双方各执一份。

四、劳动合同的解除和终止

劳动合同的终止有广义和狭义之分。狭义的劳动合同终止，是指双方当事人已经履行完毕合同约定的所有权利和义务，或其他法律事实上的出现致使双方当事人劳动关系不复存在，且任何一方均没有提出继续劳动关系的请求，合同就此终止了法律效力。广义的劳动合同终止，不仅包括狭义的劳动合同终止，而且还包括劳动合同的解除。

（一）劳动合同的解除

劳动合同的解除是指劳动合同订立后，尚未全部履行前，由于某种原因导致劳动合同一方或双方当事人提前中断劳动关系的法律行为。根据《中华人民共和国劳动法》（以下简称《劳动法》）的规定，劳动合同既可以由单方依法解除，也可以双方协商解除。因此，劳动合同的解除分为法定解除和协商解除两种。

1.劳动者单方解除

《劳动法》第三十二条规定，有下列情形之一的，劳动者可随时通知用人单位解除劳动合同：（1）在试用期内的。（2）用人单位以暴力、威胁或者非法限制人身自由的手段强迫劳动的。（3）用人单位未按照劳动合同约定支付劳动报酬或者提供劳动条件的。

劳动者解除劳动合同，应当提前 30 日以书面形式通知用人单位。这是劳动者解除劳动合同的条件和程序，无须征得用人单位同意，用人单位应及时办理有关解除劳动合同的手续。但由于劳动者违反劳动合同的有关约定而给用人单位造成经济损失的，应依据有关规定和劳动合同的约定，由劳动者承担赔偿责任。

2.用人单位单方解除

《劳动法》第二十五条规定，劳动者有下列情形之一的，用人单位可以解除劳动合同：（1）在试用期间被证明不符合录用条件的。（2）严重违反劳动纪律或者用人单位规章制度的。（3）严重失职，营私舞弊，对用人单位利益造成重大损害的。（4）被依法追究刑事责任的。

《劳动法》第二十六条规定，有下列情形之一的，用人单位可以解除劳动合同，但是应当提前 30 日以书面形式通知劳动者本人：（1）劳动者患病或者非因工负伤，医疗期满后，不能从事原工作也不能从事由用人单位另行安排的工作的。（2）劳动者不能胜任工作，经过培训或者调整工作岗位，仍不能胜任工作的。（3）劳动合同订立时所依据的客观情况发生重大变化，致使原劳动合同无法履行，经当事人协商不能就变更合同达成协议的。

此外，《劳动法》第二十七条规定，用人单位濒临破产进行整顿期间或者生产经营

状况发生严重困难,确需裁减人员的,应当提前30日向工会或者全体员工说明情况,听取工会或者职工的意见,经向劳动保障行政部门报告后,可以裁减人员。并且规定,用人单位自裁减人员之日起6个月内录用人员的,应当优先录用被裁减的人员。

但是,对于有下列情形之一的劳动者,用人单位不得根据《劳动法》第二十六、二十七条的规定解除劳动合同:(1)劳动者患职业病或者因工负伤并确认丧失或部分丧失劳动能力的。(2)劳动者患病或者负伤,在规定的医疗期内的。(3)女职工在孕期、产期、哺乳期内的。(4)法律、行政法规规定的其他情形。

3.用人单位解除劳动合同应当依法向劳动者支付经济补偿金

根据《劳动法》及《违反和解除劳动合同的经济补偿办法》的规定。在下列情况下,用人单位解除与劳动者的劳动合同,应当根据劳动者在本单位的工作年限,每满一年发给相当于一个月工资的经济补偿金。六个月以上不满一年的,按一年算;不满六个月的,向劳动者支付半个月的经济补偿金。

(1)经劳动合同当事人协商一致,由用人单位解除劳动合同的。(2)劳动者不能胜任工作,经过培训或者调整工作岗位仍不能胜任工作,由用人单位解除劳动合同的。以上两种情况下支付经济赔偿金,最多不超过12个月。(3)劳动合同订立时所依据的客观情况发生重大变化,致使原劳动合同无法履行,经当事人协商不能就变更合同达成协议,由用人单位解除劳动合同的。(4)用人单位濒临破产进行法定整顿期间或者生产经营状况发生严重困难,必须裁减人员,由用人单位解除劳动合同的。(5)劳动者患病或者非因工负伤,经劳动鉴定委员会确认不能从事原工作,也不能从事由用人单位另行安排的工作而解除劳动合同的。在这类情况下,同时应发给不低于6个月工资的医疗补助费。劳动者患重病或者绝症的,还应该增加医疗补助费,患重病的增加部分不低于医疗补助费的50%,患绝症的增加部分不低于医疗补助费的100%。经济补偿金应当一次性发给。

如果用人单位解除劳动合同后,未按以上规定给予劳动者经济补偿的,经相关部门裁决,除必须全额发给经济补偿金外,还须按欠发经济补偿金数额的50%支付额外经济补偿金。

【知识链接 10-2】

公司辞退员工补偿金计算方法:

1.协商解除经济补偿金=工作年限×月工资(超过12年的,按12年算)

2.因病或非因工伤解除经济补偿金=工作年限×月工资+医疗补助费(不低于6个月工资,重病加50%,绝症加100%)

3.不能胜任解除经济补偿金=工作年限×月工资(超过12年的,按12年算)

4.客观变化经济补偿金=工作年限×月工资

5.经济裁员经济补偿金=工作年限×月工资

6.逾期给付经济补偿金=原经济补偿金+额外经济补偿金(原经济补偿金的50%)

（二）劳动合同的终止

劳动合同终止是指劳动合同关系的消灭，即劳动关系双方权利和义务的失效。劳动合同的终止分为两类：自然终止和因故终止。

1. 自然终止

（1）合同期限已满。定期企业劳动合同在合同约定的期限届满后，除非双方当事人依法续订或依法延期，否则合同即行终止。

（2）合同目的已经实现。以完成一定的工作为期限的企业劳动合同在其约定工作完成以后，或其他类型的企业劳动合同在其约定条款履行完毕以后，合同因目的的实现而自然终止。

（3）合同约定的终止条件出现。企业劳动合同或集体合同对企业劳动合同约定的终止条件出现以后，企业劳动合同就此终止。

2. 因故终止

（1）当事人死亡。劳动者一方死亡，合同即行终止；雇主一方死亡，合同可以终止，也可以因继承人的继承或转让第三方而使合同继续存在，应依实际情况而定。

（2）劳动者退休。劳动者因达到法定退休年龄或丧失劳动能力而办离退休手续后，合同即终止。

（3）企业不复存在。企业因依法宣告破产、解散、关闭和兼并后，原有企业不复存在，其合同也就此终止。

劳动合同依法解除或终止时，用人单位应同时一次付清劳动者工资；依法办理相关保险手续；用人单位依法破产时，应将劳动者工资列入破产清偿顺序，首先支付劳动者工资。

第二节　劳动争议

一、劳动争议的定义

劳动争议又称劳动纠纷，是指劳动法律关系中的双方当事人关于劳动权利和劳动义务的争执和纠纷，其产生的根本原因是劳动关系双方的利益冲突。劳动争议是劳动关系处于不协调或不平衡状态的表现，不论其具体表现形式如何，都会对社会稳定、经济发展产生不良影响。

二、劳动争议的范围

劳动争议的范围在不同的国家有不同的规定。根据《中华人民共和国劳动争议调解仲裁法》第二条的规定，劳动争议的范围包括以下几个方面：

（1）因确认劳动关系发生的争议。

（2）因订立、履行、变更、解除和终止劳动合同发生的争议。

（3）因除名、辞退和辞职、离职发生的争议。

（4）因工作时间、休息休假、社会保险、福利、培训及劳动保护发生的争议。

（5）因劳动报酬、工伤医疗费、经济补偿或者赔偿金发生的争议。

（6）法律、法规规定的其他争议。

三、劳动争议的类型

按照劳动合同中是否含有涉外因素来分类，可分为国内劳动争议和涉外劳动争议；按照劳动争议的内容来分类，可分为权利争议和利益争议；按照职工一方涉及的人数来分类，可分为集体争议和个体争议（3人以上为集体争议，3人以下均为个体争议）；按照劳动者争议的客体来分，可分为履行劳动合同争议、开除争议、辞退争议、辞职争议、工资争议、保险争议、培训争议等。

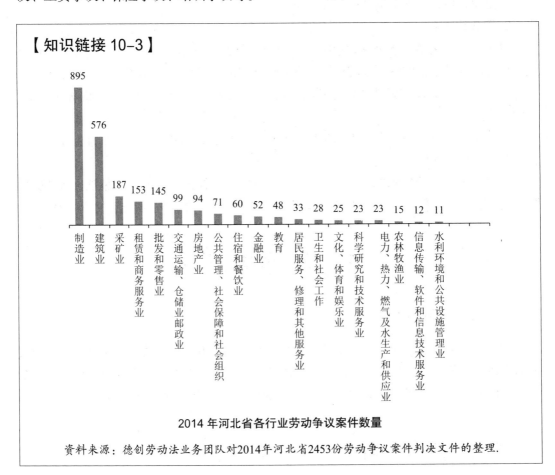

【知识链接 10-3】

2014 年河北省各行业劳动争议案件数量

资料来源：德创劳动法业务团队对2014年河北省2453份劳动争议案件判决文件的整理.

四、劳动争议的处理

通过处理劳动争议来调整劳动关系，是各国普遍采用的一种比较成熟的调整劳动关系的机制。对劳动争议进行处理，可以纠正劳动关系中的偏差行为，有利于维护劳动关系双方当事人的各项权利。妥善正确处理劳动争议，对于发展良好健康的劳动关系，维护劳动者的合法权益，保障用人单位生产任务的顺利完成，促进经济发展，具有极其重要的现实意义。

（一）劳动争议处理的原则

1.在查清事实的基础上依法处理原则

在处理劳动争议的过程中，劳动争议处理机构和劳动争议当事人，必须在查清事实的基础上依法协商、依法解决劳动争议。要查清事实，首先，当事人应积极就自己的主张和请求提出证据；其次，劳动争议处理机构应及时调查取证，两者有机结合，才能达到查清事实的目的。依法处理争议，就要依据法律规定的程序要求和权利、义务去解决争议，同时要掌握好"依法"的顺序，即有法律的依法律，没有法律依法规，没有法规依规章，没有规章依政策。

2.当事人在适用法律上一律平等原则

劳动争议双方当事人虽然在其劳动关系中，存在行政上的隶属关系，但其法律地位是平等的。也就是说，不管用人单位大小如何，也不管职工一方职位高低，任何一方当事人不得有超越法律规定的特权，适用法律时不能因人而异，不能因为某单位是重点企业，或者是当地创利创汇大户，而对其侵害职工劳动权益的行为进行祖护。

3.着重调解劳动争议原则

处理劳动争议，应当注重调解方式，调解是处理劳动争议的基本手段，贯穿于劳动争议处理全过程。使用着重调解原则时应注意：一是必须遵守自愿原则。当事人向企业劳动争议处理委员会申请调解，必须经争议双方当事人同意，否则调解委员会不予受理。二是必须坚持合法、公正原则。调解是建立在查明事实、分清责任的基础上，通过说服教育，使当事人在法律许可的范围内达成和解协议，并不是无原则地进行的。三是必须与及时裁决或及时判决结合起来。对于当事人不愿调解，或者调解不成的，不应久调不决，以免拖延时日，有损当事人合法权益，甚至造成不良后果。

4.及时处理劳动争议原则

首先，劳动争议发生后，当事人应当及时协商或及时申请调解以至于申请仲裁，避免超过仲裁申请时效，丧失申请仲裁权利。其次，劳动争议处理机构在受理案件后，应当在法定结案期限内，尽快处理完毕。最后，对处理结果，当事人不履行协议或决定的，要及时采取申请强制执行等措施，以保证案件的顺利处理和处理结果的最终落实。

（二）劳动争议处理的途径和程序

劳动者与用人单位发生劳动争议后，可通过多种程序解决。根据《劳动法》规定，我国目前的劳动争议处理机构为劳动争议调解委员会、劳动争议仲裁委员会和人民法院。劳动争议发生后，当事人首先应当选择协商解决；不愿协商或者协商不成的，可以向本企业的劳动争议调解委员会申请调解；调解不成的，可以向劳动争议仲裁委员会申请仲裁；对仲裁裁决不服的，可以向人民法院起诉。劳动争议仲裁委员会的仲裁是法院受理

劳动争议的必经程序，未经仲裁委员会裁决的劳动争议案件，人民法院一般不予受理。

1. 双方自行协商解决

协商是争议双方采取自治的方法解决纠纷，根据双方的合意和团体协议，相互协调，和平解决纷争。

2. 斡旋和调解程序

斡旋是在争议双方自我协商失败的情况下，由第三者或者中间人介入，互递信息，传达意思，促进其和解。斡旋分为自愿斡旋和强制斡旋。自愿斡旋是一方或双方自愿接受斡旋和解建议；强制斡旋出现在仲裁和审判程序中，是政府使用强制手段介入劳动纠纷，以预防罢工和关闭工厂。

调解是第三者或者中介人介入争议处理过程，并提出建议，促使双方达成协议。调解是我国劳动争议处理制度中"第一道防线"和首选步骤，是劳动争议处理的重要组成部分。根据《劳动法》和《劳动争议处理条例》的规定，企业可以设立劳动调解委员会，负责调解本企业发生的劳动争议。

3. 仲裁程序

仲裁是仲裁机构对争议事项做出裁决的决定。仲裁裁决具有约束力，并具有强制执行的效力。当事人一方或者双方都可以向仲裁委员会申请仲裁，仲裁庭应当先行调解，调解不成，做出仲裁。该程序是人民法院处理劳动争议的前置程序，没有经过仲裁程序的劳动争议案件人民法院不直接受理。

仲裁委员会应在收到仲裁申请的 60 日内做出仲裁裁决。由于案件情况复杂，在 60 日内不能结案需要延期的，经报仲裁委员会批准，可以适当延期，但是延长期限不得超过 30 日。

4. 法院审判程序

当事人对仲裁裁决不服的，可以自收到仲裁裁决书之日起 15 日内将对方当事人作为被告向人民法院提起诉讼。人民法院按照民事诉讼程序进行处理，实行两审终审制。法院审判程序是劳动争议处理的最终程序。

伊春某旅游酒店有限公司诉张某某劳动争议纠纷案

2014 年 5 月 28 日，被告张某某受聘于原告伊春某旅游酒店有限公司，从事工程员工作。至 2015 年 9 月 10 日，工作期间双方未签订劳动合同，同时张某某还是带岭林业实验局明月林场在职员工，因公司原因允许员工自谋生路，但仍为其缴纳社会保险。被告以原告公司未与其签订书面劳动合同及未给其缴纳社会保险为由，离开原告公司。后于 2015 年 9 月 14 日向带岭区劳动人事争议仲裁委员会申请仲裁，要求解除与原告公司的劳动合同关系，并要求原告公司支付其各项损失费用 66136.00 元。仲裁委员会的裁决为：被申请人支付申请人未签订劳动合同的双倍工资、经济补偿金和申请人离职前半个月未支付工资等，并驳回了申请人要求支付的应当订立无固定期限劳动合同之日至工作截止日的双倍工资要求，并要求被申请人积极配合申请人履行相关手续。被告对仲裁结果不服向当地人民法院提起诉讼。

人民法院按照《最高人民法院关于审理劳动争议案件适用法律若干规定的解释（三）》综合考虑原告、被告间的劳动关系情形，认为二者确实存在劳动合同关系，而不是酒店认为的劳务关系，判决解除原被告间的劳动合同关系，并由原告支付被告因未签订劳动合同产生的补偿金和剩余工资。因为原告企业没有为被告支付社会保险费，不符合《中华人民共和国劳动合同法》第三十八条规定的情形，因而无须支付经济补偿金。

本案例焦点在于张某某在职员工的身份是否能与另一企业形成劳动合同关系。按照法律规定，企业停薪留职、未达到法定退休年龄的内退人员、下岗待业人员及企业经营性停产放长假人员，因与新的用人单位发生劳动争议提起诉讼的，法院应当按照劳动关系处理。因此，带岭区人民法院依据相关法律做出的判决是合法有效的。

第三节　劳动保障

劳动保障是以保护劳动者的基本权益所采取的一切措施和行为的总和。劳动保障的目的是为了保障劳动者的合法权益。

一、劳动保障的基本范围

劳动保障的内容是主体的独立人格、法律地位和物质利益。主体的独立人格是获得法律地位的前提，而独立的法律地位又是实现物质利益的前提。劳动保障首先要确立和维护劳动者和用人单位的独立人格和法律地位。劳动者要独立于国家、独立于资本、独立于其他任何人，成为能够自由支配自己劳动力、享有自主择业权的主人；用人单位要独立于国家、独立于其他单位，成为能够自主经营，拥有用工自主权的市场主体。劳动保障其次是要保障主体的物质利益。维护主体人格和法律地位的目的是为了实现和保障主体的物质利益。

二、职业健康与安全

职业健康与安全是指影响作业场所内员工健康与安全的条件和因素，专指对于在工作场所内、生产过程中可能引起伤亡和职业危害的保护。在通常情况下，员工的健康和安全问题总是与传统的加工制造业联系在一起，而在非传统工业生产环境中，也存在很多员工的健康和安全隐患。维护员工的安全和健康不仅是社会对企业的道德约束，还是企业对员工承担的最基本的法律责任，有助于提高员工工作满意度和组织承诺。

在发达国家，政府对于工作场所的安全和健康问题高度重视，将其视为一种最基本的人权，比如，美国于1970年颁布《职业健康安全法》保护员工的安全和健康，而且还建立了专门的执法机构。随着市场经济的发展，我国工作场所的安全问题和职业病频发，因此，从2002年1月1日起，我国正式实施《职业健康安全管理规范》国家标准，

2010 年，国务院又印发了《关于进一步加强企业安全生产工作的通知》，重点解决在安全生产中暴露出的突出问题。就旅游业来说，2013 年我国首部《旅游法》出台，为我国旅游业的健康有序发展提供了正确的方向。因此，做好员工安全和健康管理工作，不仅是企业培育良好的员工关系，以及吸引和留住员工的需要，而且也是遵守国家法律的最基本的要求。

（一）员工安全管理

在我国，安全事故通常称为职工伤亡事故，指企业员工在生产劳动过程中发生的人身伤害以及急性中毒。伤亡事故根据严重程度可分为轻伤事故、重伤事故、死亡事故三类。

导致在工作场所发生安全事故的原因主要有两个：一是存在不安全的工作状态，即存在可能导致安全事故发生的客观物质条件，如设备防护不当、设备自身的缺陷、不安全的储存措施、不当照明、不当通风等。二是存在不安全的工作行为，即存在可能造成事故的人为错误，主要是员工没有严格按照安全规定的要求操作设备或者采取行动，或未能观察到某些潜在的工作风险，这是安全事故发生的主观原因。目前，越来越多的证据表明：具有冲动、追求刺激、极度外向以及不严肃认真的员工更容易引发事故。

需要注意的是，除了客观的工作状态及员工的行为，工作本身、工作进度和工作场所的心理氛围等也与安全事故存在较为明显的联系。

（二）员工健康管理

除了工伤事故，员工的生理与心理健康问题也会对员工绩效产生影响，其中比较常见的包括工作压力、工作环境、工作场所暴力等。

员工的心理健康问题往往源于各种压力，既有工作压力，也有生活压力，或工作与生活冲突所造成的压力。而工作压力往往是最为重要且普遍存在的诱因。过高的工作压力会引发员工情绪低落，更容易出现缺勤或工作效率低下现象。近年来，工作压力过大导致的工作倦怠现象突出，日益引起人们的关注。工作压力除了来自工作方面的原因，也受到员工个人方面原因的影响，如员工的个性特征等。

而员工身体健康多与工作场所因素有关，主要是办公特点和环境因素。比如，计算机的长期使用，办公环境的辐射和空气污染，工作场所的吸烟问题等，都会对员工的身体健康造成损害。

【知识链接 10-4】

今天你加班了吗

最近两年，职场人猝死事件不仅数量持续上升，而且呈现年轻化趋势。而 IT 已成为最疯狂的加班行业，互联网行业成为加班重灾区。2016 年滴滴发布的《2016 年度加班最"狠"公司排行榜》，京东下班最晚时间达到 23：16，其次是腾讯（盈

科）为 22：50，而每月加班天数最多的公司中，京东以 20 天居榜首。根据迈点网数据调查显示，旅游业中的酒店员工加班现象也很普遍，加班成为家常便饭。在参与调查的酒店人中，近 7 成表示要经常加班，28% 表示偶尔加班，只有 3% 的酒店人很"幸运"，不需要加班。

有些公司甚至鼓励员工加班，放弃节假日休息。58 同城的"996"制度（工作时间早 9：00～晚 9：00，一周 6 天班），济南浪潮集团的"奋斗者申请书"等引发热议。艾瑞咨询联合多个互联网公司员工所做的睡眠质量调查显示，51.5% 的人超过 23 点才上床，平均睡眠时间为 6.7 小时，低于成年人睡眠时长 7~8 小时的标准建议；66.7% 员工经常加班，38.7% 员工反映压力很大。如此高工作强度、高压力的工作状态给员工带来的不仅是工作的低效率，更是健康的隐忧。新闻频频爆出的员工猝死事件，引人深思，一个个冰冷的数据背后是一条条鲜活的生命的消逝。

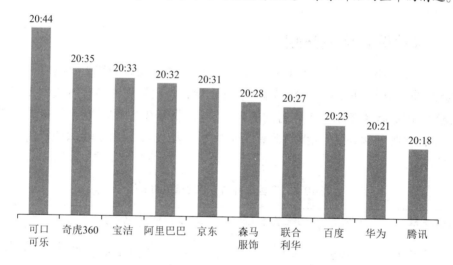

2015 年最奋斗的十大公司平均下班时间

资料来源：滴滴出行，第一财经商业数据中心，无界智库，《中国智能出行2015大数据报告》.

（三）员工工作安全与健康防护措施

1. 工作场所事故的预防

从工作场所发生事故的原因出发，对于工伤事故的预防可以从减少不安全的工作条件和不安全的工作行为两方面来进行。首先，识别并努力消除不安全的工作条件是企业预防工伤事故的第一道防线，如改善照明，在工作中提供个人保护设备和安全用具等。其次，员工的不安全行为可能使良好的安全预防措施失效，因此，通过恰当的员工甄选和配置、进行安全培训、对安全行为的认可和奖励等都有助于减少不安全的员工行为，以减少工伤事故发生的概率和频率。

2.员工身心健康的保护

由于员工的心理健康多与工作压力相关，因此，企业中的管理人员对员工提供积极的组织支持和公平、公正地对待员工是减轻工作压力的重要因素。同时，企业还可以培训管理人员识别情绪低落和工作压力过大员工身上的警示信号，从而对员工工作进行适当调整。除此之外，企业减少员工工作中的个人冲突、鼓励上下级之间真诚沟通交流等也有助于缓解员工压力。而从员工个人来说也可以采取措施减轻由功能失调产生的压力，比如，采用增加睡眠和进行食补等补救性方法，以及生物反馈疗法和冥想疗法等治疗性手段等。

为了保护员工的身体健康，企业可从几个方面采取措施：一是为员工创造良好的环境，减轻或消除恶劣工作条件给员工带来的不适。二是提醒员工合理使用计算机，以防止长时间或不正确的姿势给身体造成的健康伤害。三是帮助员工养成良好的生活习惯。四是为员工提供健康、营养的工作餐，以及健身、锻炼设施，从而改善和保证员工身体健康。

三、劳动保障相关法规

我国关于劳动保障的相关法律主要有：《劳动法》《劳动合同法》《就业促进法》《劳动争议调解仲裁法》《职业病防治法》《工会法》等，行政法规主要有：《女职工劳动保护特别规定》《国务院关于职工工作时间的规定》《失业保险条例》《社会保险费征缴暂行条例》《工伤保险条例》《劳动保障监察条例》等。表10-1列出了我国现行的与劳动相关的法规。

表 10-1 我国现行的与劳动相关的法规

法规名称	颁布年份	开始施行日期	颁发部门	属性	备注
《工会法》	1992	1992年4月3日	全国人大常委会	法律规范	2001年10月27日修订，公布之日起施行
《国务院关于职工工作时间的规定》	1994	1994年2月8日	劳动部、人事部	法律规定	国务院于1995年3月25日修订，1995年5月1日起施行
《劳动法》	1994	1995年1月1日	全国人大常委会	法律规范	
《失业保险条例》	1998	1998年12月16日	国务院	法律条例	
《社会保险费征缴暂行条例》	1999	1999年12月2日	国务院	法律条例	
《职业病防治法》	2001	2002年5月1日	全国人大常委会	法律规范	2011年12月31日修订，当日起施行；2016年7月2日修订，2016年9月1日施行
《工伤保险条例》	2003	2004年1月1日	国务院	法律条例	2010年12月8日修订，2011年1月1日起施行

法规名称	颁布年份	开始施行日期	颁发部门	属性	备注
《劳动保障监察条例》	2004	2004年12月1日	国务院	法律条例	
《劳动合同法》	2007	2008年1月1日	全国人大常委会	法律规范	2012年12月28日修订，2013年7月1日起施行
《就业促进法》	2007	2008年1月1日	全国人大常委会	法律规范	2015年4月24日修订
《劳动争议调解仲裁法》	2007	2008年5月1日	全国人大常委会	法律规范	
《女职工劳动保护特别规定》	2012	2012年4月28日	国务院	法律规定	

第四节　离职管理

一、离职管理概述

理论和实践经验表明，一支对企业满意和忠诚、能胜任工作的员工队伍对于企业提升客户满意度具有重要意义。因此企业应确保留住核心或绩效优秀的员工。而与其相关的另一方面是，企业必须有能力和意愿去解雇绩效不佳甚至对企业的生产率或其他利益产生不利影响的员工，允许、鼓励甚至在必要情况下迫使低绩效员工离开企业，以此来有效地进行市场竞争。

离职意味着员工离开企业，由于员工离开企业的原因不同，离职又可分为非自愿离职和自愿离职两种类型。如果员工离职是由组织方面提出的，则这种离职就属于非自愿离职。通常情况下，这类离职涉及的员工本人往往希望能够继续留在组织中。非自愿离职可能是由于员工严重违纪或多次绩效考核不合格，且无法改进而被企业解雇，也可能是出于经济不景气等原因而阶段性地解雇一些员工。如果离职的要求是由员工方面提出来的，而组织却希望员工继续留在组织中，则这种离职属于自愿离职。员工自愿离职的原因既可能是退休，也可能是想到其他组织中从事另一份工作。

总之，每一家企业都试图避免发生员工非自愿离职的情况，同时将自愿离职，尤其是那些绩效优秀的员工自愿离职的情况减到最少，因为无论自愿离职还是非自愿离职，给企业带来的成本都很高。

近年来，随着经济的发展，人们对旅游的消费需求增加。但是，旅游业发展过程中存在明显的问题是行业离职率相对较高，个别企业的离职率达20%，一定程度上限制了企业的可持续发展。因此，对旅游业相关行业员工离职问题的关注，解决员工，尤其是优秀员工的人才流失问题亟须重视。旅行社、酒店是现代旅游业发展的支柱，旅行社占据核心地位，而旅行社中的导游人员的服务质量是旅游业发展的重要竞争力之一。因此，要重视分

析旅游业中旅行社导游人员和酒店员工的离职率问题。

【知识链接 10-5】

　　2016 年酒店行业的员工离职率达到 43.3%。参与此次调查问卷的人员中，有 40% 来自于中档酒店，国际高端和国内高端酒店比例接近。其中，大部分酒店的员工离职率在 10%~30%；广东、上海两地酒店员工离职率最高，离职率在 41% 以上，而山东、河南、贵州等地酒店员工的离职率相对稳定，平均离职率在 10% 以下。

　　在离职部门构成方面，酒店员工离职率最高的前三个部门是餐饮部、前厅部和客房部。其中 60% 的被调查者认为餐饮部员工流动最频繁。

　　酒店各部门离职率占比，如图所示。

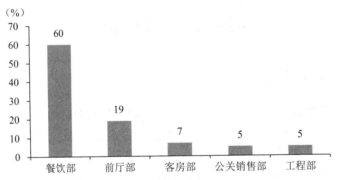

酒店各部门的离职率

员工主动离职原因：

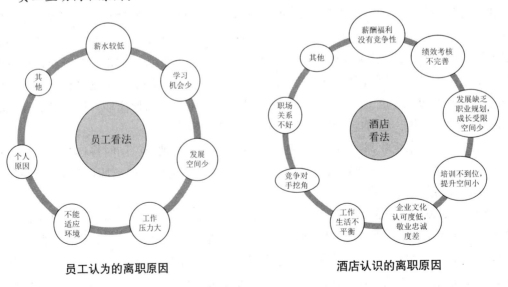

| 员工认为的离职原因 | 酒店认识的离职原因 |

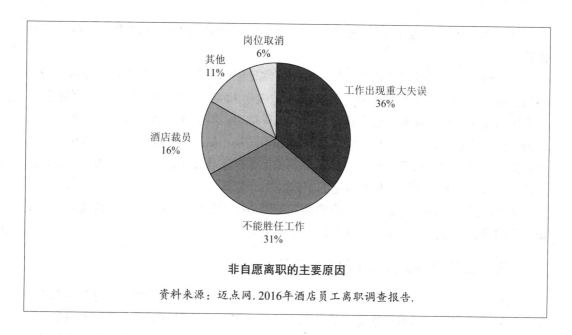

非自愿离职的主要原因

资料来源：迈点网.2016年酒店员工离职调查报告.

二、员工离职的原因

（一）自愿离职的原因

自愿离职是员工自愿离开企业。由于宏观择业环境或政策的改善，员工流动观念的更新，社会就业模式的转变，以及新兴职业的出现，人们有了更多的择业范围和择业自由。由于主客观方面的原因，员工在进入企业之后，可能因各种问题而离开组织，离职问题自然就会发生。

影响员工离职的最基本因素是员工个人因素，其次是组织因素，如组织领导风格、待遇水平、管理制度、人才机制及所在行业等，都是影响员工离职的主要因素。

从员工个人因素来分析，离职原因主要可归结为：薪酬水平不合理或者不能满足个人、家庭生活需求；个人工作量或工作时间超负荷；工作环境不良，如噪声、危险等；管理制度和人事机制不佳，晋升机会渺茫；休假与福利措施不完善；员工对企业前途、安定性缺乏信心；组织内部不融洽，包括人际关系不好、员工人格不被上级尊重等；婚姻、家庭环境因素，如家庭距离公司太远、家人反对、出国等；个人身体原因，如伤残、疾病等不可抗拒因素。一般来说，员工离职的关键要素集中体现在7个方面：（1）领导层。（2）工作和任务。（3）人际关系。（4）企业文化与战略目标。（5）生活质量。（6）职业生涯发展。（7）薪酬待遇。

（二）非自愿离职的影响因素

通常被解雇特别是大规模被解雇的原因是企业根据其发展的实际情况，需要进行产业结构的升级和调整而进行的合并、并购等结构重组而执行的结构性裁员，以及

当经济不景气时，企业为了压缩成本，保持其市场竞争力和占有率而进行的经济性裁员。

除结构性裁员和经济性裁员之外，解雇的常见原因可分为工作业绩不合要求、行为不当、缺乏从事本职工作的资格、工作要求改变等几类。工作业绩不合要求可界定为：一直没完成指定任务或者一直不符合规定的工作标准。行为不当可界定为：蓄意、有目的地违反雇主的规定，可能包含偷盗、吵架和不服从。缺乏从事本职工作的资格可界定为：某员工虽然很勤奋但没有能力从事指定的工作。工作要求改变可界定为：在工作性质改变以后，员工没有能力从事指定的工作。

对于员工普遍的自愿离职和非自愿离职原因有了大致的了解之后，下面具体分析旅游业中的旅行社导游人员和酒店员工离职率偏高的原因。

（三）旅行社导游人员离职率居高不下

现在，人们的消费心态逐渐成熟，已经逐渐从走马观花式观光旅游转变为追求更高层次的体验式旅游，因而对导游人员呈现个性化、多样性的服务要求。导游人员是旅行社的窗口和旅游业的灵魂，其服务质量是旅行社制胜的重要法宝。但是导游工作的独立性、复杂性和风险性等，以及工作中各个方面的外部压力致使导游人员离职率很高。且多为主动离职。导游人员过高的离职率必然影响旅游业的健康发展，因此，研究其离职倾向问题，对旅行社甚至旅游业来说都是十分必要的。究其原因，主要是以下几个方面。

（1）薪酬福利制度的不健全。导游人员的薪酬主要是由基本工资、带团津贴、佣金和少量小费构成，收入的40%左右来自佣金，这主要视游客的消费能力和满意度而定，具有很大的不稳定性。并且旅行社社会保障体系不健全，基本不负责导游的社会福利，基于这些原因，导游人员离职率居高不下也是情理之中。

（2）不完善的管理制度。由于导游需要带团外出的工作特性，旅行社对其管理相对松散，更重视销售、计调等核心部门员工，因此导游人员相对来说不受重视，工作认可程度低，对旅行社的归属感不高，也在一定程度上影响到员工的离职意愿。

（3）对职业生涯发展的重视。目前企业的员工更加重视个人的职业成就和发展，导游人员也不例外。但是旅行社管理者普遍缺乏对导游人员的重视和培养，缺乏职业生涯规划，导游人员看不到职业发展前景，缺少工作安全感，更容易出现"职业高原"现象，引发离职。

（四）酒店员工离职

酒店业是旅游业的支柱之一。员工的高离职率是该行业的普遍现象。根据迈点网2015年酒店员工离职率调查报告显示，离职率在20%以上的酒店占比达57.7%，相对2013年的64%略有下降，但离职问题依然突出，其员工流失率仍高于警戒线。员工作为酒店产品的直接提供者，其服务意识、服务态度和服务技能对酒店的经济效益和社会声誉有重要的影响。员工是酒店发展的核心竞争力，员工流失不仅会降低酒店内部凝聚力，增加成本支出，还会波及其他员工的工作积极性，降低组织效率和服务质量，导致客源流失，成为酒店业健康发展的阻碍因素。深入分析酒店员工流失原因，可以得到以下几点：

（1）酒店用工机制不合理，员工角色负担过重。酒店本属劳动密集型行业，又缺乏灵活用工机制，员工工作量大，且机械化严重，易于产生职业倦怠情绪，引发离职。

（2）不健全的激励机制，员工业绩评价不公正。酒店一线员工工作量大，但工资待遇不高，且晋升机会有限，而且酒店评定绩效主观性强等，这些因素都增加了员工离职的可能性。

（3）缺乏有效的培训开发和企业文化建设。酒店过于重视短期经济利益，为了减少企业运营成本而忽视对员工的培训，只用不养，难以满足员工自我发展的需要。而且，酒店由于体制原因和经营理念偏差，忽略企业文化建设，造成员工向心力不强，若在酒店经历消极事件，就会产生离职念头。

（4）员工传统观念影响。中国人普遍认为酒店行业是服务性行业，具有不稳定的特点。年龄越大，可供选择机会越少，这会导致酒店一部分女性员工难以安心工作，离职倾向较高。

【知识链接 10-6】

据北京和泰智业公司调查酒店员工流失数据，2016 年上半年星级饭店员工流失率 1 月份为 2.75%，2 月份 3.14%，3 月份最高达到 3.67%，4 月份略有下降为 3.51%，5 月份与 6 月份基本相同，分别为 3.54% 和 3.53%。

2016 年上半年酒店员工流失率数据统计对比

经营数据	2016年上半年	2015年上半年	2015年下半年
	平均值	平均值	平均值
员工流失率%	3.34	4.52	3.73

资料来源：北京和泰智业咨询服务有限公司 2016 年上半年中国酒店员工流失数据统计分析.

三、离职管理的流程和内容

随着人才竞争的加剧，员工跳槽现象频发，企业想要留住高绩效员工难度也越来越大。员工离职，不仅给企业带来显性成本的增加，如招聘、培训费用，以及岗位离职带来的生产率的损失等，也带来了隐形成本，如组织凝聚力和归属感的降低等。因此，有效管理员工的离职，防范员工离职给企业带来的风险，是企业必须重视的问题。对离职

问题的研究，可以帮助企业更好地进行员工管理。

离职管理主要是对员工离职过程的管理，一般包括填写离职单、离职面谈、监督移交、核准离职申请、业务交接、办公用品及公司财产的移交、人员退保、离职生效、资料存档到整合离职原因、离职员工的后续管理等。人员流失往往无法避免，只有尽量减少损失。规范地办理和执行离职流程，做好公司重要资产和客户资料、办公用品的管理，违约金和赔偿金的支付与索取，做好商业秘密的管理等都是有效规避人事法律风险的手段。下面就离职管理流程中的离职面谈方面做重点分析。

在员工必须离开企业的时候，企业如果能够做好离职面谈工作还能够为组织以后留住员工提供收集信息的机会。

（1）离职面谈的参加人员。一般来讲，离职面谈主要包括三方面人员：员工本人、人力资源部经理、员工的直接主管。

（2）离职面谈的执行原则。具体包括：①离职面谈应谨慎，尽量得知员工离职的目的，然后根据这些原因改进组织管理工作，防止员工进一步流失。②面谈地点应具有隐私性，内容应以开放性问题为主，而且谈话不应被打断，给员工表达意见的机会，给员工充分的思考回答问题的时间，积极倾听员工的不满和建议，不清楚的地方要再次询问。③真诚地与员工进行交流，而不是让其感到离职面谈只是一件例行公事，否则，公司将得不到有价值的反馈信息，从而偏离了面谈的初衷。

在面谈结束之后，做好面谈记录工作，分析整理出离职的真正原因，并提出改善建议，防范此类事件的发生。由于离职员工通常比在职员工更坦率、客观，所以他们能够提供更多的客观反馈，他们的意见更具建设性和借鉴价值，因此有效的离职面谈，不仅能够揭示出员工离开组织的真实原因，甚至还能为员工重返公司打下良好基础。

【知识链接 10-7】

员工离职的"232"现象

人力资源管理是一个选、育、用、留人的过程，选育用人暂且不多说，留人实际上也是员工关系的一个重要的范畴。

众多的公司经过分析比较，发现员工离职较为集中有三个时间段，即入职的第2周、三个月试用期届满及在公司工作了2年的老员工，这就是员工离职的"232"现象。

1. 第一个"2"

为什么员工到公司两周就辞职不干了？很大的原因是招聘时欺骗了他，在公司工作了两周，基本的一些情况已了解，发现与应聘时介绍的完全不同，于是他就不会再等了，提出辞职。例如，曾有一位入职两周的员工提出辞职，通过离职访谈得知，他的主要离职原因是因为入职后相应的薪资福利与应聘时招聘人员介绍的有差异，当初应聘时招聘人员介绍其入职后享有出差补贴、季度奖金等各项福利，然而真正入职以后发现补贴少得可怜根本不够用、季度奖金并不是每个人都能享受到的，等等，与自己期望的薪资要求差距甚远，于是提出了辞职。

2. 第二个 "3"

为什么员工在试用期之内就辞职了？这有很多的原因，如招聘人员曾许诺他到岗后什么职位，参加什么培训，享有的什么福利，将有什么发展机会等，然而3个月时间过去了，都没有发生。或者是在应聘时招聘人员描述的公司企业文化如何如何，然而3个月下来，他深入地了解了公司的企业文化，发现公司太夸大了。这时员工他就会重新思考，就不会在试用期过了以后还在等待或适应下去。

3. 最后一个 "2"

员工在一个公司做了两年，我们都称为老员工了。对于老员工而言，既然他在这个单位工作了2年的时间，他从心里是认可这家公司的，是热爱他的这份工作的。然而经过2年的时间，他希望在自己目前的工作岗位上能够实现一个突破，能够得到学习新知识新技能的机会，想要升职或者进行工作轮换了，这时若公司不能给他提供这个机会，不能给他工作扩大化，到两年这个节骨眼上老员工也就留不住了。

4. 如何避免出现员工离职的 "232" 现象

因为第一个和第二个离职原因主要是跟招聘有关，因此，在招聘环节一定注意，招聘人员不能一味地看重到岗率，急于希望应聘人员到岗，在招聘时宣导的公司基本政策出现不实或偏差的现象。招聘人员在招聘时一定要如实地告知应聘人员其相应的薪资福利待遇，客观公正地介绍其公司的企业文化，尤其是公司的一些特色企业文化，避免夸大其词或轻易地给予许诺。若有必要，部门还可在招聘人员的绩效目标中设定一条关于试用期人员流失率的绩效，这样可以与招聘到岗率相互制约，既能保证人员的到岗率，同时也能防止试用期人员的流失率。

针对最后一个离职原因，则与人力资源部员工关系的工作息息相关。作为HR的员工关系工作人员，应关注老员工的心态和想法，做到适时有效的沟通。当然，公司的员工很多，仅靠HR人员做到一对一的关注很难，这时我们可以依靠部门负责人及相应的管理方法。

资料来源：世纪经理人网站.

 【复习思考题】

1. 请分析劳动合同的内容和详细分类。
2. 请简述劳动争议的处理原则和解决途径。
3. 请简述员工职业健康与安全的内容和具体防护措施。

4.请简述分析员工离职的原因。

 【案例分析】

李某 2014 年 2 月进入一家旅行社工作,双方签订了为期三年的劳动合同,合同约定李某的工作岗位为计调,每月工资 3000 元。2014 年 2 月单位安排李某参加了岗前培训,9 月又安排其参加培训。11 月 5 日单位因李某的工作能力无法达到工作要求,不能胜任工作岗位,经过培训仍不能胜任,向李某发出解除劳动合同的通知书,同时支付了李某未提前三十天解除劳动合同的一个月替代工资及解除劳动合同的经济补偿金。李某对单位的解除决定不服,向区劳动人事争议仲裁委员会申请仲裁,要求恢复劳动关系,并支付相应的工资。

在庭审中,单位辩称,因李某在工作中始终未完成单位的工作任务,2014 年 9 月单位又安排其参加培训,经培训后李某工作始终没有改进。鉴于李某始终无法达到岗位要求,无法胜任工作,单位 2014 年 11 月 5 日解除了与李某的劳动合同,单位的决定符合法律规定,故不同意李某的请求。同时单位提供了对李某进行两次考核的任务表,用以证明李某不胜任工作及李某签字的单位规章制度,该规章制度明确了员工的工作任务。

李某对单位提供的两次考核的任务表及规章制度的真实性予以认可,但称单位规定的工作任务的定额未与自己协商,故自己对该工作任务不予认可。

仲裁委在查明事实后做出裁决:李某未完成单位的工作任务,经培训后仍未达到单位的生产任务,单位根据《劳动合同法》解除与李某的劳动合同,并无不当,故对李某要求恢复劳动关系及支付工资的请求均不予支持。

讨论题:劳动者熟悉劳动合同相关内容的必要性。

第十一章

旅游人力资源开发与管理的前沿问题

　　学习全球化人力资源管理，应先了解人力资源与旅游企业经营全球化，把握国际旅游企业的员工配置，并明确外派员工的培训内容；明确人力资源信息系统，了解信息系统的作用及功能，结合"互联网＋"时代下的人力资源管理展开研究。本章内容是对旅游人力资源开发与管理的前沿问题的介绍，有助于对国际化人力资源管理的了解和学习。

【学习目标】

　　1. 了解全球化人力资源管理；
　　2. 理解人力资源信息系统。

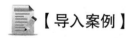【导入案例】

微软的压力管理

　　"压力"既可成为工作的阻力又能成为向上的动力。众所周知，在知识密集型企业里，员工的压力直接影响着工作的成绩。

　　压力来源于对事业的追求。在微软亚洲研究院里，压力来自各个方面，但主要是来自于对自身事业的追求，即如何在一家世界一流的研究机构里找到自己的事业发展曲线并取得成功；如何在一群极其优秀的同事当中体现自身价值并保持出类拔萃，这是一种

无形中自己加给自己的压力。从环境和机制上来看，一些原本旨在消除压力的措施又在另一个层面上带来新的压力，但微软亚洲研究院更愿意称其为正面的压力，即动力。如高自由度所带来的"压力"：工作时间是弹性的，研究方向要自己去把握，研究项目要由自己设定，大的研究项目还可能需要介入一个团队的力量。如果项目最后证明是没有价值的话，公司资源特别是整个团队一段时间的努力就会白费。这一压力所带来的效应是：项目负责人在最初确立项目时会更缜密地从用户需求、学术价值、公司利益等各个角度去做全面考核和评价。

另外，科研项目、执行计划和指标是由自己提出来的，这种压力就由被动转为主动。所以虽然是弹性的工作制，白天、夜里都会看到有研究员在上班。很多人都明白，研究院是在提供一个成功的舞台，努力制造一种轻松的工作环境，使压力变成一种动力。

压力是无时无处不存在的，关键是怎么对待压力？研究院积极提出了各种可以缓解压力的措施和方法。

1. 沟通解压

研究院要求每个项目的"老板"，一定要定期和自己的组员沟通，针对出现的问题，及时解决。比如，组员的资源比较缺乏或者是研究进度比较慢了，"老板"就要帮忙解决。交流是释放压力的另外一种渠道。在研究院，每个月都会有各种方法来帮助大家解压。

2. 活动解压

聚餐：每个月各个研究小组有一次聚餐；每3个月各个研究小组有一次Offsite；每6个月有一次全院的Offsite，把大家拉出去，在有山有水、很幽雅的环境里开一天半的会。

月末酒会：在研究院，每个月的最后一个周末下午3点钟会有一次月末酒会，活动现场会放些水果、饮料、小吃，大家可以彼此问候、放松，或趁此机会给本月过生日的员工庆祝生日、切蛋糕，以及介绍本月新到的员工等。

3. 环境解压

在研究院里，有一个非常随便的工作环境，自己的办公室可以完全按照自己的喜好打扮。研究院还充分利用各种空间给大家提供一个放松和交流的场所，对缓解压力起到了巨大作用——聊天室。有单辟出来的比较开阔的聊天室，环境就像是家里的客厅。另外，研究院还利用专业上的培训和讨论在很大程度帮助员工缓解压力，培训会作为一种奖励。院长们也时常会做一些关于压力管理的培训，如在专门的时间给员工讲"工作和生活之间的平衡"，或请专业机构来讲等。

4. 疏导压力

研究院的科研人员还有一种疏导压力的方式：去国外参加一些国际性会议，给自己充充电；或安排访问几个不错的大学，不但进行了学术交流，也是一种缓解压力极好的方式。否则坐在办公桌前看到那么多E-mail列在那里，再也没有心思去想放松。每个人压力承受能力不一样，释放的方式也不一样，但要积极解压，调解兴奋情趣，疏导压力也是一种好的方法。

第一节　旅游企业人力资源管理面临的全球化问题

一、人力资源与旅游企业经营全球化

像希尔顿、喜达屋这样的大酒店集团在开展海外经营方面已经有相当长的历史。然而，随着经济的全球化趋势，甚至一些小的旅游企业也发现，他们的经营能否成功也取决于在海外市场的经营能力。

（一）旅游企业管理者在全球化经营中面临的挑战

企业进行全球化经营一定会遇到各种难以预期的挑战。旅游企业应当设计和实施管理海外经营活动所必需的管理方法和体系。这些管理体系一般包括组织架构、管理控制、国际财务管理，以及必不可缺的全球人力资源管理系统。

全球化经营中，人力资源管理会遇到以下独特的挑战，例如，"海外分支机构应当聘用当地的管理人员，还是应该从母国外派""我们是否应该采用全球一致的绩效评价工具来考核本地员工，并支付薪酬""我们应该如何处理当地的劳资关系"。这些挑战不仅源于地理因素，更多来源于国家间的政治、文化、传统、法律、经济形式等方面的差异。

（二）国家间差异对人力资源管理的影响

总的来说，那些只在中国本地经营业务的旅游企业相对容易些，它们仅需要处理变化较少的经济、文化和法律问题。中国的劳动力队伍，虽然南北差异明显，也会区分为城乡差异，但基本共享着类似的价值观。尽管各省、自治区、直辖市可以制定自己的法律和规定，但是国家的基本法律框架却在劳动关系、就业歧视、安全保障等方面提供了一整套指导性的法律指南。

然而，在很多国家开展经营业务的旅游企业则没有这么简单，难以享受同质性的便利。它们不得不面对不同国家完全不同的法律、政治和经济环境。例如，各个国家规定的最低年休假就不尽相同，卢森堡要求至少每年5周的年休假。再例如，丹麦要求董事会中必须有代表员工的董事，而中国和意大利等国则没有严格的规定。总而言之，旅游企业管理者必须对自己的人力资源管理政策和实践进行调整，以适应不同的目的地国的国情。各国间的差异具体表现在：文化因素、经济制度、政治环境、法律规定、劳动关系、伦理道德和行为准则等方面。

【知识链接 11-1】

全球化下的人力资源战略

经济全球化是近几十年来世界变革的最重要的趋势之一，全球化主要是由于全球经济的发展和国内市场对国外市场的开放。原来的计划经济体制向市场经济体制的转轨也对全球化进程产生深刻的影响。全球性的市场为企业，特别是全球化发展的企业提供了很多的机会，同时也提出了各种挑战。无论是管理者还是理论的研究者，都将全球竞争力问题作为企业所面临的主要问题之一。在复杂和动态的环境中，企业需要开发和培养企业所独有的资源和能力系统。然而企业的核心能力是不会一成不变的，企业的核心能力会逐渐变成未来发展的主要阻力，全球企业必须不断开发和更新核心能力。核心能力实际是企业的一种平衡能力，是在对经济全球化的反应能力和维持稳定的能力之间保持平衡的能力。因此，协作是全球企业建立核心能力和取得竞争优势的关键。全球企业必须采用不同于传统公司的战略，通过全球战略、联盟战略和合作战略来建立和维持竞争力。这些战略有助于企业成为有效、创新、有竞争力的企业。在新的全球经济中，竞争能力将越来越依赖于创新能力。谁能够成为全球性的、创新的和拥有丰富关系资源的企业，谁就能够拥有更为强大的能力和竞争优势。

因此，越来越多的全球企业重视人力资源，并且开始全面提高企业的人力资源的能力。正如国际组织与生产力中心指出：真正的全球性组织成功的关键因素是将人力资源的作用与组织的国际目标相整合。这样紧密联系有利于促进企业的发展，也能够为员工个人提供发展的机会。全球企业需要建立全球人力资源战略，如全球的人力资源战略、全球激励政策和全球培训来实现全球范围对人力资源的配置。全球的人力资源战略是实现全球企业的战略和柔性战略的工具。

二、国际旅游企业的员工配置

为海外机构填补职位空缺是全球化人力资源管理的核心内容。这个过程包括识别和筛选出适当的候选人，然后将其配置到合适的职位上。

跨国旅游企业通常雇用几种类型的国际员工：第一种是目的地国的管理人员，即跨国公司开展经营的当地国家的公民。第二种是外派管理人员，即从跨国公司开展经营的当地国家以外派来的其他国家的公民。在外派管理人员中又包括两种类型：一种是母国管理人员，即来自跨国公司总部所在国的公民；另一种是第三国管理人员，即来自母国和东道国之外的其他第三国的公民。比如，被雅高集团（ACCOR）派到东京分公司工作的一位英国高级管理人员。在跨国公司的管理人员中，外派管理人员只占很小的比重，而目的地国的管理人员则是其主要的员工来源。

（一）使用目的地国员工

跨国公司之所以愿意雇用东道国本地的管理人员来填补其海外分支机构中的管理类职位，主要是出于以下几方面的原因。其一是许多人不喜欢到外国工作，并且在通常情况下，使用外派员工的成本要远远高于使用当地员工的成本。在一项调查中，受访企业表示，外派人员的流失率为21%，远远高于一般员工的10%的流失率。不仅如此，如果一家跨国公司使用当地的管理人才，它在当地人眼中还会被视为一个"好公民"。有些政府甚至向跨国公司施加压力，促使它们实现当地管理者的"本土化"。此外，跨国公司可能还有这样一种担心，即外派员工知道他们被派驻到海外分支机构中从事工作的时间只有几年，这样他们可能会过度重视短期结果。有些企业对外派人员所需的庞大费用也感到很吃惊。据安捷伦科技公司（Agilent Technologies）估计，维持一位员工在海外工作一年所需要支出的费用相当于外派人员年薪的3倍。但是，当安捷伦科技公司把它的外派项目外包出去时，却发现费用更高了。于是，该公司大幅度削减了外派人员的数量，从每年的1000人减少到了300人。

（二）使用外派员工

当然，使用外派员工——可以是母国员工，也可以是第三国员工担任海外分支机构中的管理岗位的原因也有很多。其中，技术能力方面的原因是最主要的，换言之，跨国公司常常无法在海外分支机构的所在地找到具备所需技术条件的求职者。此外，许多跨国公司还将在国外成功地度过一段外派工作生活，视为高层管理人员开发过程中的一个必要的步骤。比如，通用电气公司的亚太区负责人在经过一段时期的海外工作之后，被调回通用电气公司总部担任副总裁这样的高层管理职位。使用外派人员的另一个重要原因是便于控制。这里的一个基本假设是：来自母国公司的管理人员已经完全融入公司的政策和文化，因此他们更有可能执行总部的指示，并且遵循总部的既定行为方式开展工作。

然而，在过去的十多年里，一个主要的发展趋势仍然是：雇用东道主的当地人或者使用别的办法。派遣员工到国外的费用非常昂贵，外派人员也越来越担心安全问题，返回本国的外派人员通常会在一两年后转到其他企业去就业，教育条件的差异也使得许多高质量的求职者不愿意接受外派工作。此外，在近年来全球经济衰退的背景下，企业在外派员工身上支出的高昂费用也使得外派员工更缺乏吸引力了。因此，不仅新的外派职位越来越少，而且很多企业实际上正把很多外派员工召回国内。

（三）其他解决方案

现在，除了外派人员和当地人员，还有一些其他选择。有些人将这种工作任务安排方式称为"短期用工""通勤者"或者"常旅客"等。这些任务通常要求到处旅行，没有固定的驻地。还有一些公司则利用基于互联网的视频技术和群体决策软件，让全球的虚拟团队共同开展工作，这样就既不需要旅行，也不需要固定的工作地点。

一项调查表明，78% 的受访企业中存在某种形式的"地方化"政策。这是一种把母国的员工转移到国外子公司作为"永久转移人员"的政策。在这种情况下，企业就不会把这些员工（他们中的多数都被认为是本来就想移居国外的人）当成是外派人员。例如，美国 IBM 公司最近将 5000 个岗位从美国转移到了印度，原本从印度来的员工就回去填补了这些职位。尽管这些员工要接受印度当地的工资水平，但他们依然选择回到印度工作。

三、管理价值观和国际员工配置政策

我们已经看到，诸如服务和技术能力之类的很多因素决定一家公司在海外分支机构到底是使用当地员工，还是使用外派人员。但影响此类决定的因素还不止这些。此外，高层管理人员的价值观也发挥了一定的作用。有些管理者会有更强的"外派人员导向"。专家有时把跨国公司高层管理人员的价值观划分为三种，即民族中心主义价值观、多国中心主义价值观、全球中心主义价值观。

（一）民族中心主义价值观

在一家民族中心主义占主导的公司里，"一种占主导地位的态度就是，母国公司的态度、管理风格、知识、评价标准及管理人员都应当比东道国的任何同类事物更受尊重"，这些价值观会表现在人力资源管理实践之中。在民族中心主义的国际员工配置政策中，公司海外分支机构中所有的关键管理类职位都是由母国员工承担的。比如，在皇家荷兰壳牌石油公司，在其世界各地从事财务工作的管理人员大多是荷兰人。这些企业之所以采用这种民族中心主义的员工配置政策，其背后的支持理由包括：在东道国缺乏合格的高级管理人才；维护统一的公司文化并实施严格的控制，以及更迅速地将母公司的核心能力（如某种特定的制造技术）移植到海外分支机构。

（二）多国中心主义价值观

在奉行多国中心主义的企业中，有这样一种自觉的信念："只有东道国的管理者才能真正理解当地市场的文化和行为，所以，海外分支机构应该由当地人来管理"。一个奉行多国中心主义价值观的跨国公司通常会雇用东道国本国的员工来承担海外分支机构的管理职位，而在公司总部则主要使用母国本国的员工。这种做法不仅仅能够减少使用外派管理人员时可能出现的对当地文化的误解，而且几乎总是毫无疑问地会比从本国向外派出管理人员更为经济。

（三）全球中心主义价值观

持有全球中心主义观点的高层管理人员则认为，他们必须在全球范围内寻找公司的全部管理人员。这种观点的一个基本假设就是：适用于某个特定职位的最优管理者人选可能会出现在企业开展经营活动的任何一个国家。因此，索尼公司就任命了一位威尔士人来经营其在美国的业务。全球中心主义的人员配置政策是："在整个组织范围内寻找适合某个关键职位的最佳人选，而不考虑这位候选人的国籍。"这种政策可以使全球性公司更加有效地利用公司的人力资源，因为它会把最佳人选——无论他在哪里——调到某一个特定的职位空缺上。同时，这种政策还有助于在其全球管理团队中塑造一种更为强烈、更加一致的文化和价值观体系。

四、外派管理人员的甄选

企业在甄选国内管理人员和外派管理人员的过程中有许多相似之处。比如，在任何一种情况下，候选人都必须具备完成工作所必需的技术、知识和技能，以及作为一位成功的管理者所必需的智力和人际关系能力。与选拔国内管理人员一样，各种测试、面试和背景调查等方式同样适用于选拔外派管理者。

但是，外派工作与本国工作确实存在很大差异。当一位管理人员被派驻海外时，他要承受独自在异国他乡的孤单和压力。此外，如果管理人员的配偶和孩子一同前往国外，整个家庭都有可能会面临一些其他压力。再者，东道国和母国的文化差异大小是一方面，员工个人的适应能力也很重要。有些人在哪里都能适应，而有些人在哪里都适应不了。

因此，为了挑选出能够胜任海外工作的人，企业就必须测试候选人是否具备能表现他们可以适应新环境的特定的个人特征。有研究显示，有五种工作因素会影响外派成果，如图 11-1 所示。其中，家庭状况和人际关系能力是最为重要的影响因素。

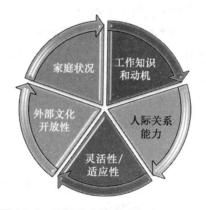

图 11-1　外派成功的五种关键影响因素

一般情况下，企业需要对外派人员进行适应性测试，因为它对外派成功与否具有重要影响。因此，适应性甄选有时就成为外派人员甄选过程的一个重要组成部分。一般来说，这种适应性甄选（Adaptability Screening）都是由心理学家完成的，其目的是对外派人员（及其配偶）成功适应外派工作的可能性进行评估，同时使他们意识到在向海外迁移的过程中可能会遇到哪些问题（比如，对孩子的影响等）。另外，海外经验往往是预测某位候选人能否在未来的外派工作中取得成功的最好指示器。因此，像 Best Western酒店管理集团这样的企业在挑选外派候选人时，就非常注意考查这些候选人的工作和非

工作经历、教育背景、语言技能等。通过分析上述因素，确定候选者能否成功地到另外一种不同文化环境中生活和工作。甚至候选人曾经有几次暑假海外旅行经历或者参加过几次外国留学生项目等也会考虑在内。

现实预览也很重要。这种现实预览涵盖的内容应当包括在未来的新工作中可能遇到的问题（如大量的旅行）、东道国文化的优点和问题，以及东道国的国家特征等。总之，正如一些专家所说，在这一问题上的基本原则就是：提前"把一切该想的都想到"。事实上，许多跨国公司也正是为其外派人员这样做的。但还是有很多旅游企业仍未能很好地采用。一项调查发现，70% 的被调查企业都把"技能或能力"确定为选择外派人员时的一个重要的甄选标准。"工作绩效"因素被排在重要性的第二位。而适应新文化的能力的重要性则被低估了。

五、如何使外派获得成功

很多企业都会派员工到国外工作，但很多外派任务却以失败而告终。知道如何使外派任务取得成功是一项重要的管理技能，而要使外派任务取得成功，就要从外派过程的系统化处理入手。要确保企业制定了详尽的外派政策，使外派员工尽可能地清楚会存在哪些潜在的问题。

（一）外派人员的人格特征

具备合适的人格特征，对于外派员工来说是非常重要的。例如，一项对 143 位外派员工的调查显示，外向、和善和情绪稳定的人不可能太早离开工作岗位（所以，善于交际、外向的员工更有可能在国外干好工作）。此外，个人意向也很重要，那些渴望得到外派机会的员工会更加努力地适应国外的工作环境。类似的，那些对工作更加满意的外派员工也更加容易适应国外的工作任务。还有一点就是，有些人有很强的文化适应力，他们到哪里工作都能习惯；而有些人则到哪里工作都难以适应。

（二）家庭压力

家庭压力等非工作因素在导致外派工作任务失败的原因中占很大的比重。在一项调查中，美国管理人员依照重要性递减的顺序，列出了外派员工过早离开外派岗位的若干影响因素：配偶无法适应；管理者本人无法适应；其他家庭问题；管理者个人或者感情问题；很难承担海外工作中的重大责任。与此类似，其他研究也强调了配偶不满会对外派工作造成的消极影响。

这些调查显示出选拔外派人员时的一个关键：困难通常并不在于能力不够，而是来自家庭或者个人方面的问题。然而，正如此前提到的，企业仍然倾向于几乎完全依靠工作能力来选拔外派人员。考虑到在导致外派工作失败的因素中家庭所产生的影响，旅游企业应当理解外派人员的配偶在异国环境下会多么郁闷和孤单。

有调查显示，可以从三个方面使员工配偶更好地适应新环境：（1）语言，因为如果他们难以与当地人进行沟通，他们就会更加觉得孤独。（2）孩子的年龄，如果孩子处于学前阶段（而不是学龄阶段或者根本没有孩子的阶段），配偶就更容易适应。（3）与同事的关系，如果外派人员的配偶能与同事保持较好的关系也会有所帮助。这可以让员工配偶得到情感上和社交上的支持，而这通常是员工配偶在国外感到缺失的东西。

（三）企业所为

国际旅游企业可以做很多事情，以使外派工作能够更加顺利地完成。很明显，提供关于未来环境的现实预览，对外派候选人及其配偶进行仔细的甄选，提高海外派遣前的培训质量，以及提高福利待遇等，都是很有效的办法。另外一种很简单的办法就是，缩短外派工作时间。人和职位之间的匹配很重要，目前看来，那些对他们所从事的工作感到更满意的员工也更有可能适应外派工作安排。帮助外派员工的配偶在当地找到工作，并且为外派人员及其家庭提供更多的支持也非常重要。一些企业还设立了"全球伙伴"计划，即让在国外当地的管理者担任新到岗位的外派人员的导师。

六、外派员工的培训和保持

严格的甄选非常重要，培训更是不可忽视。尽管成功的外派工作要求企业对外派员工进行准确的岗前引导及系统的培训，然而大多数旅游企业在这方面所做的却是"形式大于内容"。虽然管理者也很倾向于认为，外派人员在接受了他们所需的专门培训（例如，语言和文化方面的培训）后能更好地完成工作，但是真正这样做的公司却是少数。

有些企业还利用外派归来的管理人员作为资源，帮助那些即将赴任的员工培养"全球性思维"。例如，博世公司（Bosch）就定期举办研讨会，让那些刚刚从国外回来的外派人员将他们的知识和经验传授给即将出国的员工及其家属。

除任职前的培训外，外派管理人员还需要持续不断地得到其他一些传统的培训和技能开发。在很多旅游企业，通过工作轮换、课堂培训、国际惯例技能开发活动、经验分享会等形式使海外管理人员在专业方面迅速成长。

七、外派归国人员管理

外派员工公司可能会遇到的一个非常令人不安的事实是，40%~60%的外派员工在回国后的3年内就离开了公司。考虑到公司为了培训和派遣这些高潜质的员工到国外任职而做出的巨大投入，显然公司应该尽可能地努力将这些人留在公司中，为了做到这一点，正式的归国方案可能非常有效。有调查发现，如果企业中有正式的外派人员归国方案，则外派人员在回国后辞职而去的比例就只有5%，而那些没明确归国方案的公司中，外派归国人员辞职比例则高达22%。

外派归国方案的核心和关键是让外派员工及其家庭成员觉得公司仍然关心他们。例如，美国电话电报公司有一个非常有效的由三个部分组成的外派员工归国方案：首先，公司为每位外派人员及其家庭成员都配备了一名心理专家，这些心理专家都受过

归国问题方面的训练。专家会在他们出国前与他们见面，与他们探讨他们在国外期间可能会遇到的各种挑战，还会与他们一起评估他们在多大程度上能够适应新的文化，并且，专家在员工的整个外派期间都会与他们保持联系。其次，公司确保外派员工感觉到他们对公司总部发生的各种事情仍然保持着一种"在圈内"的状态。例如，公司会给外派员工指派一名导师，定期将外派人员招回公司总部与同事进行社会交往。此外，当外派人员及其家庭成员要回国时，公司会提供正式的归国服务。在外派任务结束前半年，心理专家和人力资源代表会与外派人员及其家庭成员会面，从而让他们开始为回国做好准备。例如，帮助员工做职业规划、更新简历、搬家工作，并开始帮助他们与回国后的上司取得联系。在回国后的一个月左右，外派人员及其家庭会参加一个"欢迎回家"的小型讨论会，在这个会议上共同讨论诸如外派归国的压力等方面的问题。

第二节 旅游企业人力资源信息管理系统的构建

一、人力资源信息系统（E-HR）概述

人力资源信息系统就是这样的一个电脑化信息包：它为管理机构提供跨越广泛的地理界限，达到许多用户的记录、储存、操纵和沟通信息的日益增长的能力。人力资源信息系统包括输入、维持、更新和使用人力资源信息来进行管理决策的软件和硬件系统。人力资源信息系统的使用者或消费者，包括人力资源管理专业人员（理论和实际工作者）、企业的直线经理和高级管理者以及雇员。

信息系统可以是人工的，也可以是计算机化的。小型组织中使用人工档案管理和索引文件系统比较有效，而在大型组织中，人力资源信息的计算机存取则是必需的。管理者在决策时需要准确、及时和相关的信息资料。如果信息不完整、不准确、不考虑需要哪种信息，那么使用计算机也是徒劳的。现在美国大约80%的大公司都配备了一名人力资源信息系统管理人员。他们既有技术方面的能力，又有人力资源管理经验。他们负责把人事资料输入计算机，然后进行分析、整理，并以便于使用的形式打印出来。例如，辛德克斯公司就使用人力资源信息系统，进行雇员年龄和活动的相关性分析，帮助公司决定是否建立体育锻炼中心。

二、E-HR 的作用

人力资源信息系统用来获取、存储、分析和传递有关企业雇员状况的信息。人力资源信息系统既可以作为直线经理日常工作的支持工具，也可以为企业人力资源主管参与企业发展战略的制定提供必要的信息。企业使用人力资源信息系统的主要优势在于：

第一，提高企业人力资源管理的水平。企业使用人力资源信息系统的第一个好处

是，使企业的人力资源计划和控制管理定量化。人力资源信息系统的建设，必然会要求企业提供适合于本企业雇员绩效考核、薪酬和福利管理等工作的一系列指标。人力资源信息系统提供的数据，使得管理者在进行管理决策时，能够做到有根有据，而不是依据经验和直觉做出决策，促进企业实现人力资源管理工作的科学化和规范化。比如，当企业人力资源管理人员进行雇员流动率分析时，传统的方法是用手工方法对企业不同业务部门雇员的教育背景和任职时间长短等因素进行考察。在配备了人力资源信息系统之后，系统可以依赖相应的软件，迅速对近期影响企业雇员流动率的关键因素进行排序。

第二，增强企业员工的组织认同感。如果企业将人力资源信息系统建立为一个开放式的系统，对企业内不同的员工授予相应的访问级别，员工可以通过人力资源信息系统，如呼叫中心和公司的局域网，了解自己的医疗保障计划、累计休假，或是登记修改个人的信息，如结婚生育、资格证书的获取和申请公司内部空缺职位的意向等。例如，美国世界通信公司有一个通过交互式声音应答系统和人力资源代表加以完善的呼叫中心，为员工提供了持续访问公司内部局域网、查看福利信息及其他与工作有关的信息的路径。公开的问卷调查显示，公司中大约98%的员工通过互联网界面，修改和更改福利信息。通过这些措施，企业可以增加管理工作的透明度，赢得员工更多的信任，从而提高员工的组织认同感和忠诚度，促进生产效率的提高。

第三，运用计算机减少了人力资源管理部门非增值性的活动。在计算机联网以前，人力资源管理部门近60%的工作是存储有关人事方面的信息，只有10%的工作是与公司的增值互动直接联系的。采用了计算机网络后，人力资源管理部门减少了许多非增值业务，从而可以集中精力对企业的发展做总体规划。在使用人力资源信息系统之后，人力资源管理人员可以将数据的保存和分析计算工作，交由相应的程序来处理，减少处理大量纸质文件的时间。更重要的是，雇员资料、考勤记录等人力资源数据记录工作的自动化，可以大大提高人力资源管理工作的效率：一方面使人力资源管理者从繁忙的文件处理工作中解脱出来，腾出时间来考虑组织和雇员的实际需求；另一方面通过对人力资源数据流程的进一步改善，可以从相应的部门获得更多有价值的信息，为企业战略的制定提供帮助。这样，企业人力资源管理部门就可以真正实现从"成本消耗"部门向"价值创造"部门的转变。

第四，更好地适应员工自主发展的需求。知识型员工十分注重个性化的人力资源发展计划，需要对自身的职业生涯计划、薪酬福利计划、激励措施等有更多的决策自主权。网络的交互性、动态性可以使人力资源管理部门根据个人的需求和特长，进行工作安排、学习、培训和激励，让员工实施自我管理成为可能，能更加自主地把握自己的前途。

总之，人力资源信息系统是人力资源管理中的一项基础性工作，它可以为决策者提供许多必不可少的决策信息，使管理和决策更加科学化和更符合实际。

三、E-HR 的功能模块

（一）员工档案维护

员工档案维护主要包括两方面：（1）新员工档案的建立。（2）员工变动的记录。员工档案要便于主管人员随时检索，以便获得必要的人事资料。员工档案维护模块的输入数据是新员工填写的登记表，以及有关部门输入的员工变动记录，这包括旅游企业内部的工作调动、职务变迁、工资及变动、奖励和处分等。员工档案维护模块的输出是员工历史报表，如工资状况、福利待遇、职务等。

（二）人力资源规划

人力资源规划主要包括：（1）旅游企业的各种作业分析。（2）根据旅游企业的总体经营计划，预测旅游企业对各种人才的需要。（3）制订培训计划。人力资源规划首先要建立有关旅游企业内所有作业的数据文件，即员工档案文件。有了作业数据文件，就可以根据企业的总体经营计划，预测未来对各种专业人才的需要，可以估计出企业内每个基层单位的各类人员的编制，以及制订相应的培训计划，包括培训课程的安排、参加人数、培训地点、培训水平、培训考评、培训记录、工作资格要求、培训时间和培训费用等。

（三）劳动管理

劳动管理主要包括：（1）定期分析旅游企业的劳动生产状况。（2）定期统计发生的劳动生产安全事故。每当期末（如月底、季度末、年底），要统计员工出勤率、迟到状况，进而分析劳动生产率。还要统计在这一时间内发生的各种劳动生产事故，并按事故的严重程度分类。

【知识链接 11-2】

某大酒店开发了该酒店工资考勤管理信息系统，旨在提高管理的工作效率和工作效益。此套系统的应用结束了多年滞后的考勤工资管理的手工操作，开始用现代技术实现微机管理。在设计上，该系统采用生命周期法和原型法相结合的开发系统原则，面向数据处理，程序设计模块化，兼顾网络使用上的一致性，充分体现了系统工程的思想和计算机软件开发规范，突破了以往考勤工资管理在技术上的局限，针对考勤数据、岗位技能工资在计算与处理上的烦琐性，用自动生成技术，引用宏功能及自定义函数的办法，拓宽了管理系统的支撑能力和适应能力，为用户提供了一个既有生命力又操作简便的考勤工资管理信息系统。系统的主要功能包括以下几方面：

（1）数据输入。将原始数据输入到计算机的存储设备上，在录入的过程中可进行正确性、有效性检查。

（2）数据传送。将录入的数据输入到主机或服务器中，经转换、分类，存储到数据库中，并统计输入的个体信息，输出清单。

（3）数据校对编辑。对数据库中的数据进行校对处理后，输出可能出错的提示信息，并在人工查对后，对错误数据进行修改。

（4）数据维护。主要是对因硬件、软件或误操作引起的数据丢失的恢复。主要措施包括定期建立数据文件的拷贝保存、设立操作口令和使用权限等。

（5）数据统计。对各种数据按规定的核算统计要求进行计算、分类、统计、合并、汇总等处理。

（6）数据查询。提供能满足各种要求的统计信息和个体信息的查询手段，可以进行单项查询、组合查询、模糊查询和随机查询等。

（7）报表输出。能根据不同需求，以打印机或U盘、光盘等各种形式输出各种报表，并能编制输出有特殊要求的报表。

（8）数据分析。可以对不同部门在同一时间内的同一考评指标进行横向对比分析，对同一部门的考评指标在不同时间内的数据进行纵向对比分析。

系统开发的成功，不但提高了工作效率，而且把旅游企业的考勤管理和工资管理纳入了科学化和现代化管理的轨道，从而使企业的现代化管理水平迈上了一个新台阶，具有一定的推广价值。

第三节 "互联网+"时代下的旅游人力资源管理

一、人力资源实现管理的扁平化和去中心化

"互联网+"借助网络技术的优势，搭建了一个和谐平等的沟通平台，该平台更加注重合作、分享、开放及创新发展，打破了过去企业内部层层管控的管理模式。同时，借助于网络的优势，企业更利用网络工具，如微信、微博等，搭建互动平台，强化沟通速度，实现互动发展，真正做到了扁平化和去中心化管理。

例如，海尔张瑞敏就曾提出过，没有成功的企业，只有时代的企业，只有适应时代的发展，企业才能够立于不败之地。作为上市企业的海尔集团，其在发展运行的过程中就是坚持这一原则，将与时俱进作为企业发展的中心，并提倡企业无边界、管理无领导、供应链无尺度的发展理念，成就了当前的海尔集团。这种发展模式，这种"互联网+"时代下的人力资源管理，实际上就是利用扁平化以及去中心化思维，推动了人力资源的变革与发展。

二、换位管理打破传统管理模式

在企业发展的过程中，不仅要确保员工的尽职尽责，还需要把握好客户的需求，同时要建立起员工和客户之间的沟通桥梁，树立起客户和企业之间的良好关系。在人力资源管理的过程中，换位思考尤为重要，这也为人力资源管理提出了更大的挑战。在这一思想的指导下，企业员工的自我管理意识明显提升，终身学习的意愿也更加明显，在这种情况下，企业提供的不仅是岗位，也是员工成长的平台，人力资源管理者要在日常的工作与管理中为员工的发展提供平台。换位管理是"互联网+"时代的产物，真正地做到了全面管理，增加了企业人力资源团队的整体实力。

三、大数据思维成为人力资源管理的主流趋势

"互联网+"时代下，企业人力资源管理的过程中，大数据技术贯穿在企业人力资源的选拔、留用等各个环节，确保人力资源的管理更具备可控性和可操作性。在大数据思维的影响下，企业的人力资源管理过程融入了奖惩机制，更加调动了人力资源的工作积极性和工作热情，这也是企业实现战略发展的基础。

在"互联网+"时代下，人力资源管理工作不能够再按照传统的模式去发展，不能够仅仅将核心员工作为人力资源管理的重心，而是要将每位员工都作为管理的重心，实现员工的价值，促进企业组织结构的柔性化和弹性化发展。例如，小米在发展的过程中，积极倡导合伙人组织，强调员工的自主责任是驱动人力资源管理的关键，这就要求每个员工都要做好自己的本分工作。领英的案例证明了这一激烈的竞争态势，领英在全球有3.7亿的会员，在中国也已有900万的会员，实际上领英本身也进入到了人才争夺战，所以在"互联网+"的情况下，不仅仅传统行业感觉到人才争夺非常激烈，各行各业的竞争都非常激烈，我们无时无刻不在关注我们的人才在哪里，我们需不需要跨界的人才，人才来了以后怎么长期为我们做出贡献，我们的人才要在哪里找？这些都是"互联网+"下最重要的人才管理问题。

第四节　旅游业员工的情绪劳动

一、情绪劳动概述

情绪劳动（Emotional Labor）是员工向顾客表达企业所期望的情感的劳动付出。作为游客，我们希望空乘人员温文尔雅、礼貌大方；希望导游人员激情四射、活泼开朗。其实，情绪劳动不仅限于旅游接待业，每一个工作岗位都存在情绪劳动。团队工作中要求成员彼此友善而非敌意。但实际上，我们所表达的情感往往不是真实感受。这时候，我们就不得不克服此种情景下的情绪不一致。长期压制的挫折感、愤怒可能导致情绪耗

竭和倦怠。服务接触中，员工可能并不喜欢某类顾客，顾客也可能对我们无礼。但工作要求员工须礼貌善待顾客，由此员工不得不强装笑脸，这时可能给旅游服务人员造成两难的困境。

情绪可以被区分为两类——真实情绪和展示情绪，前者是人们的实际情绪，后者是工作要求员工表现出的情绪。二者往往不一致，员工时常要压抑真实情感，被迫表现出展示情感。工作场所中我们被期望展示出如开心、兴奋等积极情感，而要压抑恐惧、气愤、厌恶和鄙视等消极情感。表达虚假情感需要我们抑制真实情感。这一过程中，通常可以将情绪劳动区分为表层表演和深层表演。前者要求员工隐藏内在的心理感受，终止内心真实情绪的表达，使之符合企业的规定。例如，前台接待本不想对顾客微笑，但碍于酒店规定不得不如此做；后者是一个试图根据企业的准则改变内在心理感受的过程。例如，医护人员对患者病痛的真切感受和同情。表层劳动处理的是展示情绪，深层劳动处理的是真实情绪。有研究显示，表层劳动会给员工造成更多的压力和紧张，因为这一过程要否定自己的真实情绪。因此，企业应该给付出表层劳动的员工放松和修整的机会。

二、提高情绪劳动质量的策略

首先，对员工进行情绪劳动技能开发和培训。员工为了胜任高质量的情绪劳动所需具备的能力包括人际交往、情绪觉察、情绪管理与表达及冲突管理等方面。心理学家戈尔曼研究发现：个体的情绪觉察与管理等能力并不像智商那样由先天遗传决定，而是在很大程度上通过后天的学习和发展获得的。因此，通过系统的开发和培训，可以有效提高员工的情绪劳动技能。至于培训和开发的具体途径，以往的研究表明情景模拟和角色扮演在提高情绪劳动技能方面最为有效，它们也是目前在实践中应用最为广泛的开发方法。

其次，在进行基本薪资设计时将情绪劳动技能及其结果作为一个影响因素。人力资本理论的核心假设是员工的知识、技能是资本的一种形态，因此雇主需要为这种资本支付报酬，而且人力资本的质量越好、品位越高，所需支付的报酬就相应越高。近年来，人力资本概念的内涵变得越来越广泛，包含了一系列对组织绩效具有积极影响的员工胜任特征，如认知能力和创造性等。尽管有关人力资本的理论和研究并未明确地提及情绪劳动，但有学者指出人力资本包含员工向顾客提供服务的能力，而有效地从事情绪劳动无疑就是这种能力的体现。因此，对于对情绪劳动要求较高的工作而言，人际技能、情绪智力、情绪表达能力及冲突管理等传统薪酬设计所未虑及的技能也应得到相应的考虑。

此外，还可以通过改善员工福利、带薪休假和提供发展机会等方式，使员工因长期情绪劳动而耗费的身心资源能够得到有效补充，降低情绪劳动给员工带来的消极后果，提高员工从事高质量情绪劳动的积极性。根据资源保持理论，人们总是努力获取和保存有价值的资源，并使资源损失最小化，以达到资源的平衡。个体付出努力会导致资源损

失，而获得回报又可以实现资源的有效补充。如果员工获得了福利、休假等形式的回报，资源损耗得到了及时补充，他们将继续做出适当的情绪行为，这不仅会对组织带来积极的影响，员工自身也不会出现消极的工作和心理后果，从而形成一种良性的循环。

 【复习思考题】

1. 人力资源信息系统是什么？
2. 人力资源信息系统有哪些作用？
3. 简述"互联网+"时代下的人力资源管理模式。

 【案例分析】

麦当劳的人力资源管理

1. 天才与花瓶

麦当劳不用所谓"天才"，因为"天才"是留不住的。在麦当劳里取得成功的人，都得从零开始，脚踏实地地工作，炸薯条、做汉堡包，是在麦当劳走向成功的必经之路。这对那些不愿从小事做起，踌躇满志想要大展宏图的年轻人来说，是难以接受的。但是，他们必须懂得，麦当劳请的是最适合的人才，是愿意努力工作的人，脚踏实地从头做起才是在这一行业中成功的必要条件。麦当劳不讲求员工是否长得漂亮，只在乎她工作是否负责，是否待人热情，让顾客有宾至如归的感觉，如果只是个中看不中用的"花瓶"，是不可能在麦当劳待下去的。

2. 没有试用期

一般企业试用期要3个月，有的甚至达6个月，但麦当劳3天就够了。麦当劳招工先由人力资源部门去面试，通过后再由各职能部门面试，合适则请来店里工作3天，这3天也给工资。麦当劳没有试用期，但有长期的考核目标。考核，不是一定要让你做什么。麦当劳有一个360°的评估制度，就是让周围的人都来评估某个员工：你的同事对你的评价怎么样？你的上司对你的评价怎么样？以此作为考核员工的一个重要标准。

3. 培训模式标准化

麦当劳的员工培训，也同样有一套标准化管理模式，麦当劳的全部管理人员都要学习员工的基本工作程序。培训从一位新员工加入麦当劳的第一天起，与有些企业选择培训班的做法不同，麦当劳的新员工直接走向了工作岗位。每名新员工都由一名老员工帮带，一对一地训练，直到新员工能在本岗位上独立操作。尤其重要的是，作为一名麦当劳新员工，从进店伊始，就在日常的点滴工作中边工作边培训，在工作和培训合二为一中贯彻麦当劳的QSCV黄金准则，即质量、服务、清洁和价值。这就是麦当劳培训新员工的方式，在他们看来，边学边用比学后再用的效果更好，在工作、培训一体化中将企业文化逐渐融入麦当劳每一位员工的日常行为中。

4. 晋升机会公平合理

在麦当劳，晋升对每个人都是公平合理的，适应快、能力强的人能迅速掌握各个阶段的技术，从而更快地得到晋升。面试合格的人先要做4~6个月的见习经理，在此期间他们以普通员工的身份投入到餐厅的各个基层工作岗位，如炸薯条、做汉堡包等，并参加BOC课程（基本营运课程）培训，经过考核的见习经理可以升迁为第二副理，负责餐厅的日常营运。之后还将参加BMC（基本管理课程）和IOC（中间管理课程）培训，经过这些培训后已能独立承担餐厅的订货、接待、训练等部分管理工作。表现优异的第二副理在进行完IOC课程培训之后，将接受培训部和营运部的考核，考核通过后，将被升迁为第一副理，即餐厅经理的助手。以后他们的培训，全部由设在美国及海外的汉堡大学完成，汉堡大学都配备有先进的教学设备及资深的具有麦当劳管理知识的教授，并提供两种课程的培训，一种是基本操作讲座课程；另一种是高级操作讲习课程（AOC）。美国的芝加哥汉堡大学是对来自全世界的麦当劳餐厅经理和重要职员进行培训的中心。另外，麦当劳还在中国香港等地建立了多所汉堡大学，负责各地重要职员的培训。一个有才华的年轻人升至餐厅经理后，麦当劳公司依然为其提供广阔的发展空间。经过下一阶段的培训，他们将成为总公司派驻其下属企业的代表，成为"麦当劳公司的外交官"。其主要职责是往返于麦当劳公司与各下属餐厅，沟通传递信息。同时，营运经理还肩负诸如组织培训、提供建议之类的重要使命，成为总公司在这一地区的全权代表。

5. 培训成为一种激励

麦当劳的培训理念是：培训就是让员工得到尽快发展。麦当劳的管理人员都要从基层员工做起，升到餐厅经理这一层，就该知道怎样去培训自己的团队。从而对自己的团队不断地进行打造。麦当劳公司的总经理每3个月就要给部门经理做一次绩效考核，考核之初，先给定工作目标，其中有两条必须写进目标中，那就是如何训练你的下属——什么课程在什么时候完成，并且明确告诉部门经理，一定要培训出能接替你的人，你才有机会升迁。如果事先未培养出自己的接班人，那么无论是谁都不能提级晋升，这是麦当劳一项真正实用的原则。由于各个级别麦当劳的管理者，会在培训自己的继承人上花费相当的智力和时间，麦当劳公司也因此成为一个发现和培养人才的大课堂，并使麦当劳在竞争中长盛不衰。

讨论题：

1. 麦当劳在人力资源管理的独到之处是什么？

2. 如果你是麦当劳在中国分部的人力资源主管，你将在哪些方面加强人力资源开发与管理工作？

参考文献

[1] 陈彦章, 戴祥玉, 焦艳丽. 旅游人力资源管理 [M]. 北京: 电子工业出版社, 2013.

[2] 吴应利, 刘云, 翟俊. 旅游企业人力资源管理 [M]. 北京: 中国旅游出版社, 2015.

[3] 胡蓓, 王通讯. 人力资源开发与管理 [M]. 武汉: 华中科技大学出版社, 2005.

[4] 姚裕群, 亓名杰, 刘尔铎. 人力资源开发与管理 [M]. 北京: 中国人民大学出版社, 2011.

[5] 陈维政, 余凯成, 程文文. 人力资源管理 [M]. 北京: 高等教育出版社, 2006.

[6] 胡君辰, 姚凯, 陶小龙. 人力资源开发与管理 [M]. 上海: 复旦大学出版社, 2004.

[7] 余昌国. 旅游人力资源开发 [M]. 北京: 中国旅游出版社, 2003.

项目策划：孙妍峰
责任编辑：孙妍峰
责任印制：谢　雨
封面设计：何　杰

图书在版编目（CIP）数据

旅游人力资源开发与管理 / 余昌国主编 . -- 北京：
中国旅游出版社，2018.2（2020.11重印）

中国旅游业普通高等教育"十三五"精品教材

ISBN 978-7-5032-5830-5

Ⅰ．①旅… Ⅱ．①余… Ⅲ．①旅游业－人力资源开发
－高等学校－教材②旅游业－人力资源管理－高等学校－
教材 Ⅳ．① F590.652

中国版本图书馆 CIP 数据核字（2017）第 124002 号

书　　名：旅游人力资源开发与管理

作　　者：余昌国主编
出版发行：中国旅游出版社
　　　　　（北京静安东里6号　邮编：100028）
　　　　　http://www.cttp.net.cn　E-mail:cttp@mct.gov.cn
　　　　　营销中心电话：010-57377108，010-57377109
　　　　　读者服务部电话：010-57377151
排　　版：北京旅教文化传播有限公司
经　　销：全国各地新华书店
印　　刷：河北省三河市灵山芝兰印刷有限公司
版　　次：2018 年 2 月第 1 版　2020 年 11 月第 3 次印刷
开　　本：787 毫米 × 1092 毫米　1/16
印　　张：18.75
字　　数：415 千
定　　价：39.80 元
ISBN　978-7-5032-5830-5